MINERVA
はじめて学ぶ教科教育
2

吉田武男
監修

初等算数科教育

清水美憲
編著

ミネルヴァ書房

監修者のことば

　本書を手に取られた多くのみなさんは，おそらく学校の教師，とくに小学校の教師になることを考えて，教職課程を履修している方ではないでしょうか。それ以外にも，中等教育の教師の免許状とともに，小学校教師の免許状も取っておこうとする方，あるいは教育学の一つの教養として本書を読もうとしている方も，わずかながらおられるかもしれません。

　どのようなきっかけであれ，本シリーズ「MINERVA はじめて学ぶ教科教育」は，小学校段階を中心にした各教科教育について，はじめて学問として学ぶ方に向けて，教科教育の初歩的で基礎的・基本的な内容を学んでもらおうとして編まれた，教職課程の教科教育向けのテキスト選集です。

　教職課程において，「教職に関する科目と教科に関する専門科目があればよいのであって，教科教育は必要ない」という声も，教育学者や教育関係者から時々聞かれることがあります。しかし，その見解は間違いです。教科の基礎としての学問だけを研究した者が，あるいは教育の目的論や内容論や方法論だけを学んだ者が，小学校の教科を1年間にわたって授業を通して学力の向上と人格の形成を図れるのか，と少し考えれば，それが容易でないことはおのずとわかるでしょう。学校において学問と教科と子どもとをつなぐ学問領域は必要不可欠なのです。

　本シリーズの全巻によって，小学校教師に必要なすべての教科教育に関する知識内容を包含しています。その意味では，少し大げさにいうなら，本シリーズは，「教職の視点から教科教育学全体を体系的にわかりやすく整理した選集」となり，このシリーズの各巻は，「教職の視点から各教科教育学の専門分野を体系的にわかりやすく整理したテキスト」となっています。もちろん，各巻は，各教科教育学の専門分野の特徴と編者・執筆者の意図によって，それぞれ個性的で特徴的なものになっています。しかし，各巻に共通する本シリーズの特徴は，多面的・多角的な視点から教職に必要な知識や知見を，従来のテキストより大きい版で見やすく，「用語解説」「法令」「人物」「出典」などの豊富な側注によってわかりやすさを重視しながら解説されていることです。また教科教育学を「はじめて学ぶ」人が，「見方・考え方」の資質・能力を養うために，各章の最後に「Exercise」と「次への一冊」を設けています。なお，別巻は，教科教育学全体とその関連領域から現代の学力論の検討を通して，現在の学校教育の特徴と今後の改革の方向性を探ります。

　この難しい時代に子どもとかかわる仕事を志すみなさんにとって，本シリーズのテキストが各教科教育の大きな一つの道標になることを，先輩の教育関係者のわれわれは心から願っています。

2018年

吉　田　武　男

はじめに

　学習指導要領の改訂は，現在の子どもたちが活躍する将来の社会状況を予測しつつ，子どもたちの学びの現状から見た教育の成果と課題を見極めることが前提となって行われる。2017（平成29）年3月に告示された新学習指導要領は，日々変化しつつ予測困難な将来の社会のなかで，子どもたちがそのような変化を前向きに受け止め，人間ならではの感性を働かせて社会や人生をより豊かなものにしていくことを期待するという，中央教育審議会の「答申」に対応して作成された。

　このなかで，算数科では，中学校および高等学校数学科と共通の総括的な目標として，「数学的な見方・考え方を働かせ，数学的活動を通して，数学的に考える資質・能力を育成する」ことが設定され，算数科の学習指導を通して育成を目指す資質・能力が各学年で具体的に示された。今回の改訂は，内容の数学的側面に焦点があてられてきた算数科の指導内容が，子どもたちの学びの過程としての数学的活動のなかで育成を目指す資質・能力という観点から見直された。算数科においては，このような立場から「主体的・対話的で深い学び」の実現を目指し，具体的な教材研究と授業の設計のあり方を検討することが課題となっており，いっそう深い教材研究が必要になっている。

　わが国の教育界には，学習指導要領の改訂が新しい時代区分の始まりを意味するものとして受け止められる傾向がある。学習指導要領の改訂期には，そこで示された新しい目標と内容を精査して，授業でのその具体化を考える作業の一方，大きな流れのなかで「これから」を見据えることも必要である。時代や社会の変化からみて，教育において「変わるもの」（流行）と「変わらないもの」（不易）を的確に見極め，算数科の目標と内容の価値を改めて吟味しておくことが大切である。

　本書は，このような立場から，数学の陶冶的な価値に由来する算数科教育の意義と課題を基盤に，教科としての算数科の目標と指導内容を，「数学的な見方・考え方」に焦点をあてて概観し，あわせて教材研究の方法，授業の設計，学習評価のあり方，児童の学びの実態からみた今後の算数科教育の展望と課題等についても考察することとした。算数科教育について深く学ぼうとする読者には，各章に配置されているExerciseを活用しつつ，さらに読み進めたい「次への一冊」も手に取って，算数科教育に関する理解を深め，専門性を身につけていただきたい。

2019年2月

編著者　清水美憲

目 次

監修者のことば
はじめに

第Ⅰ部　算数科教育の基本理念

第1章　算数科教育の意義と課題 …………………………… 3
1　算数科において育成を目指す資質・能力 …………………… 3
2　子どもたちの学びの現状と教育の課題 …………………… 8
3　算数科教育の課題と新しい理念 …………………………… 10

第2章　算数科教育の変遷 …………………………………… 15
1　戦後教育改革期の算数科 …………………………………… 15
2　現代化期の算数科 …………………………………………… 18
3　平成期の算数科 ……………………………………………… 21

第3章　算数科の目標 ………………………………………… 29
1　算数科の目標 ………………………………………………… 29
2　小学校学習指導要領を支える三つの柱 …………………… 30
3　三つの柱を束ねる横糸としての数学的に考える資質・能力の育成 … 34
4　21世紀を生き抜くために …………………………………… 36

第Ⅱ部　算数科教育の内容論・学習指導論

第4章　算数科教育の実践①——数と計算の学習指導 …… 43
1　「数と計算」領域のねらいと内容の概観 …………………… 43
2　数の概念とその表し方 ……………………………………… 44
3　計算の意味 …………………………………………………… 47
4　計算の仕方 …………………………………………………… 51

第5章　算数科教育の実践②——図形の学習指導 ………… 57
1　「図形」領域のねらいと内容の概観 ………………………… 57
2　図形概念の理解 ……………………………………………… 59
3　図形の構成 …………………………………………………… 62

  4 図形の計量 ·· 64
  5 図形の性質の活用 ·· 66

第6章 算数科教育の実践③──測定の学習指導 ················ 69
  1 量の概念と性質 ·· 69
  2 「測定」領域のねらいと育成を目指す資質・能力 ············ 72
  3 各学年の内容と数学的活動 ··· 75

第7章 算数科教育の実践④──変化と関係の学習指導 ········ 81
  1 「変化と関係」領域の位置づけ ··································· 81
  2 事象の変化や関係を把握する力の育成とそのねらい ········ 82
  3 「変化と関係」領域で育成すべき資質・能力 ·················· 85
  4 資質・能力の育成を目指す実践に向けて ······················· 88

第8章 算数科教育の実践⑤──データの活用の学習指導 ······ 93
  1 「データの活用」領域のねらいと内容の概観 ················· 93
  2 統計的な問題解決活動 ·· 95
  3 データを分析する手段 ·· 97
  4 「データの活用」領域に関する基礎的知識 ···················· 102

第9章 算数科教育の実践⑥──数学的活動を通した学習指導 ············ 105
  1 数学的活動の意義 ·· 105
  2 数学的活動の過程 ·· 109
  3 数学的活動を通した学習指導 ···································· 111

第Ⅲ部 算数科授業の設計と実践研究の課題・方法

第10章 算数科教育における教材研究の方法 ······················· 119
  1 算数科における教材研究の一般的な過程 ····················· 119
  2 数学的な見方・考え方を軸にした教材研究 ·················· 127
  3 教材研究における教具の取り扱い ······························ 128

第11章 算数科における授業の設計と実際 ··························· 131
  1 新しい算数科授業が目指すもの ································· 131
  2 授業の具体化に向けた授業設計の視点 ························ 134
  3 算数科授業から育成を目指す資質・能力を捉える ········· 139
  4 育成すべき資質・能力の観点からみた授業の設計 ········· 141

第12章　算数科における学習評価と授業改善 …… 145
1　学習評価の意義 …… 145
2　評価の対象 …… 147
3　児童の学習の「質」の評価 …… 153
4　パフォーマンス評価の視点からの算数授業の改善 …… 155

第13章　学力調査に見る算数科教育の課題と展望 …… 159
1　学力とは何か …… 159
2　算数・数学にかかわる学力を捉える枠組み …… 160
3　国が実施する学力調査の目的と特徴 …… 164
4　全国学力・学習状況調査（小学校算数）の実際 …… 165
5　全国学力・学習状況調査に見る算数科教育の課題と展望 …… 170

小学校学習指導要領　算数
索　　引

第Ⅰ部

算数科教育の基本理念

第1章
算数科教育の意義と課題

〈この章のポイント〉

　教科としての算数科は，学校教育においてどのような役割を果たすべきか。この問いに答えるためには，算数科の学習を通して，どのような資質・能力を身につけることができるかを明らかにすることが必要であり，そのためには学問としての数学の本性に根ざす算数科の意義を確認する必要がある。本章では，陶冶的価値，実用的価値，文化的価値といった観点から算数科教育の意義を考察するとともに，国内外の学力調査等から浮き彫りになってきている子どもの学習状況からみた算数科教育の課題について概観する。

1　算数科において育成を目指す資質・能力

1　算数科教育の意義

　「算数科教育」という用語は，算数科の内容そのものを教えるという意味と，算数科の内容を通して教えるという両方の意味を込めて用いられる。前者では，算数科の教科内容そのものの価値が問われることになり，後者ではそれに加えて算数科の学習を通してこそ期待できる資質・能力の育成が問われる。

　それでは，小学校算数科において育成を目指す資質・能力とは何か。また，算数科だからこそ育成できる資質・能力とはどのようなものか。このような根本的な問いは，いつの時代にも問われる教科の存在意義を問う問いである。この問いに答えようとすると，数学の本性に根ざす算数科の学習の価値を確認する必要がある。

　本節では，算数科教育の意義についての主張を，20世紀初頭まで遡り，算数科における資質・能力の育成を考えてみよう。

2　数学の陶冶的価値と算数科教育の意義

　わが国の算数科教育の意義の考察，目標論に最も影響を与えた書籍は，1906年に初版が刊行された米国の数学教育学者 J. W. A. ヤング（Jacob William Albert Young, 1865～1948）の主著『初等・中等学校における算数・数学の指導』（Young, 1906）である。この書籍を手がかりに，上の問いについて考えて

みる。

　20世紀初頭に活躍したヤングは，この著作で「数学を学ぶ目的と価値」を論じ，そのなかで数学の陶冶的価値を主張した。ヤングは算数・数学教育の目的を論ずるために，教師にとって根本的な次のような問いを検討し，算数・数学を学ぶことの価値を吟味する。「いかなる教科の指導を考えようとする者もまず始めに『この教科を教える真の目的と価値は何だろうか？』という問いに直面することになる」。ところが，算数・数学科は，学校のカリキュラムにおいて長い間安定した位置を占め，その価値が一般的に認められてきたため，この問いを教師が問わなくなってしまったと，ヤングは注意する。

　そして，算数・数学の主要な価値として，「重要な思考の様式の特に優れた範例としての価値」をあげる。つまり，われわれがさまざまな場面で直面する問題に取り組む際に働くべき思考が，算数科という教科で最も典型的に働くことを指摘しているのである。ヤングは，次のようにいう。「数学の教科内容よりもさらに重要なのは，数学が誰にとっても極めて重要な，最も典型的で明確・簡潔な，考えるということの一つの様式を例示しているという事実である」。つまり，数学を学ぶことの主要な価値は，その教科内容を知ることもさることながら，学習を通じて思考の様式・型を身につけることだとヤングは主張したのである。

　この「思考の様式としての数学」の価値は，「状況を把握すること」と「結論を導くこと」の二つの側面に分けられる。前者の「状況を把握すること」で重要なのは，実世界において「状況を把握し，事実をとらえ，事態を正しく知覚する」ことである。ヤングは，「状況を把握することに成功するためには多くの練習が必要であり，学校がそのような練習を子ども達に与え，方向づけるべきだ」という。また，発見の喜びを子どもたちに経験させられること，真理を尊ぶ気持ちを養うことができることなど，ヤングは，教科としての算数・数学の価値についての主張を，力強く展開したのである。

　それでは，なぜ算数・数学がその練習に適しているのか。「算数・数学の場面は，学習初期には非常に単純な形で提示できる。それゆえ，子どもがその状況を本当に把握したかどうかを知ることが，その子どもにとっても教師にとっても可能であり，教師は子どもの能力が増すにつれて状況を徐々に複雑なものにすることができる」。計算問題でも測定の学習場面でも，簡単な場合から徐々に複雑な場合へと場面を変えていくことができるのであり，これは，算数・数学という教科の特徴によっているのである。

　われわれの身の回りには，例えば環境問題，少子化問題などの問題が数多くあるが，このような問題はいずれも複雑に絡まり合った要素を含んでいる。他教科で扱われる問題も同様である。それに対し，算数・数学は，単純化した場

▷1　陶冶的価値
数学を学ぶことを通して身につく資質・能力からみた数学の価値。

面から考えることのできる内容からなる教科である。

ヤングは,「思考の様式」としての算数・数学のもう一つの側面「結論を導くこと」の価値を主張するためにも,算数・数学に顕著な特徴を指摘している。例えば,算数・数学がもつ「確実さ」の特徴について,他の学問と対比しながら次のように指摘する。「数学者は,他の学問の研究者以上に自分自身の誤りを見出しうるし,誤りがあれば他者によって納得させられる。これは,数学者のみならず,最もつつましい初学者についてもいえることだ。数学では,権威というものは存在しないのである」。誰もが自分自身を納得させる権利,疑問をそのままにしておかない権利をもっているのである。そして,「算数・数学は,子ども達が自分の結論が正しいかどうかについて非常に確かでいる,あるいはいられる一つの(そして唯一の)教科である」と指摘する。例えば三角形の内角の和が2直角であることは,紙を破って角を1か所に集めたり平行線を利用したりして,子ども自らが確認できるのである。

以上のように,状況を把握する力と結論を導く力を中心に「考える力」を育成することが,算数科が人間形成において果たすべき役割と考えられ,数学という「親学問」の特質に依存して指摘できるこの役割こそは,算数科教育の「不易」にあたる部分である。

3　算数科の学習の実用的価値

算数科教育の意義としては,算数科で学習することがらが日常生活や後の学習で役立つという面を主張することもできる。いわゆる「実用性」の価値である。実際,時計から時刻を読み取ること,買い物をする際に合計金額を計算することなど,日常生活におけるさまざまな場面において,算数科で学習する内容が力を発揮する。この実用性は,学習者を取り巻く環境や時代の変化とともにその意味が変わっていくことに注意する必要がある。

実際,数値,表やグラフ,形などさまざまな形式で身の回りにあふれる情報を数学の眼で正しく捉えて比較・評価し,その解釈に基づいて的確な判断を下す能力の重要性は,ほんの数年前と比べただけでも格段に増している。また,このような能力は,これからの時代にいっそう重要になる。

新学習指導要領では,とくに,統計教育の充実が,改訂における重点事項の一つとなっている。その背景には,高度に情報化した社会の到来があることはいうまでもない。実際,従来は「数量関係」領域の一部に位置づけられていた資料の整理や統計的な見方に関する指導内容が,新領域「データの活用」として第1学年からすべての学年に位置づけられた。また,現行の中学校の「資料の活用」も,「データの活用」に改められ,各学年に統計の内容が配置された。これによって,義務教育段階の全体を通じて,統計的な内容の学習を強化

▷2　従来は,数量関係領域における「資料の整理」という扱いであった。

する教育課程の形が整った。

算数科における「データの活用」領域の学習では，データをさまざまに整理・表現してその特徴を捉えたり，代表値やデータの分布の様子を知って問題解決に生かしたりするなど，統計的な問題解決の方法について知り，それを実生活の問題の解決過程で生かすことを学習する。そのような統計の学習を通じて，データについて多面的に捉えたり，結果を批判的に考えたりする力を育成すること，統計的問題解決の過程を経験し，そこでの手法を「方法知」として身につけることの重要性に目を向けることも大切である。

▷3 小数のかけ算や平行四辺形の性質のような内容に関する知識に対し，問題解決の方法に関する知識を方法知と呼ぶことがある。

第5学年の「データの活用」領域の内容の(1)のイには，データの扱いに関する知識及び技能などとともに，身につけることを目指す思考力，判断力，表現力等に関して，次のように述べられている。

> 目的に応じてデータを集めて分類整理し，データの特徴や傾向に着目し，問題を解決するために適切なグラフを選択して判断し，その結論について<u>多面的に捉え考察すること</u>。
> （下線は引用者による）

算数科では，絵や図を用いてデータの個数に着目する第1学年の学習から，次第に観点を（複数）決めてデータを分類整理し，棒グラフや2次元表にまとめたり，円グラフや帯グラフに表したりする。こうして，目的に応じてさまざまに表現したデータの特徴を多面的に捉えることが大切である。

また，統計の学習では，広い視野からデータの特徴を多面的に捉えることに加え，事象についての判断の過程や結果について批判的に考察する力を身につけることも大切である。

第6学年の「データの活用」(1)のアには，身につけることを目指す知識及び技能のなかに，「目的に応じてデータを収集したり適切な手法を選択したりするなど，統計的な問題解決の方法を知ること」という記述がある。これは統計的な問題解決についての知識を身につけることの必要性について述べたものである。

目的に応じてデータを収集したり適切な手法を選択したりするなどして一連の問題解決過程を経験した後に，その過程を振り返り，いわば「外側から」その過程の特徴を捉えて知識化するのである。

一方，身につけることを目指す思考力，判断力，表現力等については，次のように述べられている（第6学年「データの活用」(1)のイ）。

> 目的に応じてデータを集めて分類整理し，データの特徴や傾向に着目し，代表値などを用いて問題の結論について判断するとともに，その妥当性について<u>批判的に考察</u>すること。
> （下線は引用者による）

日常生活の問題について，データに基づいて判断する場合，統計的な問題解決の過程を経る。算数科の実用的な価値は，このような問題解決においても発

揮されるものである。そしてそれは，異なる立場などから多面的に捉え直してみたり，妥当性について批判的に考察したりすることのように陶冶的価値にかかわる部分とも深く結びついている。

4　新しい時代の算数教育を目指して

　算数科の指導内容は，文化としての数学の価値をも有している。海外にでかけると，空港で飛行機を待つ間や駅で電車を待つ間にパズルに熱中する人をみかけることがある。このパズルは，SUDOKUという本として売店に山積みになっている「数独」である。単純なルールの奥に，広い世界の拡がりがみられるのは数学の特徴の一つでもある。江戸時代の和算家が，気に入った数学の問題を絵馬に掲げて神社・仏閣に奉納したことが示すように，問題を楽しむことそれ自体も算数・数学がもたらす大切な価値である。

　ここに述べた「思考の様式の価値」「実用的価値」「文化的価値」は，算数・数学という一つの教科がもつ価値の三つの側面である。それゆえ，このそれぞれを大切にし，新たな算数教育が展開されなければならないが，従来よりも人間形成における算数教育の役割を重視する必要がある。

　日本数学教育学会・教育課程委員会では，この人間形成における算数教育の役割を重視し，新しい時代の算数教育のあり方についての提言を行っている。このなかで注目されるのは，算数・数学において用いられる方法や過程に焦点をあてた方法に関する領域（「方法領域」）という考え方である。これまでの算数科の内容は，「数と計算」「量と測定」「図形」「数量関係」などのように数学的内容の領域によって構成されている。これに対して，人間形成における算数科教育の役割を重視すると，算数・数学の思考過程で用いられる方法に焦点をあてる必要が生ずる。

　このような「算数・数学の方法」には，例えば，「算数・数学を生み出す方法」「算数・数学を使う方法」「算数・数学で表す方法」「算数・数学で考え合う方法」などが含まれる。ここで，「算数・数学を生み出す方法」は，数学的な考え方，数学的推論などからなり，「算数・数学を使う方法」とは，現実世界の問題を算数の舞台に載せて解決する，いわゆる数学的モデル化などをさす。また，「算数・数学で表す方法」とは，式・表・グラフ・図などで表したり，それらから読み取ったりすることなどからなり，「数学的に考えを伝え合うこと」は，数学的な内容を他者が理解できるように言葉や表・式・グラフなどに表現するとともに，他者が表現したことがらを読みとって理解することができることである。

　このような算数・数学の方法は，算数・数学科での学習を通して習得することが期待される能力となるものであり，それを明示的に指導内容として位置づ

▷4　**日本数学教育学会**
1919年に創設された算数・数学教育に関する国内最大の学会である。

けることによって，数学的に考える資質・能力の育成がいっそう可能になるはずである。

2　子どもたちの学びの現状と教育の課題

1　算数の理解の特質

　算数科の教科内容には，しばしば「できるけれどわからない」といわれるものが存在する。すなわち，学習者である児童にとって，形式的に手続きを実行して答えを得ることはできるが，その手続きの意味や妥当性についての理解が困難であるという特徴をもつ教科内容が少なからず存在するのである。

　英国の数学教育研究者スケンプ（R. Skemp）は，「いかに行うか」を知っていること（「できる」）を「道具的理解」，また「いかに行うか」と「なぜそれでよいか」の両方を知っていること（「わかってできる」）を「関係的理解」と呼んで，両者を明確に区別した（Skemp, 1976）。算数科の学習内容のうち，「道具的理解」は容易であるが「関係的理解」の難しい内容の典型例として，スケンプが例示するのが「分数による除法」（「ひっくり返してかける」）である。分数による除法は，ひっくり返してかける手続きさえ実行できれば，問題の正答が得られるため，その意味の理解が欠落しやすいのである。

　このような，子どもの理解の観点からみると，算数科という教科の特性に由来する学習上の困難点や課題がみられる。本節では，大規模国際比較調査や国内の全国学力・学習状況調査の結果にみられる算数科教育の課題を考察する。

2　国際比較調査にみる子どもの学びの実態

　上記のような教科としての特徴のみられる算数科において育成すべき資質・能力とは何かを確認するためには，児童の学びの実態についても確認しておく必要がある。

　これまでにもさまざまなメディアで報告されてきたように，経済開発協力機構（OECD）による国際学力調査「生徒の学習到達度調査（PISA）」や国際教育到達度評価学会（IEA）による「国際数学・理科教育動向調査（TIMSS）」などの国際比較調査の結果によれば，子どもたちの学力については，近年改善傾向にある。例えば，2012年のPISAにおける数学的リテラシーの結果は，平均得点が比較可能な調査回以降，最も高くなったことを示した。また，国内の調査でも，全国学力・学習状況調査における質問紙の結果からは，子どもたちの9割以上が学校生活を楽しいと感じ，保護者の8割は総合的にみて学校に満足していることが明らかになっている。

▷5　PISA
Programme for International Student Assessment の略。義務教育修了段階の生徒がもっている知識や技能を，実生活のさまざまな場面で直面する課題にどの程度活用できるかを評価する国際比較調査で，読解力，数学的リテラシー，科学的リテラシーの三分野を主要分野として，2000年以降，3年おきに実施されている。このうち数学的リテラシーは，2012年調査以降，「数学的に推論することや，数学的な概念・手順・事実・ツールを使って事象を記述し，説明し，予測すること」を含む「様々な文脈の中で数学的に定式化し，数学を活用し，解釈する個人の能力」を意味している。2015年調査では，世界72の国と地域の約54万人が参加した。

▷6　TIMSS
Trends in International Mathematics and Science Study の略。児童生徒の算数・数学，理科の到達度を国際的な尺度によって測定し，児童生徒の学習環境等との関係を明らかにすることを目的に，4年ごとに実施されている国際比較調査で，出題される問題は，「内容領域」と「認知的領域（知識・応用・推論）」によって特徴づけられている。2015年3月に実施された直近の調査では，50か国・地域の約27万人の小学生と，40か国・地域の約25万人の中学生が参加した。

その一方で，学ぶことの楽しさや意義が実感できているかどうか，自分の判断や行動がよりよい社会づくりにつながるという意識をもてているかどうかという点では，肯定的な回答が国際的にみて相対的に低いことが指摘されている。学ぶことと自分の人生や社会とのつながりを実感しながら，自らの能力を引き出し，学習したことを生活や社会のなかの課題解決に生かしていくという面に課題がある。

加えて，小学校と中学校の間で算数・数学の勉強に対する意識にギャップがあり，小学校から中学校に移行すると，数学の学習に対し肯定的な回答をする生徒の割合が低下する傾向にあることも明らかになっている。さらに，算数科の内容についても，全国学力・学習状況調査の結果から，判断の根拠や理由を明確に示しながら自分の考えを述べることなどについての課題が明らかになっている。

３ 全国学力・学習状況調査にみる子どもの実態

2007（平成19）年度から実施されている全国学力・学習状況調査では，教科（国語と算数・数学）に関する調査と，生活習慣や学習環境に関する質問紙調査が行われる。このうち，小学校第6学年と中学校第3学年を対象とする教科に関する調査では，次のような基本理念に基づいて問題作成が行われてきた。

・身につけておかなければ後の学年等の学習内容に影響を及ぼす内容や，実生活において不可欠であり常に活用できるようになっていることが望ましい知識・技能など（主として「知識」に関する問題）
・知識・技能等を実生活の様々な場面に活用する力や，様々な課題解決のための構想を立て実践し評価・改善する力などにかかわる内容（主として「活用」に関する問題）

いずれのタイプの問題も，各学校段階において教科の土台となる基盤的な事項に焦点を絞って出題されて，すべての児童生徒が身につけておくべき知識・技能や能力の評価が意図されている。

算数・数学科では，「知識」の問題の調査内容について，以下の項目が例示されている：整数，小数，分数などの四則計算をすること，身の回りにある量の単位と測定がわかること，図形の性質がわかること，数量の関係を表すこと，変化の様子を調べること，確率の意味を理解し確率を求めることなど。

一方，「活用」の問題の調査内容については，以下の項目が例示されている：物事を数・量・図形などに着目して観察し的確に捉えること，与えられた情報を分類整理したり必要なものを適切に選択したりすること，筋道を立てて考えたり振り返って考えたりすること，事象を数学的に解釈したり自分の考えを数学的に表現したりすることなど。

これまでの調査結果にみられる傾向として算数科では，知識・技能の定着に一部課題がみられるとともに，知識・技能を活用する力や事柄・理由・方法を説明することに課題があるとされた。具体的な問題の結果から浮き彫りになった児童生徒の学習上のさまざまな困難点に対し，学習指導の改善を図る必要がある。

とくに新学習指導要領で算数・数学科の目標と内容に示された算数的活動・数学的活動を充実すること，多様な数学的表現（表，式，グラフなど）を活用してことがらを説明し合うことを大切にすること，またそのためにノート指導を充実することなどが重要である。

今回の学習指導要領の改訂では，このような児童の学びの実態，および算数の学習における課題に適切に対応できるよう改善が意図されている。とくに，算数学習における情意面での課題に対し，児童が算数の学習を通して，算数のよさに気づき，数学的活動の楽しさを実感できるようにすることが求められる。この意味では，学びに向かう力や人間性に関わる三つ目の柱にあたる資質・能力を涵養することが重要である。

3　算数科教育の課題と新しい理念

1　数学的活動と主体的・対話的で深い学び

算数科・数学科の学習においては，「数学的な見方・考え方」を働かせながら，知識・技能を習得したり，習得した知識・技能を活用して探究したりすることにより，生きて働く知識となり，技能の習熟・熟達にもつながるとともに，より広い領域や複雑な事象をもとに思考・判断・表現できる力が育成される。このような学習を通じて，「数学的な見方・考え方」がさらに豊かで確かなものとなっていくと考えられる。

そのために，既習の数学にかかわる事象や，日常生活や社会にかかわる事象について，数学的な見方・考え方を働かせ，数学的活動を通して，新しい概念を形成したり，よりよい方法を見出したりするなど，新たな知識・技能を身につけ，知識の構造や思考，態度が変容する「深い学び」を実現することが求められる。

また，事象を数学的な表現を用いて論理的に説明したり，よりよい考えやことがらの本質について話し合い，よりよい考えに高めたり事柄の本質を明らかにしたりするなどの「対話的な学び」や，児童生徒自らが，問題の解決に向けて見通しをもち，粘り強く取り組み，問題解決の過程を振り返り，よりよく解決したり，新たな問いを見出したりするなどの「主体的な学び」を実現するこ

とが求められる。

　さらに，数学的活動の楽しさや数学のよさに気づき，学習を振り返ってよりよく問題解決する態度，算数で学んだことを生活や学習に活用する態度，数学らしい思考の習慣（Mathematical Habits of Mind）を大切にしたい。例えば，問題を「動かして」みて，同じ結果が違う方法で得られるかを考えたり，問題から新しい課題を見出したりできるような力の育成が大切である。いわば，「答えが出てから始まるのが数学」「問題をいろいろに動かしてみるのが数学」「問題自体の仕組みを探るのが数学」といったように児童生徒が主体性を発揮できるような授業を目指したい。

　授業を計画する際には，既習の数学にかかわる事象や日常生活や社会にかかわる事象について数学的な見方・考え方を働かせ，数学的活動を通して，新しい概念を形成したり，よりよい方法を見出したりするなど新たな知識・技能を身につけ，知識の構造や思考，態度が変容する深い学びを実現することが求められる。その授業，その単元，その学年での指導を通して育成したい資質・能力を明らかにすることに加え，学習のプロセスに焦点をあてて，指導のねらいと過程に位置づけること，問題とその問題の解決に由来する必然性のある協働の場を設定することが大切である。

　また，授業では，活動における数学的方法に着目すること，活動の結果を振り返って，数学のよさ（ありがたみ，価値）を確かめることが大切になる。さらに，着目した数学的方法についての教訓を，「方法知」を言語化して取り出し共有することやノート・板書の表現と焦点を充実することも大切になる。

2 数学的に考える資質・能力の育成のために

　2008（平成20）年に行われた前回の改訂は，教育基本法の改正によって明確になった教育の目的や目標を踏まえ，知識基盤社会でますます重要になる子どもたちの「生きる力」をバランスよく育む観点から見直しが行われ，習得・活用・探究を重視するなかで，それを支える思考力，判断力，表現力等を育成することが，言語活動の充実とあわせて改訂の中核におかれた。

　今回の改訂における知識基盤社会に対する認識は，さらに一歩進んでいる。実際，知識基盤社会のいっそうの進展のなか，AIやIoTの進化に象徴されるとおり，人間の仕事を機械が取って変わろうとするこれからの社会で，目の前の子どもたちにどのような力を身につけるべきかを考えるという形をとっている。

　将来の社会では，機械にできる仕事は機械に任せ，人間だからこそ可能で必要であるような創造的な仕事に集中できる社会に向かう姿勢と知性をあわせもった人間が必要とされるに違いない。それゆえ，学校教育は，そのような姿

▷7　AI
人工知能（Artificial Intelligence の略）。

▷8　IoT
Internet of Things の略。身の周りのモノがインターネットを経由してつながった環境をさす。

勢を育み，知性を磨くように行われる必要がある。このように，予測不能な将来の社会で生きる子どもたちに，どのような力を育てるかが論点であり，教科目標もその観点から見直されてきている。

　現在の社会は，高度に情報化し，知識や技能がすぐに陳腐化して更新の必要が生じている。また社会はグローバル化し，予測を上回る速さで日々変貌を遂げている。すでに，進化したAIによるさまざまな判断や制御，インターネット経由で機器の働きを最適化するシステムなどが実装されてきているが，今後も社会や生活は大きく変容していくであろう。

　このような現状からみると，子どもたちが，予測できない変化に主体的に向き合って関与し，その過程で，自らの可能性を発揮し，よりよい社会を創造する構成員になるための力，自らの人生を豊かなものにできる力を身につけられるような教育課程を構成することが必須である。

　算数科・数学科においては，児童生徒が自ら問題を見出して課題設定をし，数学の「威力」に依拠しながら粘り強く考える力と，問題解決した過程と結果を振り返り，よりよい解決を目指す力を育む必要がある。数学だからこそ可能になる現実世界の理想化・単純化による変数の制御や，得られた知見をある観点から分類整理して知識を体系化する力などを鍛えることが期待される。

Exercise

① 道具的理解と関係的理解について，（負の数）×（負の数）＝（正の数）のように，手続きは適用できるが，そのようにしてよい理由の理解が困難なことがある。そのような内容の例をあげ，その内容についていかに関係的理解を導くかを述べてみよう。

② TIMSSとPISAの最新の報告書から，日本の児童と海外の児童の学力の差異を比較してみよう。

📖 次への一冊

科学技術の智プロジェクト「21世紀の科学技術リテラシー像〜豊かに生きる智〜プロジェクト　数理科学専門部会報告書」2008年。https://www.jst.go.jp/sis/data/theme_static/csc/img/s4a/s4a01.pdf（2018年12月8日閲覧）
　21世紀の日本の社会が真の意味で豊かであり続けるために，すべての日本人が身につけるべき科学・数学・技術にかかわる知識・技能・考え方を明示することを目指して行われたプロジェクトの数理科学部門の報告書である。次世代の教育を考える参考になる。

スティグラー, J. W.・ヒーバート, J., 湊三郎訳『日本の算数・数学教育に学べ——米国が注目するjugyou kenkyuu』教育出版, 2002年。

　日本, ドイツ, アメリカの3か国の授業の国際比較研究に基づいて, 他国よりも優れた様相を示す日本の授業の特質を描き出している。

Polya, G., 柿内賢信訳『いかにして問題をとくか』丸善, 1973年。

　数学の問題解決過程に四つの相（問題の理解, 計画の考案, 計画の実施, 振り返り）を区分し, それぞれの相で有効に働くさまざまなアイディアを述べた名著である。少なくとも世界19か国で翻訳されている。

引用・参考文献

中央教育審議会「幼稚園, 小学校, 中学校, 高等学校及び特別支援学校の学習指導要領等の改善及び必要な方策等について（答申）」2016年。

杉山吉茂『初等数学科教育学序説——杉山吉茂教授講義筆記』東洋館出版社, 2008年。

清水美憲『算数・数学教育における思考指導の方法』東洋館出版社, 2007年。

Skemp, R., "Relational understanding and instrumental understanding," *Mathematics Teaching, 77*, 1976, pp.20–26.

文部科学省『小学校学習指導要領（平成29年告示）解説算数編』日本文教出版, 2018年。

Young, J. W. A., *The teaching of mathematics in the elementary and the secondary school*, Longmans, Green and Co., 1906.

第2章
算数科教育の変遷

〈この章のポイント〉

　史実の学習にとどまらず，読者が歴史から自ら学ぶ姿勢が大切である。本章では，日本の算数科教育の変遷について，戦後教育改革において新制小学校が発足し，算数が教科の一つに位置づけられてから今日に至るまでの変遷を編年体で振り返り，各時代の算数科の特徴を概観する。また，各時代の背景や教育界の動向を踏まえて算数科において強調された考え方に着目し，現在の算数科教育の背後にある教育思想について学ぶ。

1　戦後教育改革期の算数科

1　戦後新教育における算数科

　1945年8月，日本は終戦を迎え，民主主義の新しい国家としての道を歩み出す。戦前・戦中の軍国主義を排し，国民主権の平和国家を目指してさまざまな社会改革が進められる。教育もその例外ではなく，抜本的な制度改革が行われる。教育基本法と学校教育法の制定によって，教育の機会均等，義務教育，男女共学，六・三・三・四制の学校教育制度が定められ，1947年4月1日より戦後新教育制度が始まる。戦中の国民学校尋常科が新制の小学校に改められ，理数科算数を引き継いだ算数が教科として設けられる。算数の教科としての法的根拠は，制定時の学校教育法施行規則の第24条の規定によるが，その背景には学校教育法第18条（当時）の小学校の教育の目標についての条項中にある「日常生活に必要な数量的な関係を，正しく理解し，使用する能力を養うこと」に対応する教科としての位置づけがあったと考えられる。

　各教科の指導内容については，制定時の学校教育法施行規則第25条に「小学校の教育課程，教科内容及びその取扱いについては，学習指導要領による」と定められている。1947年には，最初の学習指導要領の一般編と各教科編が発行されている。それらには「(試案)」と書かれており，これは，戦前・戦中の画一的な教育に対して，戦後は地域や社会，学校の実情，子どもの特性に応じた教育が求められるという考えの下，学校や教師が自分で研究していく手引きとして書かれているためである。小学校の算数の学習指導要領は，中学校の数学

▷1　1947（昭和22）年3月31日法律第25号。

▷2　1947（昭和22）年3月31日法律第26号。

▷3　国民学校尋常科
1941年に従来の尋常小学校から改められた6年間の義務教育を担う初等普通教育機関。

▷4　理数科
国民学校の五教科の一つ。理数科算数と理数科理科から構成される。

▷5　1947（昭和22）年5月23日文部省令第11号。

と合わせた「学習指導要領算数科数学科編（試案）」として編集され，1947年5月15日に学校教育法施行規則に先行して発行されている。

その第1章には「算数科・数学科指導の目的」として「小学校における算数科・中学校における数学科の目的は，日常の色々な現象に即して，数・量・形の概念を明らかにし，現象を考察処理する能力と，科学的な生活態度を養うことである」と述べられており，続けて算数，数学の指導内容に関係した20項目の具体的な項目が掲げられている。また，戦後の国定教科書として『算数』が発行される。この教科書には学習指導要領（試案）[1947年]に示された内容とは一致しない点が見られる。

こうして始まった戦後新教育制度における算数科であるが，1948年には「現在の学習指導要領に示された指導内容は，程度が高く，新しい教育方針に則った指導をするには，困難である」として，指導内容を約1学年分落とした『算数数学科指導内容一覧表』が発行され，教育現場は大きく混乱している。昨年と同じ内容を再度指導することなどが求められ，全学年総落第といった論調で受け取られている。また，1949年には，教科書検定制度への移行に際して，新しい検定教科書のモデルとして『小学生のさんすう』の第4学年用が文部省著作教科書として発行される。これ以降，文部省が教科書を編集することはなくなり，民間の教科書会社による検定教科書が使われることとなる。

▷6 民間で著作・編集された図書について，文部大臣が教科書として適切か否かを審査し，合格したものを教科書として使用することを認める。

こうした変革を受けて，学習指導要領（試案）[1951年改訂]が発行される。ここには，算数の一般目標，指導内容，学習指導法，評価について詳細な解説が載せられ，300ページを超えるものとなっている。算数の一般目標は次の四つにまとめられている。

(1) 生活に起る問題を，必要に応じて，自由自在に解決できる能力を伸ばすことがたいせつである。
(2) 数量的処理をとおして，いつも生活をよりよいものにしていこうとする態度を身につけることがたいせつである。
(3) 数学的な内容についての理解を成立させないと，数量を日常生活にうまく使っていくことができない。
(4) 数量的な内容についてのよさを明らかにすることがたいせつである。

この時期の算数の目標には，社会的な目標と数学的な目標の二つの側面があることが特徴とされている。

2 単元学習の盛衰

1948年に発行された『算数数学科指導内容一覧表』には，算数の指導内容に対して「理解の技能」と「経験」の二つの内容が記されている。とくに「経験」の欄には子どもの生活上の経験が記されている。また，1949年に発行され

た『小学生のさんすう』では、子どもの生活上の問題解決を通して教科の指導をする単元学習が導入される。単元学習は、アメリカの進歩主義教育の影響を受けて、社会科を中心に進められていたが、算数もこれを取り入れることが占領軍から指示されている。そして『小学生のさんすう』は、このモデル教科書としての意味も有している。

単元学習は、戦後の新教育制度における新しい指導法として進められた反面、算数の指導時数の削減や指導内容の引き下げ、さらには教師教育や準備不足のため、単元学習の趣旨や適切な指導は必ずしも普及せず、いろいろな批判を受けることになる。アメリカの押しつけである、算数や数学をないがしろにしているという批判が起こり、なかでも最も強く主張されたのは、子どもの学力低下をまねいているというものである。1951年には、サンフランシスコ講和条約が締結され、翌1952年に、日本は独立を回復する。こうした社会情勢もあり、算数は単元学習から従来の教科の系統を重視した系統学習へと移っていくことになる。

▷7 バージニア州のCourse of Studyなどが占領軍より、そのモデルとして示されている。

▷8 サンフランシスコ講和条約
第二次世界大戦における連合国と日本の間で締結された戦争終結のための平和条約。1951年9月8日調印、1952年4月28日発効。

3 系統学習の教育課程

1958年の学校教育法施行規則の改正により、学習指導要領は各学校の教育課程の基準として文部大臣が公示するものとされ、10月1日に小学校学習指導要領は改訂される。また、この改訂から文部大臣からの諮問に対して教育課程審議会が答申を作成し、この答申に基づいた教育課程が学習指導要領［1958年改訂］としてまとめられることとなる。「（試案）」はなくなり、学習指導要領は官報に告示されるようになる。1958年の教育課程審議会の答申（「小学校・中学校教育課程の改善について」）では、小学校算数について、小数・分数の四則を小学校で完結することや、基礎的な知識・技能の習熟、概念・原理の理解の指導の重視と指導時数の増加が求められている。また、生活経験や他教科との関連を考慮するとともに、内容の系統化が明示されている。

この学習指導要領［1958年改訂］は1961年度からの全面実施となっている。また、形式も変わり、一般編と各教科編に分かれていたものが一つにまとめられる。指導法などの詳細な説明がなくなり、目標と指導内容、指導計画作成および学習指導の方針を簡潔に示したものとなる。算数科の目標は以下のように示される。

▷9 1958（昭和33）年10月1日文部省告示第80号。

▷10 施行期日は1958年10月1日とされているが、但し書きに「道徳に係る部分を除き、各教科、特別教育の部分については、昭和36年3月31日まで、別に定めるもののほか、なお従前の例による」とされている。

1　数量や図形に関する基礎的な概念や原理を理解させ、より進んだ数学的な考え方や処理のしかたを生み出すことができるようにする。
2　数量や図形に関する基礎的な知識の習得と基礎的な技能の習熟を図り目的に応じ、それらが的確かつ能率的に用いられるようにする。
3　数学的な用語や記号を用いることの意義について理解させ、具体的なことがらや

第Ⅰ部　算数科教育の基本理念

> 　　関係を，用語や記号を用いて，簡潔・明確に表わしたり考えたりすることができる
> 　　ようにする。
> 4　数量的なことがらや関係について，適切な見通しを立てたり筋道を立てて考えた
> 　　りする能力を伸ばし，ものごとをいっそう自主的，合理的に処理することができる
> 　　ようにする。
> 5　数学的な考え方や処理のしかたを，進んで日常の生活に生かす態度を伸ばす。

　そして「児童の学年的な発達に応じて，その内容を系統的に身につけさせるようにすることが必要である」としている。ここで示された算数の指導内容は，戦前の水準にほぼ戻り，指導時数も増加されている。また，指導内容では，数学的な内容が「A　数と計算」「B　量と測定」「C　数量関係」「D　図形」の4領域に整理して示され，「経験」の欄は削除される。こうした数学的な内容による系統づけられた指導が強調されたことから，系統主義の学習指導要領と捉えられている。また，この学習指導要領から，「数学的な考え方」という用語が示され，算数としての創造的な活動を主体的に進めていくことが，以後の算数科の重点目標として位置づけられるようになる。

▷11　第1学年と第2学年は「数量関係」の領域は設けられておらず，「C　図形」となっている。

2　現代化期の算数科

1　数学教育現代化運動

　第二次世界大戦後の世界は，アメリカなどの西側資本主義国家と，ソビエトなどの東側社会主義国家との東西冷戦時代に入る。こうした状況で，1957年ソビエトが人工衛星の打ち上げに成功する。これはスプートニクショックと呼ばれ，西側諸国の科学技術開発の遅れとして捉えられる。これを契機に，西側諸国では，数学と理科の教育改革を進め，学術研究や社会の発展を学校教育にも反映させていくという教育の現代化運動が起こる。

　現代化運動は，日本の算数教育にも大きな影響を与え，学習指導要領［1968年改訂］では，大幅な指導内容の増加が見られる。この学習指導要領の改訂の指針を示した1967年の教育課程審議会の答申（「小学校・中学校教育課程の改善について」）では，小学校算数科について，当時，諸外国で進められていた数学教育現代化の動向を考慮しつつ，数学的な考え方をいっそう育成することが求められている。そして，新しく導入する概念として，集合，関数，確率などがあげられている。この学習指導要領は1971年度から施行される。

　算数科の目標は以下のように示されている。

> 日常の事象を数理的にとらえ，筋道を立てて考え，統合的，発展的に考察し，処理

する能力と態度を育てる。このため,
1　数量や図形に関する基礎的な概念や原理を理解させ,より進んだ数学的な考え方や処理のしかたを生み出すことができるようにする。
2　数量や図形に関する基礎的な知識の習得と基礎的な技能の習熟を図り,それらが的確かつ能率よく用いられるようにする。
3　数学的な用語や記号を用いることの意義について理解させ,それらを用いて,簡潔,明確に表わしたり考えたりすることができるようにする。
4　事象の考察に際して,数量的な観点から,適切な見通しをもち,筋道を立てて考えるとともに,目的に照して結果を検討し処理することができるようにする。

総括目標に,統合的・発展的に考察することが明示され,現代化を反映させた内容となっている。系統化の学習指導要領［1958年改訂］で示されていた内容に加えて,答申であげられた集合,関数,確率なども算数に含まれることになる。これらの指導については,これらの観点に立った見方,考え方が児童のなかに漸次育成されるようにすることと,これらの観点に立った指導によって各内容のもつ意味がより的確に児童に把握されることを主要なねらいとしている。また,内容の取り扱いでは,「数直線に関して,負の数が考えられることに着目することはさしつかえない」として,負の数を算数で扱うことを認めている。

しかし,こうした高度な数学的概念の指導は,形式的な指導に陥る場合が多く,かつ,従来からの指導内容にかける授業時間にも影響を与えることになり,結果的に多くの「落ちこぼれ」を生むことになる。マスコミによる「新幹線授業」という批判もあり,やがて見直しが求められることになる。こうした状況は,先に現代化を進めた国々においても似たような状況であり,同様の見直しが進められている。

２　基礎・基本と問題解決

学習指導要領［1977年改訂］は,現代化への見直しを受けたものになっている。この改訂の指針を示した1976年の教育課程審議会の答申（「小学校・中学校及び高等学校の教育課程の基準の改善について」）では,教育課程の基準改善の基本方針として,児童生徒の発達段階を考慮し,内容の程度,分量および取り扱いがいっそう適切になるように,基本的な事項に精選することが第一に掲げられている。これは,現代化に対応した1968年の学習指導要領の内容に対して,基礎的な知識の習得や基礎的な技能の習熟を重視するという見直しを意味している。そして,数学的な考え方や処理の仕方を生み出す能力と態度の育成をあわせて求めている。

この学習指導要領［1977年改訂］は,基礎・基本の学習指導要領と特徴づけられ,内容面での整理が行われている。小学校,中学校,高等学校で繰り返し

取り扱われる内容については，不必要な重複や深入りを避け，関連する内容については一貫性を図るなど，指導体系への考慮がなされる。ここでは，児童の発達に即した無理のない指導内容や，児童の負担過重にならないようにすることが求められている。現代化で増大した指導内容は基礎的・基本的な内容に精選されることとなり，集合に関する用語および記号は削除され，負の数も取り扱わないこととなる。図形の包摂関係も相互関係を扱う程度に改められ，立体図形の計量と回転体に関する内容は中学校数学に移行される。また，ゆとりある教育を目指して指導時数の削減も行われている。この学習指導要領の施行は1980年度からである。

算数の目標は，総括目標のみに整理され，次のように示されている。

> 数量や図形について基礎的な知識と技能を身につけ，日常の事象を数理的にとらえ，筋道を立てて考え，処理する能力と態度を育てる。

基礎・基本の学習指導要領では，現代化の見直しによる指導内容の精選が大きな課題となっていたが，それとともに従来の数学的な考え方の育成や態度の育成にも配慮がされている。学習指導要領の趣旨の実現には，単なる計算練習や知識の暗記では対応することはできない。こうした状況において注目されたのが，問題解決型の授業である。既習の知識や方法をもとに，新しい問題場面において解決方法を考え，新たな概念や方法を生み出すような学習が問題解決である。すでに知っている方法や決まりきった方法で解決できる問題ではなく，概念を拡張したり，考え方を工夫したりすることで解決することができる問題が設定される。授業においては，問題の把握，自力解決，発表，ねりあげ，まとめといった段階が一般的には取られる。とくに，ねりあげの段階では児童がお互いの答えや考え方を比較検討することで，児童が新たな概念や方法を生み出すことが期待されている。

3　数学的な考え方

「数学的な考え方」が算数の教科の目標に明記されたのは，1958年の改訂においてである。この改訂では，占領下の「学習指導要領（試案）」［1947年］において行われた指導時数や指導内容の削減に対する基礎学力の向上と科学技術教育の振興への転換が重視されている。当時の文部省において，この改訂に携わった中島健三は，形式的な内容の増加だけで算数の学力の充実と考えられることを，できるだけ避けたいという気持ちがあったと述べている（中島，1982，33ページ）。科学技術が発展する社会のなかで，新しい時代に対応した算数教育では，既習の知識だけに頼るのではなく，創造的な能力の育成を考えていく必要があり，その方策として「数学的な考え方」が取り入れられたのであ

る。

こうした「数学的な考え方」の育成への対応で,中島がとくに考慮したこととして,次のことがあげられている（中島,1982,34～36ページ）。

(1) 目標の表現の中で,数学的な考察やその発展の契機とみられる観点を積極的に取り入れたこと
(2) 「数量関係」という領域を設けたこと
(3) 比の用法,比例をとり入れたこと。これをもとに,乗法の意味の拡張について積極的に取り上げたこと

学習指導要領［1958年改訂］の算数の目標には,五つの具体的な項目があげられ,このうち,第1と第5の項目で「数学的な考え方」が取り上げられている。また,第2から第4の項目には,中島のあげた数学的な考察やその契機とみられる観点として,「的確かつ能率よく」「簡潔,明確に表わしたり考えたりする」「適切な見通しをもち,筋道を立てて考える」ことを読み取ることができる。中島の指摘する「数学的な考え方」は,単なる算数・数学の内容を教えるだけでなく,それらを学ぶなかで「創造的に考察し処理する能力や態度をのばす」ということを意図している。「数量関係」の領域には,割合,式・公式,表・グラフの三つの観点が整理され◁12,これらは,他の領域の内容と関連づけて用いられる概念や方法であったり,理解されることであったりする。とくに,割合は,比の三用法や比例を前提とした乗法の意味の拡張のもとになる概念であり,単に計算方法を暗記し習熟するのではなく,児童が自ら新しい算数を創造していくことを具体化するものとして位置づけることができる。

3 平成期の算数科

1 新しい学力観

平成期に入って学習指導要領は4度改訂されている。学習指導要領［1989年改訂］は,従来の指導内容面に関する改訂と若干異なり,指導のねらいや方法面に重点が置かれていることが特徴である。この改訂の根本には,1987年の教育課程審議会の答申（「幼稚園,小学校,中学校及び高等学校の教育課程の基準の改善について」）で述べられた社会の変化への対応がある。ここでは,従前の「自ら考え主体的に行動する力を育てる教育への質的な転換」を基本的な観点としながら「社会の変化に自ら対応できる心豊かな人間の育成」を図ることが重視されている。また,「思考力,判断力,表現力などの能力の育成を学校教育の基本に据えなければならない」とされたことも大きくかかわっている。「新しい学力観」に基づく評価の改善が求められるのも,この改訂を受けてである。

▷12 学習指導要領［1977年改訂］からは,関数,式表現,統計の三つの観点となる。

▷13 $a \times b = c$ の関係にある数量について,a と c の値から b の値を求めることを比の第一用法,a と b の値から c を求めることを比の第二用法,b と c の値から a の値を求めることを比の第三用法と呼ぶ。

▷14 乗法の意味を同数累加で捉える考え方から,割合の意味で捉える考え方に拡張すること。

改善の具体的な事項としては，実験・実測などの活動をいっそう重視し，数量や図形に関する感覚を豊かにすること，適切な見積もりができるように，概数，概算，概則などに関する内容との関連に配慮すること，具体物の操作から数量や図形を抽象する過程をいっそう重視すること，児童の発達段階に応じ，コンピュータなどにかかわる指導を適切に行うことなどがあげられている。この学習指導要領は，1992年度から施行されている。

算数の目標は，次のように示されている。

> 数量や図形についての基礎的な知識と技能を身に付け，日常の事象について見通しをもち筋道を立てて考える能力を育てるとともに，数理的な処理のよさが分かり，進んで生活に生かそうとする態度を育てる。

学習指導要領（試案）[1951年改訂] にあった「よさ」という言葉をみることができる。これは，戦後からの復興と高度成長を遂げた日本が経済的にも物質的にも豊かな社会を築くことに成功し，勤労や勤勉，そして学習への動機づけが従来の社会とは変化してきた背景がある。学歴社会や受験の弊害も指摘されるなかで，主体的な学習や内的動機づけが重要であることが指摘され，関心，意欲，態度といた面への強調がされている。算数においては，それに応えるものとして，児童が算数のよさを感得し，自らが考え，自ら学ぶことや，学んだことを次の学習や生活に生かしていくことへの着目が強調されている。

2 算数的活動

次の改訂は，1998年である。この改訂は，1998年の教育課程審議会の答申（「幼稚園，小学校，中学校，高等学校，盲学校，聾学校及び養護学校の教育課程の基準の改善について」）で述べられた「〈ゆとり〉の中で，自ら学び自ら考える力などの〈生きる力〉の育成」をねらいとして，算数的活動を通して，算数を学ぶことの楽しさと充実感が味わえるようにすることが重視されている。算数の目標は，次のように示されている。

> 数量や図形についての算数的活動を通して，基礎的な知識と技能を身に付け，日常の事象について見通しをもち筋道を立てて考える能力を育てるとともに，活動の楽しさや数理的な処理のよさに気付き，進んで生活に生かそうとする態度を育てる。

▷15 戦後の日本においては，特定の時期や地域を除いて，週6日（土曜半日）を授業日としていた。1992年から毎月第2土曜日，1995年から第2，第4土曜日を休業日とし，2002年から完全週5日制が導入されている。

◁15 学校週5日制の実施を前提としており，授業時数の大幅削減とこれに伴う指導内容の厳選が行われる。数と計算の領域では，桁数の多い整数や小数の計算，帯分数を含む複雑な分数の計算などについて計算の内容や程度を軽減したり，小数や分数の導入を上の学年に移行したり，不等号の式の内容を削除したりしている。量と測定の領域では，柱体と錐体の表面積は中学校に移行し，台形と多角形の面積，単位換算などを削除している。図形の領域では，図形の合同，対称，縮図や拡大図，錐体は中学校に移行し，多角形の内容は削除された

りしている。そして，数量関係の領域では，文字式，比例や反比例の式，場合の数の調べ方を中学校に移行したり，度数分布の内容や比の値の内容が削除されたりしている。この学習指導要領は2002年度より施行されるが，大幅な内容の削減と答申に示された「ゆとり」という言葉から，施行以前に多くの批判がなされることになる。また，絶対評価による観点別学習状況を評価の基本とすることが徹底される。

　この改訂に対しては，いわゆるゆとり教育への批判として，子どもの学力低下が指摘され，国内の教育課程実施状況調査や，国際的な学力調査においても，これを裏づける結果が出ている。これを受けて，文部科学省は「確かな学力」を学校教育の基本として掲げ，合わせて従来の生きる力という理念の共有を教育現場に求めている。また，学習指導要領は義務教育における最低基準であることが確認され，検定教科書においても学習指導要領に記載のない事柄も，発展的な内容として取り扱うことが許されるようになる。

▷16　2001年の中央省庁等改革において旧文部省と旧科学技術庁より再編。

　生きる力という理念は，次の学習指導要領［2008年改訂］にも引き継がれる。算数の目標は，次のように示されている。

> 算数的活動を通して，数量や図形についての基礎的・基本的な知識及び技能を身に付け，日常の事象について見通しをもち筋道を立てて考え，表現する能力を育てるとともに，算数的活動の楽しさや数理的な処理のよさに気付き，進んで生活や学習に活用しようとする態度を育てる。

　この改訂は，2006年の教育基本法の改正を受けて，ここに示された新しい義務教育の理念を踏まえたもので，2011年度から施行される。なお，この改訂から中央教育審議会が答申を作成している。この改訂のもととなった答申は，教育基本法改正前の2005年と改正後の2008年の二つである。生きる力は「変化の激しい社会を担う子どもたちに必要な力は，基礎・基本を確実に身に付け，いかに社会が変化しようと，自ら課題を見つけ，自ら学び，自ら考え，主体的に判断し，行動し，よりよく問題を解決する資質や能力，自らを律しつつ，他人とともに協調し，他人を思いやる心や感動する心などの豊かな人間性，たくましく生きるための健康や体力など」と説明されている。算数の指導時数は1989年の基準に戻され，指導内容もほぼ同様の基準に戻される。また，この改訂に先立ち，2007年から全国学力・学習状況調査が開始され，学校教育におけるPDCA（計画―実施―評価―改善）サイクルの確立が主張されている。

▷17　「新しい時代の義務教育を創造する（答申）」2005（平成17）年9月26日，「幼稚園，小学校，中学校，高等学校及び特別支援学校の学習指導要領等の改善について（答申）」2008（平成20）年1月17日。

　算数的活動には，作業的・体験的な活動など身体を使ったり，具体物を用いたりする活動が主として取り上げられるが，このほかにも発展的・応用的に考えたりする活動や，考えたことを表現したり，説明したりする活動も含まれる。児童が目的意識をもって主体的に取り組む算数にかかわりのあるさまざまな活動とされる。学習指導要領［2008年改訂］からは，指導内容として算数的

▷18　本書の第12章▷1を参照。

活動が取り上げられ，次の三つの活動に分類されている。
(1) 算数に関する課題について考える活動
(2) 算数の知識をもとに発展的・応用的に考える活動
(3) 考えたことなどを表現したり，説明したりする活動

教師の説明を一方的に聞くだけの学習や，単なる計算練習は算数的活動には含まれず，算数的活動を通して，という算数の目標は，算数の学習を児童自身の主体的な学習として位置づけている。

3　算数科で育成を目指す資質・能力

2017年の学習指導要領の改訂が最も新しいものである。この新学習指導要領は2020年から施行される。この改訂の大きな特徴は，知識基盤社会と言われる現代の社会を子どもたちが生きていく，また，その担い手として支えていくには，どのような資質・能力を学校教育で目指すのか，という点が出発点になっていることである。学校教育において育成すべき資質・能力（育成を目指す資質・能力）に関する議論においては，それをどのように捉えるか，次に，各教科の枠のなかでこれをどのように捉えるか，という議論があり，そして，各教科の指導の目標や内容を議論するという順序で，この改訂は進められた。資質・能力をどのように捉えるかをまとめたのが，2015年8月，中央教育審議会の初等中等教育分科会の下，教育課程企画特別部会における審議のまとめ「論点整理」（「教育課程企画特別部会における論点整理について」）である。ここで示されたのが，資質・能力を捉える「三つの柱」である。

この「三つの柱」は，育成すべき資質・能力の要素を「知識・技能」「思考力・判断力・表現力等」「主体的に学習に取り組む態度」から捉えたものである。この「三つの柱」に沿って，各教科における育成すべき資質・能力を明確化することになる。算数・数学科においては，算数・数学のよさを認識し，学ぶ楽しさや意義などを実感できるよう，幼児期に育まれた数量・図形への関心・感覚等の基礎の上に，小・中・高等学校教育を通じて育成すべき資質・能力を，三つの柱に沿って明確化し，各学校段階を通じて，実社会とのかかわりを意識した算数的活動・数学的活動の充実などを図っていくことが求められている。

この「論点整理」をもとに，教育課程全般から各学校段階，各教科，個別の事柄に対応したワーキンググループが構成され，各教科における育成すべき資質・能力が明確化される。2016年8月に初等中等教育分科会の教育課程部会によってまとめられた「次期学習指導要領等に向けたこれまでの審議のまとめについて（報告）」に，それがまとめられている。

まず，各教科の学びのなかでは，"どのような視点で物事を捉え，どのよ

に思考していくのか"という，物事を捉える視点や考え方が鍛えられ，この「見方・考え方」は，各教科等の学習のなかで活用されるだけではなく，大人になって生活していくにあたっても重要な働きをするものとなる。そして，各教科等を学ぶ本質的な意義の中核をなすのが，こうした「見方・考え方」であり，教科等の教育と社会をつなぐものであるとしている。そして，子どもたちが学習や人生において「見方・考え方」を自在に働かせられるようにすることに，教師の専門性が発揮されることを求めている。算数・数学科においては，従来の数学的な考え方を改め，数学的な見方，数学的な考え方をそれぞれ示したうえで，数学的な見方・考え方を「事象を数量や図形及びそれらの関係などに着目して捉え，論理的，統合的・発展的に考えること」と再整理している。

このような数学的な見方・考え方は，算数・数学の学習において，知識や技能を習得したり，習得した知識・技能を活用して探求したりする際に働くものであり，これによって，知識が生きて働く知識となって，技能の習熟・熟達につながるとともに，より広い領域や複雑な事象を思考・判断・表現できる力が育成される。また，こうした学習を通じて，数学的な見方・考え方は深まり，より成長していくものと考えらえている。さらに，算数科・数学科において育成を目指す「学びに向かう力・人間性等」についても，「数学的な見方・考え方」を通して社会や世界にどのようにかかわっていくかが大きく作用しており，「数学的な見方・考え方」は資質・能力の「三つの柱」である「知識・技能」「思考力・判断力・表現力等」「学びに向かう力・人間性等」のすべてに働くものであり，かつすべてを通して育成されるものとして捉えられている。

こうした検討の結果は，中央教育審議会の答申（「幼稚園，小学校，中学校，高等学校及び特別支援学校の学習指導要領等の改善及び必要な方策等について」）に組み込まれ，これに基づいて，学習指導要領が改訂されている。

新学習指導要領では，この資質・能力を踏まえた算数科の目標が以下のように示されている。

> 　数学的な見方・考え方を働かせ，数学的活動を通して，数学的に考える資質・能力を次のとおり育成することを目指す。
> (1) 　数量や図形などについての基礎的・基本的な概念や性質などを理解するとともに，日常の事象を数理的に処理する技能を身に付けるようにする。
> (2) 　日常の事象を数理的に捉え見通しをもち筋道を立てて考察する力，基礎的・基本的な数量や図形の性質などを見いだし統合的・発展的に考察する力，数学的な表現を用いて事象を簡潔・明瞭・的確に表したり目的に応じて柔軟に表したりする力を養う。
> (3) 　数学的活動の楽しさや数学のよさに気付き，学習を振り返ってよりよく問題解決しようとする態度，算数で学んだことを生活や学習に活用しようとする態度を養う。

指導内容の領域も変わり，第1学年〜第3学年は，数と計算，図形，測定，

データの活用の4領域，第4学年〜第6学年は，数と計算，図形，変化と関係，データの活用の4領域となる。数量関係の領域はなくなり，数学的な見方・考え方も従来の捉え方とは異なるものとなる。算数的活動は，数学的活動に改められ，中学校，高等学校と統一されている。資質・能力に基づく新学習指導要領は，これまでの算数教育を踏襲しつつも，その成り立ちや構成が大きく異なっている。これは，これからの社会を生きていく子どもたちのための算数教育のあり方を示している。

Exercise

① アメリカの数学教育史について調べ，日本と比較して，共通点や相違点を整理してみよう。
② 学習指導要領における教科の目標や各学年の目標の変遷を調べてみよう。
③ 各時代の教科書から同一の教材を選び，問題や展開の違いを比べ，その意図を考えてみよう。

📖次への一冊

小倉金之助『数学教育史——一つの文化形態に関する歴史的研究』岩波書店，1932年（2007年復刻）。
　戦前の数学教育の歴史について学術的に論考した著作。古い本であるが，近年，名著として復刻されている。数学教育学を専門とする大学院が創設される際に，数学教育学の研究成果として参照された専門書である。

日本数学教育学会編『20世紀数学教育思想の流れ——日本の算数・数学教育』産業図書，1997年。
　日本数学教育学会が算数・数学教育の歴史をまとめた書籍。算数・数学教育の通史だけでなく，それぞれの時代の特徴や思想を知ることができる。複数の著者による分担執筆。

和田義信著作・講演集刊行会編『和田義信著作・講演集』東洋館出版社，1997年（軽装版2007年）。
　戦後教育改革期に文部省の算数・数学教育の当者であった和田義信の著作および講演記録を集めている。当時の算数・数学教育の考え方を知るだけでなく，算数・数学教育のあり方や方向性を示している。

中島健三『算数・数学教育と数学的な考え方〈第2版〉』金子書房，1982年（復刻版東洋館出版社，2015年）。
　「数学的な考え方」を算数・数学教育に取り入れた際の文部省の担当者の著作。「数学的な考え方」を中心に，乗法の意味の拡張や発展的，統合的に考えるといった算数・数学として創造的に考えることの意味や意義を記している。

清水静海『子供を伸ばす算数——学ぶ意欲と算数のよさ』小学館，1995年。
　学習指導要領［1989年改訂］をまとめた文部省の算数の責任者による著作。平成期の算数・数学教育の重要概念である「学ぶ意欲」や「よさ」について，その背景やポイントを知ることができる。

引用・参考文献

文部省『小学生のさんすう』第4学年用1，東京書籍，1949年。
中島健三『算数・数学教育と数学的な考え方〈第2版〉』金子書房，1982年。

第3章
算数科の目標

〈この章のポイント〉
　本章では，2017（平成29）年に告示された小学校学習指導要領算数の目標を構成する主要な用語の意味を理解し，それぞれの用語がもつわが国の算数・数学教育文化との関連性を学ぶ。さらに，今回の学習指導要領改訂について，国際的な学力観と教育目標とを議論した「21世紀に求められる資質・能力」という点からみたわが国の教育目標の設定における独自性と先進性を知る。

1　算数科の目標

　算数科の目標の全体を一貫する鍵用語は「数学的に考える資質・能力の育成」であり，その育成は「数学的活動」を通してなすこととされている。ここでいう「数学的活動」とは，従前より用いられていた「算数的活動」とほぼ同じであるものの，子どもの活動を算数の教材のみならず，より広い数学の教材に係わることで働かせる「数学的な見方・考え方」などに応じさせて用いられているものである（文部科学省，2018）。

▷1　本書の第2章を参照。

　算数科の目標における(1)の「基礎的・基本的な概念や性質などを理解する」については，学習指導要領［1958年改訂］の目標における「基礎的な概念や原理」という文言を最初に述べ，「日常の事象を数理的に処理する技能を身に付けるようにする」という文言は［1977年改訂］の目標をおおよそ踏襲している。もちろん，「基礎的」という語は，学習指導要領（試案）［1947年］の目標で「数学で扱う基礎的な量」として量に関して用いられ，「概念や性質」に関連させて用いられるのはその後のことである。

　(2)の「筋道を立てて考察する力」は［1958年改訂］の目標以来の力点であり，「統合的・発展的に考察する力」は「数学的に考える資質・能力」の一側面として，［1968年改訂］の目標前文で強調されている。「数学的な表現を用いて事象を簡潔・明瞭・的確に表したり目的に応じて柔軟に表したりする力」は，［1958年改訂］の目標における「簡潔・明確」を土台として［2008年改訂］の目標の「表現する能力」をさらに咀嚼し，目標として具体的に謳ったものである。

　(3)の「数学的活動の楽しさ」は［1998年改訂］の目標以来用いられ，数量的

内容について［1951年改訂］の目標に初出の「よさ」が，算数の目標全体にかかわって強調されているのは［1989年改訂］以来である。「学習を振り返ってよりよく問題解決しようとする態度」という文言が，新規に目標で用いられているが，この学習の振り返りはすでにわが国の小学校の授業において広範に実践されている。「算数で学んだことを生活や学習に活用しようとする態度」については，その意図するところが［1989年改訂］以来議論されている。

新学習指導要領の算数の目標は，概して，［1978年改訂］から［2008年改訂］までの目標を踏襲しながら，きわめて具体的に示されたものであり，かつ現在的な「活用」という学力観を包含するものとなっている。さらに，算数学習を通して育成する力として「数学的に考える資質・能力」を目標前文で掲げ，「算数的活動の楽しさ」に言及し，［1947年改訂］以降一貫して「態度」という語を用いている。──なお，この「態度」という語は，すでに塩野直道が昭和初期に数理思想に係り用いていた（日本数学教育学会編，1987）。このことは，「数学的に考える資質・能力」，および「楽しさ」や「態度」という認知面と情意面との双方を算数・数学教育では担っていることを示すものであり，算数・数学教育が主体的・対話的で深い学びを通して「生きる力」を伴う人間形成を目指すからである（文部科学省，2018）。新学習指導要領の目標は，まさに，この人間形成に光を当てるものである。本章では，新学習指導要領の算数の目標における特長を，その背景とともに論じることとする。

2　小学校学習指導要領を支える三つの柱

１　三つの柱とは

新学習指導要領の算数の目標は，小学校学習指導要領を支える三つの柱をもとにしている。その三つの柱とは，「知識及び技能」「思考力，判断力，表現力等」「学びに向かう力，人間性等」である。これら三つは，学校教育がこれまで育成を目指してきた「生きる力」を捉え直し，「育成すべき資質・能力」を具体化したものであり，「何のために学ぶのか」という教科等を学ぶ意義を焦点化したものである（文部科学省，2018）。三つの柱は，中央教育審議会（2016）が議論の末に，子どもがもつべき資質・能力の三要素としてあげた，知識に関するもの，スキルに関するもの，情意（人間性）に関するものと対応している。すなわち，この三要素は，学校教育法第30条第2項が定める学校教育において重視すべき三要素である，「知識及び技能」「思考力，判断力，表現力」「主体的に学習に取り組む態度」とも対応している（中央教育審議会，2016，28ページ）。これら三つの柱について述べていこう。

2 知識及び技能

「知識及び技能」は，新学習指導要領の目標の「数量や図形などの基礎的・基本的な概念や性質などを理解するとともに，日常の事象を数理的に処理する技能を身に付ける」に反映されている。「基礎的・基本的な概念や性質」のもととなる文言は，[1958年改訂][1968年改訂]の目標に「基礎的な概念や原理」としてみられるものの，基礎的な「知識及び技能」が重要視されるのは，[1978年改訂]からの算数の目標においてであろう。

[1968年改訂]の目標は「数学教育の現代化」を反映するものであった。しかしながら，高次な数学を早い時期から教材とする「数学教育の現代化」ではカリキュラム開発に費やした労力が学力の向上という成果としては実らず，後の Back to Basics（「基礎に帰れ」）という運動に移行していく。いわゆる，基礎・基本が重要視されるのである。

「知識及び技能」は，「思考力，判断力，表現力等」「学びに向かう力，人間性等」というほかの柱に比べれば，いささか力動的ではないようにみえる。しかしながら，「概念や性質についての理解に裏付けられた確かな知識及び技能が，日常生活や社会における事象を数理的に捉え処理して問題を解決することが大切である」（文部科学省，2018，24ページ）と述べられるように，「知識及び技能」は「思考力，判断力，表現力等」の土台となるものである。もちろん，個別の学習者にとっては，「知識及び技能」と「思考力，判断力，表現力等」との境界は曖昧であり，「知識及び技能」と「思考力，判断力，表現力等」は，相互に関連している。

「知識及び技能」において，重要視されなければならないものの一つは「方法知」としてのそれである。知識を形成する，あるいは技能を獲得するといった活動は，問題解決のために見通しをもち，どのような方法を用いればよいかといった「方法知」を伴うものである。「思考力，判断力，表現力等」にかかわる活動においても，もちろん「方法知」は重要であるけれども，とくに，「知識及び技能は，実際の問題を解決する際に，的確かつ能率的に用いることができるようになって初めてその真価が発揮される」（文部科学省，2018，24ページ）と述べられるように，まさに，知る対象としての「知識及び技能」，問題解決の「方法知」としての「知識及び技能」との二面性をもつものである。

3 思考力，判断力，表現力等

「思考力，判断力，表現力等」は，新学習指導要領の目標の「数学的な見方・考え方を働かせ」「数学的に考える・資質能力を育成すること」「日常の事象を数理的に捉え見通しをもち筋道を立てて考察する力」「基礎的・基本的な

数量や図形の性質などを見いだし統合的・発展的に考察する力」「数学的な表現を用いて事象を簡潔・明瞭・的確に表したり目的に応じて柔軟に表したりする力」に反映されている。このうち，「数学的な見方・考え方を働かせ」「数学的に考える資質・能力を育成すること」は，三つの柱を束ねる横糸の役割を果たすものであり，後に論ずる。

「日常の事象を数理的に捉え見通しをもち筋道を立てて考察する力」とは，「我が国の算数・数学教育のねらいとして長年にわたり強調されてきたことである」（文部科学省，2018，25ページ）。「日常の事象」を扱うことは，とくに算数において，わが国の明治期以降の学校教育において，ねらいとされてきた。

子どもの身の回りの「日常性」は子どもの発達の状況と密接に関連する。そもそも「日常性」の定義は難しいものであり，共同体の環境，社会性，教材のもつ具体性，文脈などさまざまな要因が絡み合って「日常性」ができあがる。そうであるからこそ，算数における数学的活動は「日常性」から出発するのが相応しいのである。子どもからかけ離れた「事象」に係る数学的活動はありえない。「日常の事象」は，数学的活動をする教材であり，場なのである。

「見通しをもち筋道を立てて考察する力」とは，数学的活動がけっして試行錯誤のみによるものではないことを示唆している。「見通しをもつ」ことは，直観によって問題解決の方向や結果を探ることであり，いくつかの事例から一般的な結果を探ったり，既知の事柄から結果を探ったりすることである。そこには，きわめて深い「思考力・判断力」が働いている。この「見通しをもつ」ことにより，はじめて「筋道を立てて考察する力」を発揮することができる。

「筋道を立てて考察する力」とは，物事を判断したり推論したりすることであるが，必ずしも数学的判断，数学的推論に限定されるものではない。数学的活動をする子どもには，学習者としての判断，推論があるのであり，数学的という規範性と厳密性とに対応した判断や推論ばかりしているのではない。「筋道を立てて考察する力」とは，子どもの数学的活動においてより広く捉えられるべきであり，子どもなりの物事の判断や推論があることが認められなければならない。子どもなりの「筋道を立てて考察する力」を育て，さらに洗練させ発展させることが専門家としての教師の仕事でもあろう。

「基礎的・基本的な数量や図形の性質などを見いだし統合的・発展的に考察する力」において重要な文言は，「統合的・発展的に考察する力」である。「統合的に考察する」とは，「異なる複数の事柄をある観点から捉え，それらに共通点を見いだして一つのものとして捉え直すことであり，算数の学習で大切にすべきものである」（文部科学省，2018，26ページ）。さらに，文部科学省（2018）が示す，2，4，6，…という数列から偶数の構造を見出す例からは，抽象化と「統合的に考察する」ことが密接に関連するようにもみえる。しかし，「整

数の乗法の意味や形式を，小数，分数の場合にも考えられるように拡張して捉える」，および「乗法九九を構成する際に，1の段を加えて，九九表が完全になるように補完して捉える」という例（文部科学省，2018，26ページ）からは，「統合的に考察する」ことが，数学的構造を保ったまま対象を拡張して考えること，拡張の際に数学的構造が保てなくなった場合は数学的構造そのものを再構成することを意味していることをよみ取れる。また，「発展的に考察する力」とは，既習の知識を適用する力をさすだけでなく，新しい算数の知識や考えを創る力を意味する。新しい算数の知識や考えを創る過程では，新しい概念を構成し，新しい原理や法則を見出しながら，新たな知識及び技能を生み出すことなのである。

「数学的な表現を用いて事象を簡潔・明瞭・的確に表したり目的に応じて柔軟に表したりする力」に関して，「数学的な表現」とは，算数・数学で用いる数学的言語・記号を駆使した表現であり，命題の記述の仕方，証明の記述の仕方などをも含む。他方で，算数においては，小学校学習指導要領に登場する［用語・記号］を用いることも重要であるものの，日常言語を用いた表現，映像を用いた表現，身体的活動を用いた表現など，あらゆる表現を使って数学的活動を行うことが肝要である。子どもは自由な表現をすることを通して，「簡潔・明瞭・的確」な表現の有利性に気づいたり，自分なりの表現の大切さを確認したり，「目的に応じて柔軟に」表現することの大切さを理解したりすることになる。さらに，「簡潔・明瞭・的確」な表現は，数学的言語が数学的知識を伝え合うコミュニケーションの手段となっていることと密接に関係がある。数学的知識を適切に表現することができるからこそ，自分の考えを伝え，相手の考えを知ることができ，それが算数の授業を充実させることになり，やがては学級の垣根や，文化の垣根を行き来することができる自分をつくることになる。

4 学びに向かう力，人間性等

「学びに向かう力，人間性等」は，新学習指導要領の目標の「数学的活動の楽しさや数学のよさに気付き，学習を振り返ってよりよく問題解決しようとする態度」「算数で学んだことを生活や学習に活用しようとする態度」に反映されている。「学びに向かう力，人間性等」は，子どもの認知面とともに，情意面に大きくかかわるものであり，それゆえに「楽しさ」「よさ」「態度」という語が鍵用語となる。「態度」とは，学術的には好き嫌いなどの好意性に代表される情意面をさす語である。

「数学的活動の楽しさに気付くこと」とは，人間に本来的に備わっている知的探究の楽しさに気づくことである。「数学的活動」については後述するが，

事柄に興味関心をもち,楽しむことをもって問題解決したり,知的に活動したりする姿勢が,人間にとってあるべき姿であり,そういう姿勢においてこそ主体的学習が成立する。「楽しさ」という情意面は,「主体的・対話的で深い学び」をするための根幹にある。

「数学のよさに気付くこと」における「よさ」とは,数学の価値や数学を学ぶ意義にかかわる語である。「数学は人間によって生み出された価値あるものであり,数学を用いた問題解決において働く数学的な見方・考え方が数学のよさの根底にある」(文部科学省,2018,28ページ)ことに気づくことは,「数学的活動の楽しさ」とも強く関連する。数学が人間による文化的産物であり,子どもたち一人ひとりが文化を担い生成する一員であることを喜びとするのであれば,数学的活動はいっそうに楽しいものとなるだろう。

「学習を振り返ってよりよく問題解決しようとする態度」に係り,「学習を振り返ること」とは,わが国の算数・数学授業における特長の一つを反映する。「学習の振り返り」があるからこそ,問題解決の方向性が常に改善されるし,問題解決を完遂しようとする「態度」が生まれる。「学習を振り返ること」は,「21世紀に求められる資質・能力」の一つであるメタ認知にもかかわる。ここでいう「態度」とは,「算数の学習に粘り強く取り組み,よりよい問題解決に最後まで取り組もうとする態度」(文部科学省,2018,28ページ)なのである。

「算数で学んだことを生活や学習に活用しようとする態度」における「活用」は,近年になってとりわけ強調されてきた用語である。もちろん,「算数で学んだこと」を「生活に活用すること」,さらに「算数の学習そのものに活用すること」は,算数の実用性や有用性にこれまで以上に力点を置くことである。このことは,算数・数学で扱う「知識・技能」および「見方・考え方」が,算数・数学の閉じた世界で完結するのではなく,人間や人間社会と深くかかわり,人文科学や自然科学に「活用」されるものであることを示している。算数・数学学習が,算数・数学の系統性を反映する体系化を目指すことである一方で,「算数で学んだことを」算数・数学の世界以外に「活用」することの重要性が今日的にはいよいよ増してきているのである。この「活用」する「態度」は算数・数学学習を「楽しい」ものにすることとも密接に関連する。

3 三つの柱を束ねる横糸としての数学的に考える資質・能力の育成

1 数学的な見方・考え方

「数学的な見方・考え方」は,これまで「数学的な考え方」として目標に位

置づけられていたものを見直し，新たに用いられた語である。中央教育審議会では，「『数学的な見方』については，事象を数量や図形及びそれらの関係についての概念等に着目してその特徴や本質を捉えることである」「『数学的な考え方』については，目的に応じて数・式，図，表，グラフ等を活用し，論理的に考え，問題解決の過程を振り返るなどして既習の知識・技能等を関連付けながら統合的・発展的に考えることである」（中央教育審議会，2016，141ページ）と述べられている。粗くいえば，事象の数学的性格に着目することが「見方」であり，論理的，統合的・発展的に考えることが「考え方」である。

「算数科において育成を目指す『学びに向かう力，人間性等』についても，『数学的な見方・考え方』を通して社会や世界にどのように関わっていくかが大きく作用しており」（文部科学省，2018，7ページ）と記載されているように，「数学的な見方・考え方」は情意面と密接に関連しており，むしろ「見方・考え方」が情意面を豊かに含むといってよいものである。

2 数学的活動

「数学的活動」は，従来「算数的活動」と呼んでいた活動を，算数が中学校数学科，高等学校数学科へと連なっていくという視座から，言い換えたものである。例えば，中学校数学科に比較し，算数科ではより具体的な事物を用いたり，学習する数の範囲を零と正の有理数に限ったりと，教材の扱いも異なっている。算数における「数学的活動」は，「算数を日常の事象と結び付ける活動，具体物を扱った操作的・作業的な活動，実際の数や量の大きさを実験・実測するなどの体験的な活動，表や図，グラフなどからきまりを発見するなどの探究的な活動，解決した問題から新しい問題をつくるなどの発展的な活動等を含んだ数学的活動」（文部科学省，2018，27ページ）と述べられている。「数学的活動」は児童が算数において「主体的・対話的で深い学び」をする際のあらゆる活動といってよい。

「数学的活動」は，「事象を数理的に捉え，数学の問題を見いだし，問題を自立的，協働的に解決し，解決過程を振り返って概念を形成したり体系化したりする過程」（中央教育審議会，2016，141ページ）と深く関連する。この算数・数学の問題発見・解決の過程は，一方では，現実世界や日常と数学的世界とを行き来する数学的モデリングの過程であり，他方では数学を数学内で適用し，発展させていく体系化の過程である。この二つの過程は「日常生活や社会の事象を数理的に捉え，数学的に表現・処理し，問題を解決し，解決過程を振り返り得られた結果の意味を考察する，という問題解決の過程と，数学の事象について統合的・発展的に捉えて新たな問題を設定し，数学的に処理し，問題を解決し，解決過程を振り返って概念を形成したり体系化したりする，という問題解

決の過程」(中央教育審議会, 2016, 141ページ)である。この二面が, 算数・数学において資質・能力を育成する学びの過程であり,「数学的活動」の中核である。

4 21世紀を生き抜くために

1 「21世紀を生き抜くための資質・能力」

　学習指導要領で光をあてられた「育成を目指す資質・能力」は, 2015年に国立教育政策研究所でまとめられた「21世紀を生き抜くための資質・能力」(髙口ほか, 2015)をもとにしている。同報告書では, グローバル化社会において専門家も容易に解決を見出せない世界規模の問題が一人ひとりの市民に影響を及ぼしている現在において, 持続可能な社会をつくるために,「誰かが答えを出してくれるのを待つのではなく, 市民一人ひとりが考えや知識, 知恵を持ち寄り主体的に答えを作り出すことが求められていること」「『何を知っているか』だけでなく, それを使って『何ができるか』『いかに問題を解決できるか』が問われるようになってきたこと」「単に知識を覚えていることより, 調べたことを使って考え, 情報や知識をまとめて新しい考えを生み出す力が大事になってきたこと」「グローバル社会における多様性を生かして, 問題を解き, 新しい考えを創造できる力が重要になってきたこと」の重要性が述べられている(髙口ほか, 2015, 3ページ)。

　この21世紀における世界的問題は, 世界中の人々と協力して解決しなければならない問題であり, 算数・数学授業を中心として「育成を目指す資質・能力」がいかにそのような問題の解決に主導的に関与しうるかが問われているともいえる。この節では, 報告書「21世紀を生き抜くための資質・能力」が, 新学習指導要領の算数の目標にどのように反映しているのかをみていくこととする。

2 21世紀型学力育成のための基本的な方針

　この21世紀型学力は, 文部科学省が21世紀を生きるキー・コンピテンシー, すなわち主要能力と呼ぶ能力であり, PISAなどの国際調査においても扱われてきている(文部科学省, 2017)。ライチェンとサルガニクによれば, キー・コンピテンシーは,「社会的に異質な集団での交流, 自律的に活動すること, 及び道具を相互作用的に活用すること」(ライチェン・サルガニク編, 2006, 105〜125, 196ページ)という三つの能力の関連からなり, この三つの核心として「省みて考える力」がある。これら三つは21世紀を生きるために「育成を目指す資

▷2 他者とうまく関わること, 協力すること, 紛争を処理し, 解決すること。

▷3 大きな展望, 或いは文脈の中で行動すること, 人生計画や個人的プロジェクトを設計し実行すること, 自らの権利, 利害, 限界, ニーズを守り, 主張すること。

▷4 言語, シンボル, テクストを相互作用的に活用すること, 知識や情報を相互作用的に活用すること, 技術を相互作用的に活用すること。

質・能力」として，不可欠な能力であり，学校で費やすほとんどの時間である教科の時間を通して，その育成を目指さなければならない。したがって，教科としての算数・数学が，いかにしてこれらの能力を育成するための目標を立てなければならないかが論点となる。

　この論点において，髙口ら（2015）が提示する，諸外国やプロジェクトの資質・能力にかかわる教育目標は示唆に富むものである（髙口ほか，2015，8ページ）。それらの教育目標は，基礎的なリテラシー，認知スキル，および社会スキルに大別されている。基礎的なリテラシーとは市民生活を送るための土台となる「知識・技能」であり，認知スキルとは「思考力」であり，「学び方の学習」である。社会スキルとは，自律的な力であり，人間関係をつくる力であり，市民として社会を生きる力である。算数・数学をはじめとした教科の授業において，これらの能力の非常に多くを育成することができるのである。

3　21世紀に求められる資質・能力

　髙口ら（2015）はわが国の教育実践的，学術的蓄積と，諸外国の動向を踏まえて，わが国における「21世紀に求められる資質・能力」を提示している。その「資質・能力」は，「思考力」を中核として，それを支える「基礎力」，思考力の使い方を方向づける「実践力」の三層構造となっている（図3-1）。「道具や身体を使う基礎力は，言語，数量，情報（デジタル，絵，形，音等）からなる，言語や数量，情報などの記号や自らの身体を用いて，世界を理解し，表現する力である。深く考える思考力は，問題解決・発見，論理的・批判的・創造的思考，メタ認知・学び方の学びからなる，一人ひとりが自分の考えをもって

図3-1　21世紀に求められる資質・能力の構造の一例
出所：髙口ほか（2015，93ページ）。

他者と対話し，考えを比較吟味して統合し，よりよい答えや知識を創り出す力，更に次の問いを見付け，学び続ける力である。未来を創る実践力は，自律的活動，関係形成，持続可能な社会づくりからなる，生活や社会，環境の中に問題を見いだし，多様な他者と関係を築きながら答えを導き，自分の人生と社会を切り開いて，健やかで豊かな未来を創る力である」(髙口ら，2015，94ページ)。新学習指導要領算数の目標に対応させると，「基礎力」が「知識及び技能」に，「思考力」が「思考力，判断力，表現力等」に，「実践力」が「学びに向かう力，人間性等」に相当する。

4 新学習指導要領算数の目標の国際的先進性

ライチェン・サルガニク編 (2006) の提示したキー・コンピテンシーは，OECD 生徒の学習到達度調査 (PISA) (国立教育政策研究所，2017) の方針を強く反映しているものであり，次世代の世界文明を発展させるための共通の規範的視座である。他方で，異なる文化や文脈においてどのようにキー・コンピテンシーが働くかも議論されている。ライチェン・サルガニク編 (2006) は，個々の文化でのキー・コンピテンシーが有効に働くことを主張するうえで，この文化的差異の存在に対して示唆的である (ライチェン・サルガニク編，2006，121~125ページ)。

わが国では，このキー・コンピテンシーを解釈したうえで，国際標準の能力を高めるための教育課程を用意すべく学習指導要領の目標を設定しているけれども，ライチェン・サルガニク編 (2006) に代表される国際化を目指すキー・コンピテンシーをそのままに目標に反映させているわけではない。世界規準を反映させながらもわが国には独自の教育文化があり，それを教師や研究者が洗練させ発展させているという現状がある。とくに，「学びに向かう力，人間性等」にかかわっては，ライチェン・サルガニク編 (2006) が貧富の差を超えた人生の成功という概念を大きな鍵とするなかで，わが国では長年議論してきた「生きる力」よりもさらに伝統のある，算数・数学学習における「態度」形成を中心とした人間形成という，より深くわが国の文化――倫理観や道徳観――に通ずる観点をも大きく含めて目標を掲げている。ここに，わが国の学習指導要領の算数・数学の目標の国際的な先進性があるといえるのではなかろうか。

Exercise

① 昭和22年の発行から始まるわが国の学習指導要領の算数科と中学校数学科，高等学校数学科のすべての目標を比較してみよう。https://www.nier.go.jp/guideline/ (2019年1月16日閲覧)

② 新学習指導要領の算数の目標と,それに連なる各学年の目標を比較してみよう。

📖 次への一冊

加藤文元『数学する精神』中央公論新社,2007年。
　　数学とは人間が創った知識であるという最新の数学観に基づいた,数学のありようを平易な数学の題材を用いながら解説,考察している。
ライチェン,D. S.・サルガニク,L. H. 編,立田慶裕監訳『キー・コンピテンシー――国際標準の学力をめざして』明石書店,2006年。
　　OECDによる国際標準の学力に向かう教育目標に係るキー・コンピテンシー（主要能力）について,その背景を詳述したものである。
国立教育政策研究所「資質・能力理論編」東洋館出版社,2016年。
　　2017（平成29）年告示の小学校・中学校学習指導要領に係る鍵用語である「資質・能力」について,国立教育政策研究所の見解をまとめたものである。

引用・参考文献

中央教育審議会「幼稚園,小学校,中学校,高等学校及び特別支援学校の学習指導要領等の改善及び必要な方策等について（答申）」2016年。http://www.mext.go.jp/b_menu/shingi/chukyo/chukyo0/toushin/1380731.htm （2019年1月16日閲覧）
国立教育政策研究所「OECD生徒の学習到達度調査（PISA）」国立教育政策研究所,2017年。http://www.nier.go.jp/kokusai/pisa/ （2019年1月16日閲覧）
文部科学省「国際学力調査（PISA, TIMSS）」文部科学省,2017年。http://www.mext.go.jp/a_menu/shotou/gakuryoku-chousa/sonota/1344324.htm （2019年1月16日閲覧）
文部科学省『小学校学習指導要領（平成29年告示）解説算数編』日本文教出版,2018年。
日本数学教育学会編『中学校数学教育史』新数社,1987年。
ライチェン,D. S.・サルガニク,L. H. 編,立田慶裕監訳『キー・コンピテンシー――国際標準の学力をめざして』明石書店,2006年。
髙口努（研究代表者）「資質・能力を育成する教育課程の在り方に関する研究報告書1――使って育てて21世紀を生き抜くための資質・能力」国立教育政策研究所,2015年。

第II部

算数科教育の内容論・学習指導論

第4章
算数科教育の実践①
―― 数と計算の学習指導 ――

〈この章のポイント〉
　小学校算数科の「数と計算」領域では，数量の大きさを表す必要性に応じて整数，小数，分数が導入される。そして，それらの数で表された数量に対する操作を抽象した計算として加法，減法，乗法，除法の四則計算が意味づけられる。また，数の意味や表し方，計算の意味に基づくことで，それらの四則計算に関する計算の仕方が検討される。本章では，算数科の学習全体を支えるこれらの内容についての学習指導を概観する。

1　「数と計算」領域のねらいと内容の概観

　新学習指導要領解説において，「数と計算」領域は，次の三つをねらいとする領域として算数科の内容構成に位置づけられている（文部科学省，2018，42ページ）。
・整数，小数及び分数の概念を形成し，その性質について理解するとともに，数についての感覚を豊かにし，それらの数の計算の意味について理解し，計算に習熟すること
・数の表し方の仕組みや数量の関係に着目し，計算の仕方を既習の内容を基に考えたり，統合的・発展的に考えたりすることや，数量の関係を言葉，数，式，図などを用いて簡潔に，明瞭に，又は，一般的に表現したり，それらの表現を関連付けて意味を捉えたり，式の意味を読み取ったりすること
・数や式を用いた数理的な処理のよさに気付き，数や計算を生活や学習に活用しようとする態度を身に付けること

　そして，「数と計算」領域において学習する内容は，この領域で働かせる数学的な見方・考え方に基づいて次の四つに分類されている（文部科学省，2018，42ページ）。
(1)数の概念について理解し，その表し方や数の性質について考察すること
(2)計算の意味と方法について考察すること
(3)式に表したり式に表されている関係を考察したりすること
(4)数と計算を日常生活に生かすこと
　このうち，(3)の内容は，従前は「数量関係」領域に位置づけられていたもの

▷1 整数
1，2，3，…のような数，すなわち1から始まり，1に1を繰り返し加えていってできる数を自然数という。数学においては，…，-3，-2，-1，0，1，2，3，…のような数を整数というが，算数科では負の数を扱わないので，負の整数を除いた0，1，2，3，…のような数を，小数・分数と区別するために整数とよんでいる。

▷2 ものの個数を数えた場合の「3個」のように，数えた対象の個数を表す数を集合数（または基数）という。また，ものの順番を数えた場合の「3番目」のように，数えた対象が何番目かを表す数を順序数（または序数）という（図4-1）。

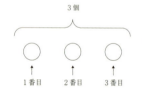

図4-1 集合数と順序数
出所：筆者作成。

▷3 数の表現の仕方には記数法と命数法がある。記数法とは数を記号を用いて書き表す表現の仕方のことである。例えば，1，2，3，…というアラビア数字による表現や，一，二，三，四，五，…という漢数字による表現，Ⅰ，Ⅱ，Ⅲ，Ⅳ，Ⅴ，…というローマ数字による表現は数字による記数法である。また，命数法とは数を言語を用いて言い表す表現の仕方のことである。例えば，「いち，に，さん，…」や「ひとつ，ふたつ，みっつ，…」，「one, two, three, …」という唱え方は数詞による命数法の表現である。

であるが，学習した計算を用いた問題解決において，事象を考察する際の式の役割をいっそう理解しやすくするとともに，日常生活の場面や算数の学習場面で式に表現したり読んだりして問題解決をできるようにすることを意図して，「数と計算」領域に位置づけ直されたものである。

数と計算は数学的に考えたり，数学的な問題解決をしたりするための基盤となるものであるから，「数と計算」領域の内容の理解は算数科の学習全体を支えるものである。とくに，前述の(1)(2)における数の概念や計算の意味についての理解は，(3)(4)の学習の前提となるものであり，また(1)(2)において必要に応じて新しい数を導入したり，計算の意味を捉え直したりすることや，(2)における計算の方法について考察することは，既習の内容をもとに考えたり，統合的・発展的に考えたりする算数科の学習の基盤となる数学的な見方・考え方を育成する場面となる。そこで本章では，算数科の学習の基盤となる「数の概念とその表し方」「計算の意味」「計算の仕方」に焦点をあてて，その学習指導について述べていく。

2 数の概念とその表し方

1 整数の意味とその表し方

私たちは，ものの個数やものの順序を数えるために，0，1，2，3，…のような整数を用いるが，そもそも数とは何だろうか。例えば2とは何だろうか。今この紙面上に記されている「2」とは，数の2を表現するための記号（数字）であって，数の2そのものではない。数の2とは2個のリンゴ，2匹の犬，2本の鉛筆といった「対象が二つある事象」に共通する性質を意味する概念のことである。それゆえに，子どもが「1，2，3，…」といった数字を書いたり読んだり，「いち，に，さん，…」といった数詞を唱えられたりしたとしても，それは数の表現を覚えているだけで，必ずしも数の概念について理解しているとは限らないのである。

では，数の概念について理解させるためにはどうしたらいいのだろうか。まず，ものとものとを対応させることによって個数を比べることを通して，2個のリンゴや2匹の犬，2本の鉛筆といった「対象が二つある事象」がどれも同じ個数であると捉えられるようにする。それから，それらの個数が数詞で「に」，数字で「2」と表されると指導するのである。これにより，子どもはいくつかの対象が二つある事象からそれらに共通する性質として数の2を抽象し，それを数の表現と結びつけることで，数の2の概念について理解するのである。

しかし，数の概念についての理解はそれだけにとどまるものではない。さらに，個数や順番を正しく数えたり表したりすることや，学習した数を大小の順番に並べたり，一つの数を他の数の和や差としてみたりすることなどを通して，数の概念についての理解は深まっていく。このように，数についての学習指導では，数を考察対象とした学習を進めるなかで，数についての既習の内容と新しい内容とを結びつけることで数の概念についての理解を深めながら，それによって数についての見方をより豊かにしていくことが大切である。

　また，整数は十進位取り記数法によって表されるので，あらゆる整数を扱えるようになるためには，十進位取り記数法による数の書き方や，その書き表された数の読み方についての仕組みの理解が必要になる。そして，その理解を深めるためには，その仕組み自体を考察対象として，数学的な見方・考え方を働かせながら数の表し方の仕組みについてまとめていく学習指導が必要である。

　例えば，第4学年における9桁を超える大きな数の読み方の学習において，日常生活で9桁の数を「億」を用いて読むことについての知識を得ている児童も多くいるであろうが，その知識を認めたうえで，どうしてそのように読むのか，その仕組みについて検討することもできる。9桁の数123456789は，既習である千万の位までの数の読み方によって，つまり，5桁よりも大きい数は千万の位から一万の位の4桁の数を読んでそれに「万」をつけたことと，千の位よりも一つ大きい位が一万の位であったことによって，9桁目の位から一万の位の5桁の数を読んでそれに「万」をつけて，「一万二千三百四十五万六千七百八十九」と読むことができる。この読み方のルールで，他の大きな数を読んだり，読んだ数を書き表したりしてみても，数と読み方で1対1対応するので，とくに不都合は生じない。しかし，そこで「億」を用いた読み方と比べてみることで，「万」を繰り返し用いる読み方よりも，「億」を用いる読み方のほうが，数の大きさが明確になるというよさがみえてくる。このような考察を通して，大きな数を読むために億や兆という単位を導入することのよさを実感しながら，既習の数の読み方の仕組みと，「一，十，百，千の4桁ごとで万，億，兆といった新しい単位を導入していく」という新しい仕組みを統合して整数の読み方の仕組みを理解することが大切である。

2　小数の意味と表し方

　私たちは数えるために整数を用いたが，長さや液体のかさといった数量の大きさを単位を定めて測定する場合には，端が出てしまって整数だけでは正確に大きさを表現することができるとは限らない。そこで，その端の大きさの表現の仕方について考察をする。例えば，その端の大きさを「ちょっと」や「半分より少し少ない」というように言語で表現したとしても，端の大きさを正確に

▷4　十進位取り記数法
0，1，2，3，4，5，6，7，8，9の10個の数字を用いてあらゆる整数を表現することができる数の表現の仕方であり，その表現の仕方は十進記数法の原理と位取り記数法の原理に基づいている。十進記数法の原理とは，単位の大きさが10個あったら，それらを一つにまとめて，それを新しい単位とすることである。そして，位取り記数法の原理とは，十進記数法の原理の手続きによって得られたそれぞれの単位の個数を単位の大きい順に書き並べることである。

知りたい場合には不都合であるから,「3等分したうちの2つ分くらい」や「10等分したうちの3つ分」というように既習を用いて数学的に表現することを試みる。そして,このような数学的な表現をもとにして,「1を10等分したうちの3つ分の大きさを0.3と表す」というように,新しい数の表現の仕方をまとめていくのである。このように小数の導入の学習指導では,既習の数では表現できない事象を新しい数で表現しようとする発展的な考察を通して,新しい数を導入することの必要性を実感しながら,新しい数を創り出すことが大切である。

また,整数は十進位取り記数法によって表現されたが,小数も十進位取り記数法によって表現される。すなわち,整数の場合には1が10個集まった大きさを,1の単位よりも1桁大きい十の位の単位としたが,小数の場合には逆に10個集まったら1になる大きさを1の単位よりも1桁小さい新しい単位として,その単位の個数を一の位に続けて書くのである。このように小数と整数はともに十進位取り記数法によって表されるので,それらが同じ仕組みによって表されているということを統合的に指導することも大切である。

3 分数の意味と表し方

分数には大きくは二つの意味がある。一つは, $\frac{2}{3}$ は1を3等分したものの2つ分を意味するというように「1を等分割したもののいくつ分」$\left(\frac{m}{n}=1\div n\times m\right)$を表すという意味であり,もう一つは, $\frac{2}{3}$ は $2\div 3$ の商を意味するというように「除法の商」$\left(\frac{m}{n}=m\div n\right)$を表すという意味である。これら二つの意味を背景として,算数科では次のような場面における事象を分数を用いて表現できるように段階的に指導していく。

(1) 分割分数（操作分数）：対象を3等分したものの1つ分の大きさを $\frac{1}{3}$, 2つ分の大きさを $\frac{2}{3}$, …というように,対象を n 個に等分割したものの m 個分の大きさを $\frac{m}{n}$ と表す。

(2) 量分数：測定した際に数量の端数部分の大きさを表現するために,1mや1dLといった普遍的な単位量を3等分したものの2つ分の大きさを $\frac{2}{3}$ mや $\frac{2}{3}$ dLというように表す。

(3) 商分数：2mを3等分した1つ分の長さを考える時,$2\div 3=0.6666\cdots$ となり小数では割り切ることができない。そこで $2\div 3$ の商を $\frac{2}{3}$ と表すことにする。

(4) 割合分数：上記の商分数では等分する除法の場合を考えたが,「2mは3mの何倍の長さか」のような何倍かを求める除法の商に対しても分数を用いて $2\div 3=\frac{2}{3}$ より $\frac{2}{3}$ 倍と表現できる。2mが3mの $\frac{2}{3}$ 倍の長さであるとは,「3mを1とみた時に,2mは $\frac{2}{3}$ に当たる大きさ」ということである。

▷5 数学においては,2つの整数 m, n（ただし,n は0ではない）を用いて $\frac{m}{n}$ で表される数を有理数という。小数と分数は厳密には数そのものではなく,小数による表現,分数による表現によって有理数を表現しているのである。また,2つの整数 m, n（ただし,n は0ではない）を用いて $\frac{m}{n}$ で表すことができない数を無理数という。算数科で扱われる数においては,円周率3.14…は無理数である。

▷6 前者を分数の第一義,後者を分数の第二義という。

▷7 $\frac{m}{n}$ が「対象を n 個に等分割したものの m 個分をとる操作」を表している場合には操作分数といい,その操作の結果である「対象を n 個に等分割したものの m 個分の大きさ」を表している場合には分割分数というというように,区別して用いられる場合もある。

分数の導入の学習指導についても，小数の導入の学習指導で述べたように，新しい数を創るという発展的な考察をすることが大切である。また，分数，小数，整数の表現の仕方をもとにして，それらの数の関係を統合的にまとめていくことも大切である。

3　計算の意味

1　計算の意味について理解すること

例えば「男子が5人，女子が4人いる時，全員で何人いるのか」について考える時，1人ずつ数えていくより5＋4という計算をするほうがより能率的に「全員で9人いる」という結論を得ることができる。このように，私たちは数を扱う問題場面において，より能率的に結論を得るために計算を用いる。

そして，問題解決において適切に計算を用いるためには計算の意味の理解が必要になる。計算の意味の理解とは，「5＋4は9になる」というように計算結果を正しく導き出せるということではなく，どのような問題場面に対して，どのような計算を用いることができるのかについて理解しているということである。そのため，計算の意味の学習指導では，問題場面における具体的な操作をもとに計算の意味を定めて，問題場面に応じた適切な立式をすることができるようにすることが大切である。

2　整数の計算の意味

① 整数の加法の意味

整数の加法は次のような問題場面において用いられる。▷8

(1)合併：「男子が5人，女子が4人いる時，全員で何人いるか」のように，二つの数量が同時に存在する時に，それら二つの数量を合わせた大きさを求める問題場面。

(2)増加：「バスに乗客が5人乗っていて，バス停で4人乗ってきた時，乗客は全員で何人になったか」のように，初めにあった数量に追加したり，さらに増加したりした時の大きさを求める問題場面。

(3)求大：「男子が5人いる。女子は男子よりも4人多い。女子は何人いるか」のように，大小二つの数量があって，それらの差と小さいほうの大きさがわかっている時に，大きいほうの大きさを求める問題場面。

(4)順序数を含む加法：「マラソン大会でA君は5番目にゴールし，A君の4人後にB君がゴールした時，B君は何番目にゴールしたのか」のように，ある番号や順番から，いくつか後ろの番号や順番を求める問題場面。

▷8　加法の意味を明確に表現するためには，例えば合併の加法を＋，増加の加法を✚というようにそれぞれの加法について別々の記号を用いることも考えられる。しかし，合併の加法の3＋2＝5と増加の加法3✚2＝5では計算の意味は異なるが，計算としては同じ計算結果が得られ，また同じ計算の規則が成り立つので，用いる記号の数をより少なくするために，これらの記号を統合して，どちらの場合に対しても加法＋の記号を用いることにしているのである。

② 整数の減法の意味

整数の減法は次のような問題場面において用いられる。

(1) 求残：初めにあった数量から、ある数量を取り去ったり、さらに減少したりした時の残りの大きさを求める問題場面。

(2) 求差：大小二つの数量があって、それらの大きさの差を求める問題場面。

(3) 求小：大小二つの数量があって、それらの差と大きいほうの大きさがわかっている時に、小さいほうの大きさを求める問題場面。

(4) 順序数を含む減法：ある番号や順番から、いくつか前の番号や順番を求める問題場面や、二つの番号や順番の差を求める問題場面。

③ 整数の乗法の意味

例えば、「リンゴが1袋に3個ずつ入っている時、5袋でリンゴの個数はいくつになるか」を考える時には、3+3+3+3+3と加法で求めることもできるが、3×5と乗法を用いたほうが能率的である。このように整数の乗法は、1つ分の大きさが決まっている時に、そのいくつ分にあたる大きさを求める問題場面において、同じ大きさを繰り返し加えることである同数累加の簡便算として導入される。すなわち、同数累加の乗法の意味では、3×5とは3+3+3+3+3のことを意味するから、乗法の式を（1つ分の大きさ）×（いくつ分）＝（いくつ分かにあたる大きさ）と捉えることができる。よって、乗法の式を用いる場合には被乗数と乗数の順序も重要な意味をもつのである。

また、基準になる大きさの2つ分の大きさのことを2倍、3つ分の大きさのことを3倍、…というように表現する。よって、基準になる大きさの何倍かにあたる大きさを求める場合にも同数累加の乗法を用いて解決することができる。

④ 整数の除法の意味

整数の除法は次のような問題場面において用いられる。

(1) 等分除：「12個のリンゴを3人で等しく分けると、1人何個もらえるか」のように、ある数量をいくつかに等分した時の1つ分の大きさを求める問題場面。

(2) 包含除：「12個のリンゴを1人に4個ずつ分けると、何人に分けられるか」のように、ある数量がもう一方の数量のいくつ分であるかを求める問題場面。

また、除法は、2つの数量について、一方の数量がもう一方の数量の何倍の大きさであるかを求める場合にも用いられる。この場合、「何倍か」は「いくつ分か」を求めることと同じであるから、包含除を用いて解決することができる。

▷9 他にも減法を使う問題場面はある。例えば「バスに乗客が5人乗っていて、バス停で何人か乗ってきたら、乗客は全員で9人になった。バス停で何人乗ってきたのか」という問題は増加の問題場面であるが、減法9−5によって答えを求めることができる。このように加法の問題場面であるが答えを求めるために減法を用いる必要がある問題や、減法の問題場面であるが答えを求めるために加法を用いる必要がある問題のことを逆思考の問題という。一方で、「男子が5人、女子が4人いる時、全員で何人いるか」は合併の問題場面であるから、合併の加法によって5+4と立式できる。このように、問題場面そのものの意味で立式できる問題を順思考の問題という。

3 小数と分数の計算の意味

① 小数の加法・減法の意味

例えば「2.3dL の水と5.6dL の水を合わせると何 dL になるか」について考える場合には，整数の合併の問題場面と同様に合併の加法によって2.3＋5.6と立式することができる。このように数量が小数で表されている場合であっても整数の加法・減法と同様の意味によって小数の加法・減法を立式することができる。

② 小数の乗法の意味

例えば，1m の値段が80円のリボンを2.3m 買った時の代金を求める問題場面において，「同じリボンを2m 買うと代金は80円の2つ分だから80×2で求められる。今は2.3m 分だから代金は80×2.3で求められる」と考えたとする。この時，乗法80×2.3の意味をどのように説明したらいいのだろうか。つまり，整数の乗法は同じ大きさのものがいくつかある「同数累加」の問題場面において用いることができたが，いくつ分という表現は整数個に対して用いられる表現のため，この問題場面においては「80円が2.3個分ある」という表現を用いることができないし，また80を繰り返し足しても80×2や80×3にはなるが80×2.3にはならない。このように，小数をかける乗法は整数の乗法の意味では説明することができないのである。それゆえに，乗数が小数になる乗法の意味の学習指導においては，乗法の意味について統合的・発展的に考察することを通して乗法の意味を定め直すことが大切である。

まず，既習の整数の乗法の意味では不都合が生じていることを，例えば，80×2は80＋80，80×3は80＋80＋80と書き表されたのに対して，80×2.3は80を繰り返し足す式では書き表すことができないことをもとにして実感させたい。次に，「1m の値段が80円だから，0.1m の代金は80÷10＝8（円）。よって，2.3m の代金は80×2＋8×3＝184（円）」というように整数の乗法を用いて解決した場合の結果と，80×23＝1840に「乗数を÷10すると，積も÷10した大きさになる」という性質を適用して導いた結果80×2.3＝184とが一致することから，80×2.3という式で答えが求められそうであることがわかる。そこで，乗法80×2.3の意味を説明するために，比例数直線図をモデルとして割合の見方によって乗法の意味を捉え直していく。比例数直線図において基準にする大きさを割合1に対応させれば，割合2にあたる大きさは80×2，割合3にあたる大きさは80×3，…というように表すことができる。このことから，乗法の意味を同数累加から「基準にする大きさを定めた時に割合にあたる大きさを求める計算」へと定め直すことができる。そうすると，80×2.3とは基準にする大きさ80の割合2.3にあたる大きさを求めていると説明できる（図4-2）。

▷10　2個，6本，13匹，…のような表現において，数の後ろに記述されている個，本，匹などは，数量の種類を表す語であり，助数詞という。助数詞が用いられる表現は数えられるものに対して用いられるので，助数詞の前の数は原則として整数に限られる。しかしながら，「平均2.3個」のような平均の手続きの結果を表す場合や，「1日あたり5.6人」のような割合を表す場合のように，数えた結果ではない事柄を表す場合には，助数詞の前の数が小数で表現されることもある。

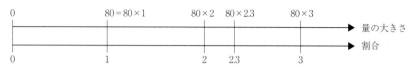

図4-2 小数の乗法の意味についての数直線による表現
出所：筆者作成。

　このように，乗数が整数の場合だけしか用いることのできなかった乗法の意味を，乗数が整数と小数のどちらの場合にも用いることができるように「（基準にする大きさ）×（割合）」という意味に定め直すことを乗法の意味の拡張という。この乗法の意味の拡張は，乗数が小数の場合に用いることができる乗法の意味を定めるという発展的な考察と，乗数が小数の場合だけでなく既習の整数の場合についても説明できる乗法の意味に定め直すという統合的な考察によって成り立っているのである。◁11

　また，同数累加の乗法は同数累加の問題場面に対して立式したが，「（基準にする大きさ）×（割合）」の乗法は問題場面の比例関係を根拠にして立式する。例えば，上記のリボンの代金を求める問題場面ならば，「リボンの長さ2.3mは1mの2.3倍だから，リボンの代金は1m分の代金80円の2.3倍になる。よって，80×2.3で求められる」と立式できる（図4-3）。この際，いくつ分を意味していた倍の意味を「2.3倍とは基準にする大きさを1とみた時に，2.3にあたる大きさ」という割合の見方によってあらかじめ捉え直しておく必要があることにも留意したい。

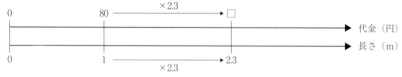

図4-3 小数の乗法の立式の仕方
出所：筆者作成。

③　小数の除法の意味

　除法は乗法の逆演算であるから，乗法の意味を「（基準にする大きさ）×（割合）」へと拡張したことに伴って，除法の意味も捉え直すことができる。そうすると，包含除は割合を求める除法として，◁12 そして等分除は基準にする大きさを求める除法として意味づけることができる。◁13

　割合を求める除法の立式は包含除と同様に「BのなかにAはいくつ分あるか」や「BはAの何倍であるか」という問題場面においてB÷Aと立式することができる。また，基準にする大きさを求める除法は小数の乗法と同様に問題場面の比例関係を根拠にして立式する。例えば，「リボン2.3m分の代金が184円の時，1m分の代金はいくらか」について考える時には，「長さの関係が

▷11　この乗法の意味の拡張は，「80円のリボンの長さが2mや3mの場合には80×2，80×3で求められたのだから，2.3mの場合には80×2.3で求めたい」という欲求に基づいて，乗数が整数，小数どちらの場合に対しても用いられる乗法の意味づけがなされている。このように，既習の学習内容において成り立っていた事柄を，新しい学習内容にも成り立つように数学を構成していくことを形式不易の原理という。

▷12　ある数量がもう一方の数量のいくつ分であるかという意味のままでは小数点以下まで割り進むことの理由を説明することができない。そこで，包含除の意味を拡張することによって小数点以下まで割り進むことの理由を説明することができるようになるのである。

▷13　「3.2等分する」というようなことはできないので，ある数量をいくつかに等分した時の1つ分の大きさを求めるという意味では小数の除法の意味を説明することができない。そのため，等分除の意味を拡張する必要があるのである。

2.3倍（×2.3）だから代金の関係も2.3倍（×2.3）になっている。今は，1m分の代金を求めればいいから，乗法と除法の関係より184を2.3で割って184÷2.3である」というように立式することができる（図4-4）。

▷14　A×p＝Bならば，B÷p＝Aである。

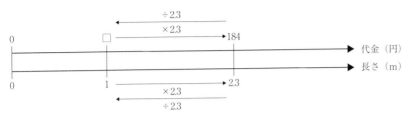

図4-4　小数の除法の立式の仕方

出所：筆者作成。

なお，問題場面における数量が分数で表現されていても，小数の四則計算と同様の意味によって分数の四則計算を立式することができる。

▷15　小数の四則計算の意味を数量が分数で表現されている問題場面に対しても適用できるかを確かめていくと，既習の意味で不都合が生じない。よって，分数の四則計算の学習では，既習の四則計算の意味の適用範囲が整数，小数だけでなく，分数にまで拡張されるが，四則計算の意味自体は拡張する必要はない。

4　計算の仕方

1　計算の仕方について考察すること

　問題場面に応じた適切な立式をするために計算の意味の理解が必要であったのに対して，立式された式の計算結果がどのようにして導き出せるのかがわかるために計算の仕方の理解が必要になる。そのため，算数科では，計算結果を導き出すための機械的・形式的な計算の仕方に習熟することだけが目指されているのではなく，新たに学習する計算に対して，既習の数の意味や表し方，計算の性質を用いて，既習の計算の仕方に帰着することによって，新たに学習する計算の一般的な計算の仕方をまとめていくことも目指されている。したがって，計算の仕方の学習指導では，既習の計算に帰着することによって，新たな計算の一般的な計算の仕方を創っていく統合的・発展的な考察をすることが大切である。

2　整数の計算の仕方

① 整数の加法・減法の計算の仕方

　繰り上がりのない1位数同士の加法や1位数同士の減法は，3と5を合わせて8になるというような数の合成や，7は1と6，2と5，…に分けられるというような数の分解についての学習をもとにして計算結果を求められるようにする。そして，繰り上がりのある加法と繰り下がりのある減法の計算は「10とあといくつ」という見方をすることによって既習の計算に帰着して計算できるようにする。具体的には，7＋8ならば「加数8を3と5に分解することで，

被加数7と分解してできた数3で10を作り、そこに残りの数5を加えることで15を求める」という被加数が10になるように加数を分解する方法（加数分解）や「被加数を5と2に分解することで、分解してできた数2と加数8で10を作り、そこに残りの数5を加えることで15を求める」という加数が10になるように被加数を分解する方法（被加数分解）によって帰着できる。また、15−7ならば「被減数15を10と5に分解し、分解してできた数10から減数7を引くことで3が求められ、それに残りの数5を加えることで8を求める」という被減数を10といくつかに分解する方法（減加法）や「減数7を5と2に分解し、被減数から分解してできた数5を引くことで10のまとまりを作り、そこから残りの数2を引くことで8を求める」という減数を被減数の一の位の数と残りに分解する方法（減々法）によって帰着できる。これらの計算の仕方をもとにして2位数以上の加法・減法も既習に帰着して計算できるようにしていく。さらに、このような計算の仕方をもとにして、加法・減法の筆算の表現形式（位を縦に揃えて書く）と計算手順（一の位から順に計算する）をまとめていくのである。

　これらの計算の仕方をもとにして2位数以上の加法・減法も計算できる。例えば、35＋29ならば5＋9と30＋20に分けて計算し、それぞれの和14と50についてさらに加法をすればよい。この時、30＋20を計算する際には実質的には3＋2を計算すればよく、14＋50を計算する際には実質的には1＋5と4＋0を計算すればよいので、既習の1位数同士の加法に帰着しているのである。また、72−25を計算する場合に加法の場合と同様に考えると2−5と70−20に分けられる。しかし、2−5は計算することができないので、12−5と60−20に分けることで既習の減法に帰着することができる。そして、このような計算の仕方をもとにして、加法・減法の筆算の表現形式（位を縦にそろえて書く）と計算手順（一の位から順に計算する）をまとめていくことが大切である。

② 整数の乗法の計算の仕方

　乗法の計算の基礎となるのは乗法九九である。乗法九九は暗記すればいいというものではなく、同数累加の乗法の意味と結びつけながら構成していくことが大切である。

　2位数に1位数をかける乗法を計算する場合には被乗数を分解して計算する。例えば、13×6ならば10×3と3×6をそれぞれ計算し、それらの和を求めればいい。また、2位数をかける乗法を計算する場合には乗数を分解して計算する。例えば、73×25ならば73×20と73×5に分解することで既習の計算に帰着することができる。そして、乗法の筆算についても、このような具体的な計算の仕方に基づいて表現形式と計算手順をまとめていくのである。

③ 整数の除法の計算の仕方

　乗法九九は除法の計算においても基礎となる。例えば54÷6のような九九を

1回用いればよい除法の場合には、乗法と除法の関係から6×□=54や□×6=54と考えて、九九を用いて答えを求めることができる。

2位数を1位数で割る除法において、被除数のそれぞれの位の数が除数で割り切れる場合には、被除数を分解して計算する。例えば、63÷3ならば60÷3と3÷3をそれぞれ計算し、それらの和を求めればいい。また、被除数のそれぞれの桁の数が除数で割り切れない場合には、除数で割り切れるように被除数を分解して計算する。例えば、72÷3ならば70÷3と2÷3に分解した場合には割り切れないので、60÷3と12÷3に分解して計算するのである。

除法の筆算についても、これらの計算の仕方をもとに表現形式と計算手順をまとめていくが、その際、除法の筆算は包含除の見方で計算を進めていくというように計算手順をまとめることができる。例えば、72÷3ならば7÷3を包含除の見方で考えると、7のなかに3が2つ分含まれることから商の十の位の数が2であることがわかる。この包含除の見方によって、例えば115÷23のような除数が2位数以上になる除法の商を見積もり、特定していくのである。

③　小数の計算の仕方

小数は整数と同様の十進位取り記数法で表現されているから、小数の四則計算は整数の四則計算に帰着して計算することができる。小数の加法・減法の計算ならば、小数点を揃えて、位ごとに計算をすればいい。

小数の乗法の計算については、「乗法の計算では、被乗数や乗数を10倍すると積も10倍になる」という乗法の性質を用いて整数の計算に帰着することができる^{◁16}。例えば3.7×5ならば、「3.7を整数にするためには10倍すればいいが、そうすると積も10倍になるので、積の大きさを変えないためには10で割ればいい」と考えて、3.7×5＝(3.7×10)×5÷10＝37×5÷10というように整数の計算に帰着できる。そして、この計算の仕方における「÷10」は「10で割ると1桁小さい数になる」ことを意味しているので、筆算で計算をする場合に小数点の位置を決定するための手続きの説明につなげることができる。また、6.3×0.8のような（小数）×（小数）の乗法についても、6.3×0.8＝(6.3×10)×(0.8×10)÷10÷10＝63×8÷100というように同様に方法によって整数の計算に帰着できる。

小数の除法の計算については、「除法の計算では、被除数と除数に同じ数をかけても商は変わらない」という除法の性質を用いて整数の計算に帰着することができる^{◁17}。例えば、75÷0.3ならば、「除数0.3を整数にするためには10倍すればいいが、そうすると積が変わってしまうので、商の大きさを変えないためには被除数75も10倍すればいい」と考えて、75÷0.3＝(75×10)÷(0.3×10)＝750÷3というように整数の計算に帰着できる。そして、この計算の仕方におけ

▷16　A×B=C という関係において、(A×k)×B=C×k、A×(B×k)=C×k が成り立つ。

▷17　A÷B=(A×k)÷(B×k) が成り立つ。ただし、k は 0 ではない数である。

る「除数を10倍したら被除数も10倍する」ということが，筆算で計算をする場合に小数点の位置を決定するための手続きに対応しているのである。

4　分数の計算の仕方

① 分数の加法・減法の計算の仕方

　同分母の分数の加法・減法の計算は，単位分数がいくつ分あるかを考えることで整数の加法・減法に帰着できる。例えば，$\frac{1}{5}+\frac{2}{5}$ならば，$\frac{1}{5}$を1つと$\frac{1}{5}$を2つを合わせた大きさだから，$\frac{1}{5}$の3つ分の大きさである$\frac{3}{5}$になる。このような具体的な手続きをもとにして，分数の加法・減法の計算は，分母が揃っていれば，分子同士を足したり引いたりできるとまとめることができる。

　帯分数を含む加法・減法の計算は，帯分数は整数と真分数の和であったことから，帯分数を整数部分と分数部分に分けて，整数部分同士，分数部分同士を計算すればいい。例えば，$2\frac{1}{5}+1\frac{2}{5}$ならば，$(2+1)+\left(\frac{1}{5}+\frac{2}{5}\right)=3+\frac{3}{5}=3\frac{3}{5}$と計算できる。もしくは，帯分数を仮分数に直すことでも既習の分数の計算に帰着できる。

　異分母の分数の加法・減法の計算は，分母が異なっているので分子同士を足したり引いたりすることができない。そこで例えば，$\frac{1}{2}=\frac{2}{4}=\frac{3}{6}=\cdots$というように，1つの分数は表現は異なるが大きさが同じ分数で表すことができるので，◁18 この性質を用いて分母を揃えれば（通分すれば），同分母の分数の加法・減法に帰着することができる。

▷18　$\frac{m}{n}=\frac{m\times k}{n\times k}$が成り立つ。ただし，$k$は0ではない数である。

② 分数の乗法・除法の計算の仕方

　(分数)×(整数)の乗法の計算は，同数累加の意味で解釈して既習の加法に帰着できる。例えば，$\frac{2}{5}\times 3$とは$\frac{2}{5}$の3つ分の大きさのことであるから，$\frac{2}{5}\times 3=\frac{2}{5}+\frac{2}{5}+\frac{2}{5}=\frac{6}{5}$である。また，小数の乗法の計算と同様に乗法の性質を用いて被乗数を整数にすることによって，$\frac{2}{5}\times 3=\left(\frac{2}{5}\times 5\right)\times 3\div 5=2\times 3\div 5=\frac{6}{5}$というように整数の計算に帰着することもできる。

　(分数)÷(整数)の除法の計算は，等分除の意味で解釈して計算することができる。例えば，$\frac{6}{7}\div 3$とは7等分したものの6つ分の大きさを3等分した大きさのことだから，$\frac{6}{7}\div 3=\frac{6\div 3}{7}=\frac{2}{7}$である。$\frac{5}{7}\div 3$のような被除数の分子が除数で割り切れない場合には，大きさの等しい分数の性質を用いて，$\frac{5}{7}\div 3=\frac{5\times 3}{7\times 3}\div 3=\frac{5}{21}$というように被除数の分子が除数で割り切れるようにすればいい。また，小数の除法の計算と同様に除法の性質を用いて被除数を整数にする方法によって，$\frac{5}{7}\div 3=\left(\frac{5}{7}\times 7\right)\div(3\times 7)=5\div 21=\frac{5}{21}$というように整数の計算に帰着することもできる。

　(分数)×(分数)の乗法の計算は，分数の意味に基づいて解釈して既習の計算に帰着できる。例えば，$\frac{3}{5}\times\frac{2}{3}$とは$\frac{2}{3}$の$\frac{3}{5}$の大きさ，すなわち$\frac{3}{5}$を3等し

たものの2つ分の大きさのことであるから，$\frac{3}{5} \times \frac{2}{3} = \frac{3}{5} \div 3 \times 2 = \frac{3}{5}$ である。また，除数を整数にするために乗法の性質を使って，$\frac{3}{5} \times \frac{2}{3} = \frac{3}{5} \times \left(\frac{2}{3} \times 3\right) \div 3 = \frac{3}{5} \times 2 \div 3$ というように既習の計算に帰着することもできる。そして，これらをもとにして，「分数の乗法は分母同士，分子同士をかける」という計算の仕方をまとめていくのである。

（分数）÷（分数）の除法の計算は，小数の除法の計算と同様に除法の性質を用いることによって既習の計算に帰着できる。除数を整数にするならば，$\frac{2}{5} \div \frac{3}{4} = \left(\frac{2}{5} \times 4\right) \div \left(\frac{3}{4} \times 4\right) = \frac{2 \times 4}{5} \div 3 = \frac{2 \times 4 \times 3}{5 \times 3} \div 3 = \frac{2 \times 4}{5 \times 3}$ というように計算できるし，被除数と除数をともに整数にするならば，$\frac{2}{5} \div \frac{3}{4} = \left(\frac{2}{5} \times 4 \times 5\right) \div \left(\frac{3}{4} \times 4 \times 5\right) = (2 \times 4) \div (3 \times 5) = \frac{2 \times 4}{3 \times 5} = \frac{2 \times 4}{5 \times 3}$ というように計算できる。また，除数を1にすることを考えて，$\frac{2}{5} \div \frac{3}{4} = \left(\frac{2}{5} \times \frac{4}{3}\right) \div \left(\frac{3}{4} \times \frac{4}{3}\right) = \frac{2 \times 4}{5 \times 3} \div 1 = \frac{2 \times 4}{5 \times 3}$ というように計算することもできる。これらの計算過程に着目すると，いずれの方法においても最終的には，$\frac{2 \times 4}{5 \times 3}$ という計算がなされていることをもとにして，「分数の除法は被除数に除数の逆数をかける」という計算の仕方をまとめていくのである。

▷19 分数の乗法は分母同士，分子同士をかけて計算をすることができたことを根拠として，分数の除法も同様に考えて分母同士，分子同士で割って計算することもできる。例えば，$\frac{8}{9} \div \frac{2}{3}$ ならば $\frac{8}{9} \div \frac{2}{3} = \frac{8 \div 2}{9 \div 3} = \frac{4}{3}$ となる。また，$\frac{2}{5} \div \frac{3}{4}$ のような被除数の分母や分子の数が，除数の分母や分子の数で割り切れない場合には，（分数）÷（整数）の場合と同様に大きさの等しい分数の性質を用いれば，$\frac{2}{5} \div \frac{3}{4} = \frac{2 \times 3 \times 4}{5 \times 3 \times 4} \div \frac{3}{4} = \frac{2 \times 3 \times 4 \div 3}{5 \times 3 \times 4 \div 4} = \frac{2 \times 4}{5 \times 3}$ となる。

Exercise

① 9－4を立式することで解決することのできる文章題を5題作ってみよう。ただし，それぞれの文章題において立式される減法の意味がそれぞれで異なるものとする。

② 小数をかける乗法の指導場面において，乗法の意味の拡張の必要性を児童に実感させるための手立てについて検討しよう。

📖 次への一冊

杉山吉茂『初等科数学科教育学序説――杉山吉茂教授講義筆記』東洋館出版社，2008年。
　著者が行った「初等科数学科教育法」の講義の記録を整理したものである。出題される課題に取り組みながら読み進めることで，算数科教育についての基礎知識だけでなく，算数科教育に対する心構えも学ぶことができる。

杉山吉茂編著『少なく教えて多くを学ぶ算数指導』明治図書出版，1997年。
　既習の知識のなかに根拠を探り，発展的に学習する指導や，きまり（原理・法則）を見つけそれを活用する指導について，「数と計算」領域の内容を題材とした実践事例が紹介されている。

引用・参考文献

文部科学省『小学校学習指導要領(平成29年告示)解説算数編』日本文教出版,2018年。
日本数学教育学会編著『算数教育指導用語辞典第四版』教育出版,2009年。
杉山吉茂『初等科数学科教育学序説――杉山吉茂教授講義筆記』東洋館出版社,2008年。
杉山吉茂編著『少なく教えて多くを学ぶ算数指導』明治図書出版,1997年。

第5章
算数科教育の実践②
―― 図形の学習指導 ――

〈この章のポイント〉
　算数科における「図形」領域の学習指導は，⑴図形の概念について理解し，その性質について考察すること，⑵図形の構成の仕方について考察すること，⑶図形の計量の仕方について考察すること，⑷図形の性質を日常生活に生かすことの四つに分けて行われる。本章では，この領域で働かせる数学的な見方（図形を構成する要素，それらの位置関係や図形間の関係などに着目すること）と数学的な考え方（根拠をもとに筋道を立てて考えたり，統合的・発展的に考えたりすること）を踏まえて，算数科における図形の学習指導について述べていく。

1　「図形」領域のねらいと内容の概観

1　図形指導の意義

　われわれは，日々の生活のなかで，小学校で学習した図形の知識を知らずしらずのうちに使っている。例えば，ある行き先を調べる時に，インターネット上で地図を参照することがよくある。この時に利用している地図は，実寸大の形を縮小したもの，すなわち縮図である。そして，その縮図にあるスケール（距離目盛）を使うことで，行き先までの距離やかかる時間がどれくらいか見当をつけることができる。

　図形の学習指導は単なる実用面にとどまるものではない。例えば，三角形や四角形の面積の求め方について考える場面では，すでに面積の求め方がわかっている図形に結びつけて問題を解決することを学ぶ。ほかにも，三角形の内角の和が180度であることを根拠として，四角形の内角の和が360度である理由を論理的に説明したり，さらに五角形等の内角の和について発展的に考えたりすることを学ぶ。これらの学びは，児童の問題解決力や思考力・表現力などを育成することにつながり，広く児童の人間形成に資するものである。

　さらに，図形の学習を通して，児童は算数・数学のよさを実感する機会を得ることができる。例えば，われわれの身の回りでは，線対称あるいは点対称になるようにデザインされたシンボルマークや，色違いの合同な図形で敷き詰

ることによってできているタイルや壁を目にすることができる。これらは図形の対称性や図形による敷き詰めの美しさを利用したものである。

このように，算数科における図形の学習指導は，実用性，陶冶性，文化性の観点からみて重要なものである。本章では，新学習指導要領解説算数編（文部科学省，2018；以下『解説』）に沿って，算数科における図形の学習指導について考察していく。

2　領域「図形」のねらい

『解説』では，領域「図形」のねらいとして次の三つがあげられている（文部科学省，2018，50ページ）。

- 基本的な図形や空間の概念について理解し，図形についての豊かな感覚の育成を図るとともに，図形を構成したり，図形の面積や体積を求めたりすること
- 図形を構成する要素とその関係，図形間の関係に着目して，図形の性質，図形の構成の仕方，図形の計量について考察すること。図形の学習を通して，筋道立てた考察の仕方を知り，筋道を立てて説明すること
- 図形の機能的な特徴のよさや図形の美しさに気付き，図形の性質を生活や学習に活用しようとする態度を身に付けること

これらは，学校教育法で規定されているいわゆる学力の三要素，すなわち「基礎的な知識及び技能」「思考力，判断力，表現力その他の能力」「主体的に学習に取り組む態度」に対応するものである（第30条第2項）。

3　領域「図形」の内容の概観

『解説』では，領域「図形」の内容が次の四つに大別されている（文部科学省，2018，50ページ）。

(1) 図形の概念について理解し，その性質について考察すること
(2) 図形の構成の仕方について考察すること
(3) 図形の計量の仕方について考察すること
(4) 図形の性質を日常生活に生かすこと

そして，この領域で働かせる数学的な見方として「図形を構成する要素，それらの位置関係や図形間の関係などに着目すること」が，数学的な考え方として「根拠を基に筋道を立てて考えたり，統合的・発展的に考えたりすること」がそれぞれあげられている。

以下では，上記の(1)～(4)に即して，図形の学習指導について述べていく。

2 図形概念の理解

1 概　念

　『広辞苑』によれば，概念とは事物の本質を捉える思考の形式を意味する。ここに「思考」とあるように，概念は物理的な事物ではなく，人間の内的な認識として存在するものである。例えば，定規を使って三つの線を交わるように引くと，そこに三角形の形をしたものを見出すことができる。三角形は，一般に，三つの直線によって囲まれた図形として定義されているが，たとえ定規を使っていたとしても，顕微鏡等で細かくみれば，引いた線には少し凹凸があるかもしれない。あるいは，ユークリッド原論では，線とは幅のない長さとして定義されているが（中村ほか，2011），いくら先端がとがっているものを使ったとしても，引いた線には幅が生じてしまう。このように，物理的に描かれたものは，概念としての三角形ではなく，われわれがそれを三角形として頭のなかでみなしているのである。

　概念は内包と外延という二つの観点から特徴づけられる。『広辞苑』によれば，前者は概念の適用される範囲に属する諸事物が共通に有する性質の全体を，後者は概念の適用される事物の範囲をさす。例えば，四角形という概念の内包は，「四つの直線に囲まれている」「内角が四つある」「四つの内角の大きさの和は360度である」などがあげられる。一方，四角形の外延として，平行四辺形，台形，ひし形，たこ形などがあげられる。内包と外延は，一方の内容が増えれば（減れば）他方の内容が減る（増える）という対照的な関係にある。例えば，四角形の内包に「四つの辺の長さが等しい」という性質を加えれば，その外延はひし形および正方形のみとなる。

　図形概念には，主に，図形そのものについての対象概念と，図形と図形の間の関係，および図形に関する量（長さ，大きさ，面積，体積）の間の関係についての関係概念の二種類がある。対象概念の例として，直線，三角形（正三角形や二等辺三角形），柱体（角柱，円柱）があり，関係概念の例として平行，合同，対称，相等，大小がある。ここで，直角は角の一種を表す対象概念であるが，

表5-1　算数科において概念形成の対象となる主な図形

学年	三角形	四角形	円，立体
第2学年	三角形，直角三角形	四角形，正方形，長方形	
第3学年	二等辺三角形，正三角形		円，球
第4学年		平行四辺形，ひし形，台形	立方体，直方体
第5学年	多角形，正多角形		角柱，円柱

垂直は二直線の関係(交わり方)を表す関係概念であることに注意したい。

算数科における図形の学習指導は，大まかに図形の構成要素，図形の構成要素間の関係，図形間の関係という流れで行われる。表5-1は算数科において概念形成の対象となる主な図形をまとめたものである。第2学年では，図形の構成要素の一つである辺の数に着目して，三角形と四角形を扱う。続けて直角という対象概念に着目して正方形，長方形，直角三角形を扱い，第3学年では関係概念としての相等を観点とする。このことから，特別な三角形のなかでも，直角三角形は第2学年に，二等辺三角形および正三角形は第3学年にそれぞれ位置づけられているのである。第4学年の観点は，関係概念としての平行であり，第5学年以降は，図形間の関係を表す概念である合同や拡大および縮小について学ぶ。

2　概念形成のプロセス

杉山(2008)によれば，概念形成は大まかに次の五段階を経て行われる。
(1)種々の中から「似ているもの」や「同じもの」を認識する。
(2)似ているものの集合を作る。
(3)ラベル(言葉)をつける。
(4)内包を明らかにする。
(5)他の概念との異同関係を明らかにする。

例えば，図5-1は，異なる長さのストローを使って，いろいろな三角形を作り，辺の長さに着目してグループ分けする場面(第3学年)である。これは(1)および(2)に該当する。そして，二つの辺の長さが等しい三角形，三つの辺の長さが等しい三角形，辺の長さがすべて違う三角形の三つのグループに分けた

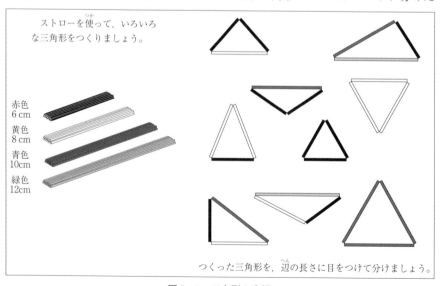

図5-1　三角形の分類

とする。この時，第一，第二のグループの三角形を，それぞれ二等辺三角形，正三角形と呼ぶことにする。これが(3)の段階である。次に，例えば，二等辺三角形では，頂角から対辺に下ろした垂線を軸として半分に折ると，ぴったりと重なる。このことから，二等辺三角形では二つの角（底角）の大きさが等しいという性質に気づくことができる。これは(4)に該当する。さらに，一般に二等辺三角形は頂角の大きさが底角の大きさに等しいとは限らないが，正三角形ではそれが成り立つ。このことから，正三角形は二等辺三角形の特別な形であると考えることもでき，これが(5)に関係する。

　概念形成にあたっては，用語やその定義，性質を教師からトップダウンに与えるのではなく，こうした観察や構成などの活動を通じて児童が主体的に見出していけるようにすることが重要である。また，図形を弁別する際の児童の判断が，図形の置き方や向きに影響されることがよく指摘されている。例えば，二等辺三角形は底辺が下方に置かれることが通例であり，底辺がそれ以外の場所にあると，その図形が二等辺三角形であると判断することができなくなる児童がいる。そのため，図形をいろいろな向きに置くことを心がけるとともに，児童が定義に基づいて図形を弁別できるようにすることが大切である。

3　図形の性質の考察

　図形の性質に関する学習指導では，図形を構成する要素やそれらの関係に着目して，複数の図形を統合的に捉える機会を設けることが重要となる。例えば，第4学年ではさまざまな四角形について学習する。このうち，平行四辺形には，向かい合う二組の辺の長さが等しいという性質がある。一方，第2学年で学習した長方形には，それに加えて，四つの角がすべて直角であるという性質がある。このことから，既習の長方形を捉え直して，長方形は平行四辺形の特別な形であると考えることができる。ほかにも対角線を観点としてさまざまな四角形を統合的に捉えることが考えられる（表5-2）。

　第6学年では，対称な図形について学習し，図形の対称性を観点としてもさまざまな図形を統合的に捉えられることを学ぶ。例えば，二等辺三角形，正三角形，正方形，長方形，ひし形は線対称な図形として，正三角形，正方形，長方形，ひし形，平行四辺形は点対称な図形としてまとめられる。また，平行四辺形は点対称な図形であり，ひし形はそれに加えて線対称な図形である。この

▷1　線対称な図形とは，ある直線を折り目として折った時にぴったり重なる図形をさす。

▷2　点対称な図形とは，一つの点を中心にして180度回転した時にぴったり重なる図形をさす。

表5-2　四角形の相互関係

対角線の性質	台形	平行四辺形	ひし形	長方形	正方形
対角線が互いの中点で交わる	×	○	○	○	○
対角線が直交する	×	×	○	×	○
対角線の長さが等しい	×	×	×	○	○

ことから,表5-2のようにひし形は平行四辺形の特別な形であると考えたことを,対称性の観点から捉え直すこともできる。

このように図形を統合的に捉える学習は,図形についての理解を深めるとともに,数学的な見方・考え方を育成することにつながる。こうした学習は,さらに,中学校第2学年で学習する図形の包摂関係についての素地を形成することにもなる(松尾,2000)。

数学的な見方・考え方の育成にかかわることとして,第5学年で学習する三角形や四角形の内角の和に関する性質もあげられる。三角形については,角度を分度器で測ったり,合同な三角形で敷き詰めたり,三角形を切って三つの角の部分を寄せ集めたりする。これらの活動をいくつかの三角形について行うことを通じて,三角形の内角の和が180度であることを帰納的に見出す。

次に,発展的に考えて,四角形の内角の和について調べる。三角形の内角の和が180度であることを根拠とすれば,四角形の内角の和は図5-2の方法で求めることができる。このように,四角形の内角の和について演繹的に説明する機会を設けることは,論理的に考える力を養うとともに,中学校数学における証明指導の素地を形成することにもなる。さらに発展的に考えて五角形等の内角の和について調べる機会を設けることも,数学的な考え方を育成するうえでは大切である。

▷3 帰納的に考えるとは,いくつか具体的な場合を調べたことから,それらを含む一般的な場合に共通して成り立つ性質を見いだすことである。

▷4 演繹的に考えるとは,すでに正しいとわかっている事柄を根拠として,別の新しい事柄について説明することである。

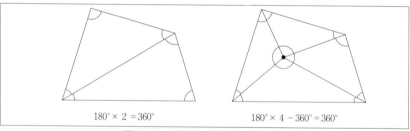

$180°\times 2 = 360°$ $180°\times 4 - 360° = 360°$

図5-2 四角形の内角の和を求める方法

3 図形の構成

1 合同な図形

図形の構成の仕方についても,図形の構成要素,図形の構成要素間の関係,図形間の関係に着目して考察することを学習する。本節では,合同な図形と立体図形について述べていく。

図形間の関係を表す関係概念として合同がある。二つの図形がぴったり重なる時,この二つの図形は合同であるという。合同な図形には,対応する辺の長さと角の大きさがそれぞれ等しいという性質がある。

ある図形と合同な図形を作るためには,その図形を写し取ればよい。しか

し，いつも図形を写し取ることが可能であるとは限らない。そのため，図形を写し取らなくても合同な図形を作ることができないか考えていく。

例えば，四角形には四つの辺と四つの角がある。しかし，正方形はそれらの構成要素をすべて用いなくても，一つの辺の長ささえ決まればただ一つに決まる。長方形も，隣り合う二つの辺の長さが決まれば，ただ一つに決まる。

このことから，三角形についても，構成要素，すなわち三つの辺と三つの角のすべてを用いなくても，合同な図形を作ることができないかという着想が得られる。以上のような展開から，図5-3に示される三角形の決定条件に児童が気づいていけるようにする。三角形の決定条件をいたずらに覚えさせるよりも，条件をなるべく少なくして思考を節約したいという数学的な着想を児童が経験できるようにすることが重要である。

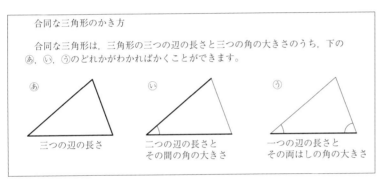

図5-3　三角形の決定条件

2　立体図形

立体図形に関しては，第1学年での形，第2学年での箱の形の学習を素地として，第4学年で立方体と直方体について学ぶ。第5学年以降では，角柱や円柱とともに，立体図形の体積の求め方について学習する。立体図形の性質を理解することがねらいの一つであり，とりわけ立体図形の構成要素間の関係，すなわち辺と辺，辺と面，面と面の平行および垂直の関係を児童が捉えられるようにすることが大切である。

立体図形の構成については，立体図形を見取図や展開図に表したり，逆に見取図や展開図から立体図形を構成したりする活動が該当する。例として，立方体の展開図を複数作ったりそれらの間に重複がないかを吟味したりすること，展開図を組み立てた時に，展開図上のどの点とどの点（あるいはどの辺とどの辺）が重なるのかを想像すること，ある誤った展開図を与え，その展開図から立体図形を構成できるか検討したり，構成できない理由を説明したりすることがあげられる。こうした経験を通じて，空間に対する児童の感覚を豊かにすることがねらいとされている。児童がこれらの活動をすべて念頭で行うことがで

きるとは限らないため、具体的に操作しながらこれらの活動に取り組めるようにすることが肝要である。

4　図形の計量

1　面　積

　算数科の領域「図形」では、計量に関して角の大きさ、面積、体積を扱う。そして、図形を構成する要素に着目して、その大きさを数値化すること、および計算による面積、体積の求め方を考察することを指導する。本節では、面積に焦点をあてて計量の学習指導について述べていく。

　面積とは、一般に、平面において図形が占める大きさ（広さ）を数値化したものである。大きさ（広さ）は量の一種であるから、それは測定の対象となる。測定とは、基準となる単位を決めて、その単位のいくつ分かで量を表すことである。面積では、正方形の面積を単位とする（例えば、一辺が1cmの正方形の面積を単位とし、それを1cm^{2}とする）。単位が小さすぎる、あるいは大きすぎるなどして不便な場合は、より大きな単位や小さな単位を整合的に決める（一辺が1mの正方形あるいは1mmの正方形の面積を、それぞれ1m^{2}と1mm^{2}とする）。

　正方形や長方形の面積は、単位正方形のいくつ分かで求めることができる。三角形の面積は長方形の面積に帰着して求めることができ、一般に直線で囲まれている図形（例えば平行四辺形）の面積も、三角形の面積に帰着させることができる。

　一方、図形が曲線で囲まれている場合には、その図形を単位正方形によって過不足なく覆い尽くすことはできない。この場合は、曲線図形に外接するように長方形を並べ、長方形の全体が限りなくその曲線図形に近づくように各長方形を細かくしていく。このときの長方形全体の面積を外測度という。同様の操作を長方形が曲線図形に内接するようにも行い、その時の長方形全体の面積を内測度という。そして、外測度と内測度が一致する時、その一致した値を曲線図形の面積という。

　図5-4は円の面積について見通しを立てている場面であるが、内測度と外測度の観点から面積について調べている活動にも該当するとみることができる。

2　面積の求め方の考察

　図形の占める大きさを数値化する際には、1cm^{2}などの普遍単位が大きな役割を果たす。算数科においてこうした普遍単位の導入は、基本的には他の量（長さなど）と同様に、測定指導の4段階を経て行われる。本節では、計算によ

▷5　測定指導の四段階は、直接比較、間接比較、任意単位による測定、普遍単位による測定からなる。詳細は本書の第6章を参照のこと。

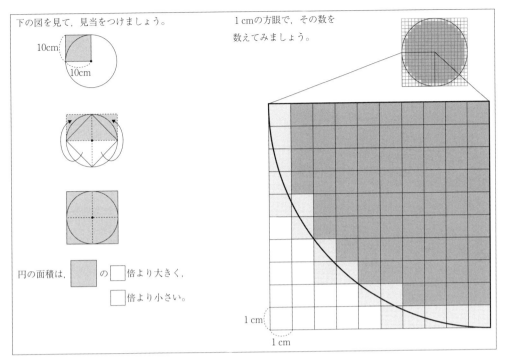

図5-4　円の面積

る面積の求め方を考察することに焦点をあてて述べていく。

　面積は，学習指導要領［2008年改訂］までは，領域「量と測定」に位置づけられていたが，新学習指導要領からは，領域「図形」に位置づけられることとなった。このことから，図形の面積の求め方について学習指導を行う際は，図形の性質や図形を構成する要素に児童が着目できるようにすることがいっそう大切となる。

　例として台形の面積の求め方（第5学年）をあげる。この学習の前に平行四辺形や三角形の面積の公式を学んだことから，それらの公式を使うことができないかという着想が得られる。そして，図5-5のような操作をすることが考えられる。

　図5-5の求め方1は，台形の性質として，合同な台形を横に並べれば平行四辺形ができることを使っている。一方，求め方2では，台形の別の性質として，台形を対角線によって分割すれば，台形の上底と下底が底辺で，高さが台形の高さと同じ三角形ができることを使っている。

　さらに，平行四辺形や三角形の場合では面積の公式を導いたことから，台形についても面積の公式を導くことができないか考える。図5-5の求め方1では，平行四辺形の底辺が台形の上底と下底からなっており，平行四辺形の高さは台形の高さと同じである。このように台形の構成要素を意識することで，台形の面積の公式として，（上底＋下底）×高さ÷2を導くことができる。一方，

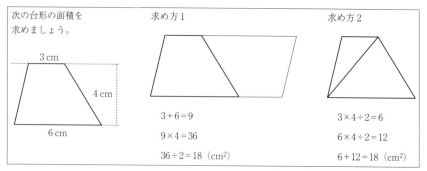

図5-5　台形の面積の求め方

求め方2では，二つの式を総合式で表し，分配法則を使えば，$(3+6)×4÷2$と表現することができる。そして，式の数値と台形の構成要素との対応部分を考えることによって，同様の公式を導くことができる。

こうした経験を通して，既習の知識を使って問題を解決する力や，複数の考え方を統合し，公式として簡潔・明瞭・的確に表現する力などが育成されることが期待される。

5　図形の性質の活用

1　敷き詰め

図形の性質を日常生活に生かすことについて，『解説』では次の四つの観点から述べられている。すなわち，図形の性質を生かしたデザイン（敷き詰めによる模様作りなど），図形がもつ機能的な側面，図形の性質を利用した測量，位置を決める方法である。本節では第一と第三について考察していく。

算数科では，新しい図形が導入されるたびに，その図形によって平面を敷き詰める活動が意図されている。こうした敷き詰めを通じて，できあがる模様の美しさを児童が感じることができるようにすることがまず大切である。実際，われわれの身の回りでは，長方形を互い違いにして並べたタイルをよく目にすることができる。

敷き詰めにはほかのねらいもある。例えば，合同な長方形は左右に限りなく並べることができ，同じ操作を上下で繰り返すことで，上下にも限りなく並べることができる。こうした活動を通じて児童が平面の広がりを実感することが意図されている。

さらに，敷き詰めは，後の学習の素地を形成することにもなる。例えば，台形による敷き詰め（図5-6の左）では，合同な台形二つによって平行四辺形が構成されていることを認めることができる。こうした見方は，前述のような台

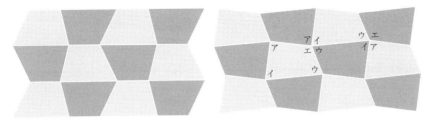

図5-6　台形や四角形による敷き詰め

形の面積の求め方を考える際の素地となる。また，四角形による敷き詰め（図5-6の右）では，四角形の角アからエまでが一点に集まっていることを見出すことができる。こうした見方も，後に四角形の内角の和が360度であることについて考える際の素地となる。

2　測　量

　図形の性質を日常生活に生かすことの一つとして，縮図や拡大図を利用した測量がある。例えば，ある木の高さがどれくらいなのかという疑問がわいたとする。木の高さを直接測ることは難しいが，木の影の長さは地上で測ることができるため，その影の長さを利用することができないかと考える。そこで，高さがわかっている別のもの，例えば棒を用意し，その棒の影の長さを測る。そして，棒の影の長さと木の陰の長さの比を求め，その比と棒の高さを利用すれば，木の高さを求めることができる。

　また，身の回りにある形について，その概形を捉え，およその面積を求めることも，図形の性質を利用した測量に該当する。例えば，都道府県や市町村，島，湖などの面積が知りたい時，これらの概形を三角形や円などとして捉えることができれば，計算によっておよその面積を求めることができる。いたずらに形を細かく捉えたり桁数を多く求めたりしても意味がなく，およその面積を求めるという目的に照らして適切な判断を児童ができるようにしたい。

　いずれにも共通しているのは，直接測りにくいものを，算数で学んだ知識を使って測りやすいものに結びつけるという着想である。こうした算数のよさを児童が実感できるようにすることが重要である。

　図形の性質を利用した測量は，数学的活動のうち，日常の事象から見出した問題を解決する活動（数学的モデリング）に該当する。一般に日常の事象には数学の知識をそのまま適用することができないため，数学的モデリングでは，目的を達成するために不都合がない範囲で，事象を理想化したり単純化したりする。こうした理想化・単純化を行っていることを児童が次第に自覚できるようにすることが大切である。一方，事象を理想化したり単純化したりしているため，数学的処理によって得られた結果は，およその値にしか過ぎない。算数の

よさと同時に，理想化や単純化に伴う制約も児童が理解できるようにしたい。

Exercise

① 第2節では，二等辺三角形と正三角形を例として，概念形成のプロセスについて考察した。第2学年の児童を想定して，三角形と四角形の概念形成を促す授業を構想してみよう。

② 第4節では，台形を例として，台形の面積の求め方と面積公式の導出について考察した。第5学年の児童を想定して，平行四辺形の面積の求め方を考える授業と，その求め方から面積公式を導き出す授業をそれぞれ構想してみよう。

次への一冊

新算数教育研究会『図形：リーディングス新しい算数研究 四』東洋館出版社，2012年。
　　本書は，月刊誌『新しい算数研究』にある研究成果のうち，図形の学習指導にかかわる優れた論説と実践を抜粋して掲載したものである。冒頭で図形指導の概論を扱った後，第1学年の指導，三角形・四角形，多角形・円，立体図形，合同・縮図・拡大図，図形の見方のそれぞれについて，さまざまな実践が紹介されている。本書を通じて，図形の学習指導についてのポイントと，図形指導の具体的なイメージをつかむことができる。

松尾七重『算数・数学における図形指導の改善』東洋館出版社，2000年。
　　本書は，まず理論的考察により，図形概念の関係に関する理解の状態を捉える枠組みを設定し，その状態の向上を促す要因を抽出している。そして，その要因が実際に機能し得ることを調査や授業によって実証し，これらの要因を生かした学習指導を構想している。図形の概念形成に関する研究を進めていくうえで基盤となる書籍である。

引用・参考文献

松尾七重『算数・数学における図形指導の改善』東洋館出版社，2000年。
文部科学省『小学校学習指導要領（平成29年告示）解説算数編』日本文教出版，2018年。
中村幸四郎・寺阪英孝・伊東俊太郎・池田美恵訳・解説『ユークリッド原論追補版』共立出版，2011年。
杉山吉茂『初等数学科教育学序説――杉山吉茂教授講義筆記』東洋館出版社，2008年。

第6章
算数科教育の実践③
── 測定の学習指導 ──

〈この章のポイント〉
　従前の学習指導要領の「量と測定」領域では，長さ，広さ，かさ，重さなどの量とその測定方法を学ぶ下学年（第1学年〜第3学年）の内容と，面積，体積などの図形の計量的考察や，速さなどの二つの数量関係が登場する上学年（第4学年〜第6学年）の内容がこの領域に位置づけられていた。新学習指導要領で，上学年の内容は「図形」領域や「変化と関係」領域で扱うこととされ，下学年を対象として，新規に「測定」領域が設定された。この領域では，小学校に特徴的な日常生活の場面を数理化して捉える数学的活動として，身の回りにある量の測定活動を具体的に体験することを通して，量の概念と性質の理解およびその測定方法のプロセスを重点的に学ぶ。さらに，その学びを日常生活に活かす資質・能力を育成することを目指している。本章では，量の概念と性質について検討してから，本領域で育成を目指す資質・能力について，各学年の学習内容とあわせて概観する。

1　量の概念と性質

1　量とは何か

　新学習指導要領で示された算数科において育成を目指す資質・能力とそのために必要な指導内容の一つに，「量の把握とその測定の方法の理解」がある。ある量を測定するためには，その前提として，考察の対象となるもののさまざまな属性に着目し，そのなかから測定対象となる量を把握する必要がある。
　はじめに，量とは何かについて考えてみよう。私たちは，日常生活において，「長い」「短い」「高い」「低い」「広い」「狭い」「重い」「軽い」などの形容詞を用いて，もののもつ性質を表している。「速い」「明るい」など，ものの状態を表す形容詞も用いることがある。また，それらと「少し」や「大変」などの副詞をあわせて用いることで，ものの大きさの程度を表す場合もある。このようなものの大きさやその程度・状態を抽象化し，例えば「長い」を「長さ」，「広い」を「広さ」など，上記のような形容詞を名詞化して表されたものを量という。すなわち，量はもののもつ属性の一つである。ものの属性は理科でも扱われる場合があるが，算数科では，量を適切な単位を用いて数値化し，複数

のものを比べるなどの活動に焦点をあてて学習を展開する。

算数科の「測定」領域には，長さ，かさ，広さ，重さ，時間といったさまざまな量が指導内容として含まれる。これらの概念を育成するためには，はじめに，具体的な量の大きさを比べる活動を行うことが大切である。なぜなら，身の回りのものには，視覚的に把握できる属性（長さ，広さなど）とできない属性（重さ，かさなど）が複数属していることに加え，色や材質，形状といった特徴も同時に有する。それゆえ，量の大きさを比べる学習指導においては，どの属性について調べて比べようとしているのか，比べるためにはどのような方法が適切であるのかを，それぞれの量について考えることが望ましい。このことにより，量の概念が形成され，あわせて算数科において育成を目指す「既習事項を活用しながら目的に応じた方法を見いだす資質・能力」の育成を意識することが大切である。

２　量の基本的な性質

量の大きさを的確に把握するためには，量を数値化する必要があり，その際には量の基本的な性質を生かすことが大切である。まず，「測定」領域で扱われる量がもつ基本的な性質について，数学的な立場から考えてみよう。

同種の任意の2量A，Bが与えられた場合，「A＝A（反射律）」「A＝BならばB＝A（対称律）」「A＝BかつB＝CならばA＝C（推移律）」を満たす。また，大小関係も推移律を満たす。すなわち，「A＜BかつB＜CならばA＜C」である。このように，量の基本的な性質として，大小を比較できることがある。この性質を「比較可能性」という。すなわち，「比較可能性」とは，「同種の任意の2量A，Bが与えられると，A＞B，A＝B，A＜Bのいずれか1つが成立する」を満たしていることである。１で述べたように，ものの性質や状態を表す形容詞は多く存在するが，そのなかでも「比較可能性」をもち，数で表すことができるものが量である。

このほか，量がもつ基本的な性質として，保存性，加法性，測定性（数値化可能性），等分可能性（連続性）などがある。以下，それらの性質について述べる。

保存性とは，ある量についてものの形や位置を変えたり，分割したりしても総量に変化がない性質である。量の保存性の獲得については，ピアジェ（J. Piaget, 1896～1980）の実験が有名である。例えば，同じ形のコップA，Bに同じ量の水を入れて，どちらのコップの水が多いかを尋ねた後，形が異なるコップCにBの水を移し替え，再びAとCのどちらの水が多いかを尋ねるという実験である（図6-1）。大人にとってはその答えは自明であるが，実験の結果，8歳前後で「Cの方が多い」から

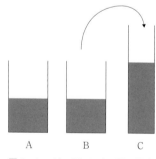

図6-1　ピアジェによる量の保存性に関する実験
出所：筆者作成。

「AとCの水の量は変わらない」へと回答が変化することが明らかにされている。保存性の認識を獲得すると，視覚などに引きずられることなく，もとの量の大きさと比較することができるようになる。とくに第1学年〜第2学年の指導においては，どの量について調べようとしているのかを明確にして，直観的な誤った捉え方をしてしまわないよう留意する必要がある。また，保存性については，長さ，かさ，広さに比べ，重さは「見た目が大きいと重い」「色が濃いと重い」など，視覚に影響を受けやすいため，指導にあたっては留意する必要がある。

保存性に基づく量の性質に，加法性がある。加法性とは，同種の量同士を合わせると，その量がそのまま増えることである。算数科で扱われる量には，加法性が成り立つ量（長さ，かさ，重さ，時間，角の大きさ，面積，体積）と成り立たない量（速さ，濃度，混み具合など）があり，前者を「外延量」，後者を「内包量」と呼ぶこともある。「測定」領域では，このなかでもとくに測定のプロセスに重きを置いて，長さ，かさ，重さ，時間を扱う。計量的考察を図形のなかで行う角の大きさ，面積，体積は，新学習指導要領では「図形」領域に含まれる。また，二つの数量の関係に注目し，量の大きさを計算で求める，速さ，濃度や混み具合などの単位量あたりの大きさは，上学年に新設された「変化と関係」領域で扱うこととなっている。

次に，測定性（数値化可能性）とは，数を用いて測定値を表すことである。ある量Aの大きさ（測定値）をm(A)とすると，m(A)≧0が成り立つ。すなわち，量を測定するとは，ものの集合を実数の集合に対応させる非負の値をとる関数であるとみることができる。

最後に，等分可能性（連続性）とは，切れ目なくつながっている性質である。長さや水の重さなどの量は，どこまでも小さく分割することが可能であるため，任意に単位を定め，その単位を用いて数値化することができる。また，数値化の結果は必ずしも整数とは限らない。このような量を「連続量」と呼ぶ。算数科で扱う基本的な量（速度，濃度，混み具合を除く）は連続量である。これに対し，数えるために自然に存在する単位（例えば，個数や人数など）を用いて，自然数と対応付けて数値化する量を「分離量」（離散量と呼ぶこともある）という。

量を数値化する際には，上記のような量の基本的な性質を意識することが大切である。

2 「測定」領域のねらいと育成を目指す資質・能力

1 「測定」領域のねらい

　新学習指導要領の解説では「測定」領域のねらいとして，次の三つがあげられている（文部科学省，2018，56ページ）。
　(1)身の回りの量について，その概念及び測定の原理と方法を理解するとともに，量についての感覚を豊かにし，量を実際に測定すること
　(2)身の回りの事象の特徴を量に着目して捉え，量の単位を用いて的確に表現すること
　(3)測定の方法や結果を振り返って数理的な処理のよさに気付き，量とその測定を生活や学習に活用しようとする態度を身に付けること
　これに対し，学習指導要領［2008年改訂］の「量と測定」領域のねらいは以下のとおりであった。
　(1)日常生活で関わる量について，それぞれの意味を理解する。
　(2)測定の意味を理解し，適切な単位や計器を用いて正しく測定する。
　(3)比較や測定を通して，量感を獲得する。
　両者を比較すると，従前の三つはすべて「測定」領域の(1)に含まれていると考えられる。新学習指導要領の「測定」領域のねらい(2)と(3)からは，量とその測定について意味と方法を理解し，量感を獲得することに加えて，新たに，身の回りにあるものの特徴として量があること，量の大きさに着目して特徴を捉え的確に表現すること，その表現のために「測定」という数理的な処理の方法があること，さらに，「測定」は日常生活や新たな学習で活用できることなどを学ぶことが読み取れる。
　また，解説では，「測定」領域で働かせる数学的な見方・考え方について，次の4点をあげている（文部科学省，2018，56ページ）。
　①量の概念を理解し，その大きさの比べ方を見いだすこと
　②目的に応じた単位で量の大きさを的確に表現したり比べたりすること
　③単位の関係を統合的に考察すること
　④量とその測定の方法を日常生活に生かすこと
　上記4点と前掲の三つのねらいを照らし合わせると，①はねらいの(1)，②はねらいの(2)，③と④はねらいの(3)に対応すると考えられる。①と②は測定活動のプロセスそのものをさしており，③はさまざまな量の測定活動のプロセスには必ず単位が存在し，単位の関係には共通点があることを学ぶことを意味している。単位の関係は学習指導要領［2008年改訂］では，第6学年の「メートル

法の単位と仕組み」で扱われていた。しかし，実際の測定活動を中心に行う第1学年〜第3学年において，長さの単位に着目してかさや重さの単位を考察し，共通点を見出すことで，事象を統合的・発展的に考えるという数学的な見方・考え方を育成させるために，k（キロ），m（ミリ）などのメートル法については第3学年で扱われることとなった。

また，④については，「測定」領域の内容は日常生活との関連が深いため，とくにこの領域で学習する測定活動を日常生活においても積極的に活用し，算数科の目標である数学的活動の楽しさに気づいたり，算数で学んだことを生活や学習に活用しようとする態度が養われることが期待されている。

これらの①から④を通して，「測定対象が変わっても端を揃えて比べる」「単位を用いて数値化することで量の大きさを的確に把握したり比べたりできる」という見方や考え方を育成することが大切である。

2　「測定」領域で育成を目指す資質・能力と「測定指導の4段階」

前述のように新学習指導要領解説では，「測定」領域で働く数学的な見方・考え方に着目して内容が整理され，以下の四つが示されている。

①量の概念を理解し，その大きさの比べ方を見いだすこと
②目的に応じた単位で量の大きさを的確に表現したり比べたりすること
③単位の関係を統合的に考察すること
④量とその測定の方法を日常生活に生かすこと

学習指導はこの①から④の順に進むと捉えるとイメージしやすい。①と②においては，一般に以下のように「測定指導の4段階」を通して展開することが望ましいとされる。「測定指導の4段階」とは，直接比較，間接比較，任意単位による測定，普遍単位による測定から構成される。以下に，これら4段階とそれぞれの段階を通して育成を目指す資質・能力について述べる。

①　直接比較・間接比較を通して育成を目指す資質・能力

直接比較，間接比較の段階では，身の回りの事象の特徴を量に着目して捉えることが大切である。すなわち，測定活動の前提として，測定の対象物に属するどの大きさや状態（量）を測ろうとしているのかを把握することである。そのうえで，具体的な測定活動に入り，着目した量，すなわち測定の対象（大きさなど）を動かすことができる場合には，測定対象同士を並べ，目で見て大小関係を比べる。このような段階を「直接比較」という。例えば，複数の物の長さや広さを比べる場合には，端を揃えたり，重ねたりすることで直接比較の活動が可能である。

しかし，量の比較においては「直接比較」の段階のように測定の対象を動かしてその大きさを比較できない場合がある。かさや重さ，時間などは，端を揃

えたり，重ねたりすることはできず，視覚で判断することも難しい。また，長さや広さについても一つのものに含まれる複数の長さや広さを比べる際には，第三項である同種の任意の量を媒介としながら大小比較をする工夫が必要となる。例えば，机の縦と横の長さを比べる場合は，テープなどを媒介に縦と横の長短を判断する。この段階が「間接比較」であり，この方法は量の基本的な性質である推移律や保存性を利用している。

児童が推移律や保存性を理解しているかを確認するためには，直接比較，間接比較の具体的経験や操作を通して，大小関係を判断した方法や根拠を筋道立てて自分なりに数学的に表現することや，伝え合うことが大切である。また，直接比較ができない理由を説明する活動を場面に応じて取り入れ，間接比較の方法を見出していくことも重要である。「直接比較」と「間接比較」は，量が数値化されず，比べる対象の大小関係を把握することにとどまるが，これらを行うことで第3段階以降の数値化の必要性が生まれてくるため，測定活動の重要な第一歩である。同時に，このような過程を通して，筋道立てて考えることや数学的に表現すること，伝え合うことの育成も目指すことができる。

② 任意単位による測定を通して育成を目指す資質・能力

直接比較や間接比較により大小関係の把握は可能であるが，どれだけ大小の差があるかを知ることはできない。間接比較では，媒介とする同種の量の第三項が存在するが，その第三項が比べたい二つの量よりも小さい場合，それぞれが第三項のいくつ分であるかを調べ，比べることで，「第三項のいくつ分だけ大きい，小さい」などのように，より詳細に大小関係を知ることができる。これが「任意単位による測定」である。この段階ではじめて「測定」という言葉が登場し，測ることの意味を理解することになる。測る，すなわち測定とは，基準にとる量（単位）を人為的に定め，「ある量がその基準にとる量の何倍であるか」という考えに基づいて数値化し，ある量の大きさを表すことである。また，測定の結果得られた数値を測定値という。

例えば，机の縦の長さと横の長さを知りたい場合に，ある鉛筆Aの長さを単位として測定する場面を考えよう。この測定活動をすることで，机の縦の長さは鉛筆Aのa本分であること，横の長さは鉛筆Aのb本分であること，そして縦の長さと横の長さについてどちらが鉛筆Aの$a-b$本分（あるいは$b-a$本分）長い（あるいは短い）ことがわかるようになる。この段階では，より詳細な結果を得るためには単位が必要であること，適切な単位として測定対象より小さい同種の量を選ぶこと，単位を用いて測定対象を数値化すること，数値化した結果を比べることで詳細な大小比較の結果が得られることなどについて，児童に気づかせることが重要である。そのために，具体的な測定活動のなかで，任意単位が必要となる場面を設定し，必要性についてその理由を説明すること

や，任意単位として適切なものを選びその理由を説明することなどを取り入れていくことが考えられる。このことにより，この領域のねらいにある「量についての感覚を豊かにし，量を実際に測定すること」「量の単位を用いて的確に表現すること」が可能になる。

③ 普遍単位による測定を通して育成を目指す資質・能力

任意単位の導入によって，量が数値化され，測定対象の具体的な大きさ（測定値）や，複数の測定対象を比べる場合にどちらがどれだけ大きいかを知ることができるようになる。しかし，得られた結果は，設定した任意単位によって異なるため，結果の伝達や共有の際，不便が生じる場合がある。そこで，世界共通の普遍的な単位（例えば，メートル法など）を用いて測定結果を比較し，それらが一致しているかどうかを確認する。これが「普遍単位による測定」であり，「測定指導の4段階」の最終段階である。

▷1 長さにメートル，質量にキログラムを基本単位とした十進法による国際的な単位系。

この段階までに，領域のねらいにある「測定の原理と方法を理解するとともに，量についての感覚を豊かにし，量を実際に測定すること」や「量の単位を用いて的確に表現すること」が行われる。すなわち，測定の方法として単位を定めて数値化することを任意単位による測定から継続して学び，用いる単位は標準的であるほうが結果を検討する際に便利であること，選んだ単位や用いる計器によって同一のものでも測定値が異なるため，適切な普遍単位を選択する必然性があることを学ぶ。

例えば，長さを測定する場合，センチメートル，ミリメートル，キロメートルといった普遍単位を用いて測定値を得ることで次第に測定対象に適した単位や計器が選択できるようになると考えられる。さらには，学年が進行するにつれて，既習事項を活用し，例えば，かさや重さを測定する際に，任意単位や普遍単位の必要性について，長さの測定経験に基づきながら自分の考えを他者に説明することや，長さ，かさ，重さの単位間の関係を統合的に考察する活動も，数学的な見方・考え方を育成するうえで大切である。さまざまな量の具体的な測定活動と得られた測定値の結果の比較・検討を繰り返し行うことで，このねらいが達成され，量についての感覚も次第に育成されると考えられる。

▷2 さまざまな長さの定規や，メートル単位で測定可能なメジャーなど。

3 各学年の内容と数学的活動

1 第1学年「長さ」「広さ」「かさ」「時刻」

表6-1は，新学習指導要領解説算数編に示されている「測定」領域の各学年の内容を整理した表から第1学年の内容を抜粋したものである。

算数科で最初に学習する量は，日常生活において身近であり，かつ視覚的に

表6-1　第1学年の内容

数学的な見方・考え方	・身の回りにあるものの特徴などに着目して捉え，根拠を基に筋道立てて考えたり，統合的・発展的に考えたりすること		
本領域で働かせる数学的な見方・考え方	量の概念を理解し，その大きさの比べ方を見いだすこと	目的に応じた単位で量の大きさを的確に表現したり比べたりすること	量とその測定の方法を日常生活に生かすこと
具体的な指導内容	・長さ，広さ，かさに着目すること ・長さ，広さ，かさの直接比較，間接比較，任意単位による測定	・長さ，広さ，かさの大きさの見当付け ・長さ，広さ，かさの測定値とその求め方の考察 ・日常生活での時刻の読み（○時，○時半）	・長さ，広さ，かさの比べ方を日常生活に生かすこと ・日常生活で時刻を読むこと

出所：文部科学省（2018，56ページ）をもとに作成。

把握しやすい「長さ」である。第1学年の長さの学習では，直接比較と間接比較の活動を中心に，長さに着目して長さの概念の理解を深めることが大切である。はじめに，複数のものの長さについて端を揃えて比較することを学んだうえで，直接比較することができない曲線や，同一物に含まれる複数の長さを比較する場面を取り上げる。直接比較や間接比較の学習では，比べるものの個数を徐々に増やしていきながら第三項を交えて長さの大小関係を調べる活動を取り入れ，推移律の考えを育成しながら，「長い」「短い」の感覚を養う。そのうえで，第三項を用いることで，単に複数のものの長さを比べることができるだけでなく，それぞれの長さを第三項によって表すことが可能になることを見出し，任意単位による測定活動につなげることが大切である。任意単位による測定では，適切な任意単位を選択できるようになることも重要である。そのため，測定対象より大きいもの，等しいもの，小さいものを提示し，それぞれを用いて測定する活動なども取り入れるとよいだろう。

「長さ」に続いて学習する「かさ」「広さ」についても同様に展開し，「長さ」の既習事項を振り返りながら，比較の方法や任意単位の必要性について，数学的に表現し，伝え合う活動を取り入れることで，統合的に考察できるようにする。「かさ」については直接比較が難しいことから，間接比較によって導入することや，保存性についても確認する必要がある。また，「広さ」については，第4学年以降の面積の学習での基礎となる。「長さ」と同様，直接比較（重ねる）や間接比較（写し取って比べる），任意単位による測定の活動を取り入れながら，「広さ」は「長さ」によらない別の量であることを理解できるようにする。

このほか，第1学年では生活上必須の時刻の読み方についても扱う。新学習指導要領では，第1学年での時刻に関する数学的活動が以下のように具体的に

追記されている（第2［第1学年］2のC）。

> (2) 時刻に関わる数学的活動を通して，次の事項を身に付けることができるよう指導する。
> 　ア　次のような知識及び技能を身に付けること。
> 　　(ア)　日常生活の中で時刻を読むこと。
> 　イ　次のような思考力，判断力，表現力等を身に付けること。
> 　　(ア)　時刻の読み方を用いて，時刻と日常生活を関連付けること。

　この学年では学校生活や家庭での生活と関連づけながら，アナログ時計を用いて〇時や〇時半と時刻を読む機会を積極的に設けることが大切である。とくに長針の読みはアナログ時計では文字盤に示されている数と異なる読みが必要となるため，混乱が生じないように注意すべきである。また，12時間制と24時間制（例えば，午後1時と13時）を対応させる活動を取り入れたり，30分を「半」と呼ぶ場合もあることなど，同じ時刻でも表現方法がさまざまにあることも扱う。

2　第2学年「長さ」「広さ」「かさ」「時刻と時間」

　表6-2は，「測定」領域における第2学年の内容を抜粋したものである。
　第2学年では，「長さ」「かさ」についての普遍単位ならびに時間の普遍単位として新たに日や分を扱う。普遍単位の導入にあたっては，その必要性が実感できるような場面を取り入れることが大切である。
　例えば，任意単位での測定結果を比べ，各々によって結果が異なることに注目し，その理由を考えることや，他者に間接的に報告する際に不便が生じる場面を与え，解決する方法を考える活動が考えられる。長さの場合，身近にある定規の存在は学習前から知っている児童も多いことが予想されるため，定規が普遍単位による測定のための便利な道具であることを理解できるよう指導するとよい。また，定規に付されている目盛りと単位の関係についても取り上げ，およその見当をつけて測定することや，測定対象に応じて定規のほか，m（メートル）単位で測定可能な巻き尺などでの測定活動も取り入れ，適切な単位や測定器具を選択し，測定結果を比較する活動も大切である。
　「かさ」についても「長さ」と同様，普遍単位の必要性に気づく場面を取り上げる。とくに，かさは視覚的判断が「長さ」よりも困難なため，100mL，200mL，500mL，1Lなどの普遍単位を複数用意して測定し，どの単位を使用することが一番簡単かつ正確に測定できる方法であるのかを議論することも大切である。また，長さとかさについて，それらの単位間の関係を確認し，共通点や相違点について話し合い，それぞれの単位を統合的にみる視点を養うことも重要である。さらに，それぞれの量を測定する際に「端や単位をそろえて比

表6-2 第2学年の内容

数学的な見方・考え方	・身の回りにあるものの特徴などに着目して捉え，根拠を基に筋道立てて考えたり，統合的・発展的に考えたりすること		
本領域で働かせる数学的な見方・考え方	目的に応じた単位で量の大きさを的確に表現したり比べたりすること	単位の関係を統合的に考察すること	量とその測定の方法を日常生活に生かすこと
具体的な指導内容	・長さの普遍単位（mm, cm, m） ・かさの普遍単位（mL, dL, L） ・時間の普遍単位（日, 時, 分） ・適切な普遍単位と計器の選択	・時間の単位間の関係の理解 ・長さとかさの普遍単位の関係の考察	・目的に応じた量の単位と測定の方法のを選択し，それらを数で表現すること（数値化すること） ・時刻と時間について日常生活で生かすこと

出所：文部科学省（2018, 57ページ）をもとに作成。

べる」という考え方を共通にもっていたことを理解できるようにすることが望ましい。

　時間については，第1学年で学習した時刻と関連づけて，時刻と時刻の間には時間という量があることを取り上げる。新たに「日」や「分」などの単位があること学ぶとともに，単位間の関係を理解するために，長針と短針の関係（長針が一周すると短針が1進むなど）を，日常生活と関連づけながら確認することが大切である。

3　第3学年「長さ」「重さ」「時刻と時間」

　表6-3は，「測定」領域における第3学年の内容を抜粋したものである。
　第3学年ではじめて扱う量が「重さ」である。重さは視覚的判断が難しく，筋力で感じる量のため，量の大きさを的確に判断することを困難とする児童が多いとされる。そのため，よりいっそう，ものの重さを日常生活と関連させながら予想，測定，結果を吟味する経験を繰り返し取り入れることが大切である。重さにはさまざまな計器（天秤，ばねばかり，台秤など）が存在し，同じ台秤のなかでも測定可能範囲が異なることや目盛りの読み方が異なる場合があるため，測定対象に応じて適切な計器を選択する必要がある。このことを踏まえ，目盛りを正しく読むことができるように，計器や単位を選択し長さを測定した既習経験と関連づけながら示すことが大切である。

　「時間」については，新たな単位として「秒」を学習する。長針と短針のほかに秒針があること，既習事項の日，時，分などの単位間の関係について，1分＝60秒であることを実際に体験する活動を取り入れたり，日，時，分を表現

表6-3　第3学年の内容

数学的な見方・考え方	・身の回りにあるものの特徴などに着目して捉え，根拠を基に筋道立てて考えたり，統合的・発展的に考えたりすること			
本領域で働かせる数学的な見方・考え方	量の概念を理解し，その大きさの比べ方を見いだすこと	目的に応じた単位で量の大きさを的確に表現したり比べたりすること	単位の関係を統合的に考察すること	量とその測定の方法を日常生活に生かすこと
具体的な指導内容	・重さに着目すること ・重さの直接比較，間接比較，任意単位による測定	・長さの普遍単位（km） ・重さの普遍単位（g，kg） ・適切な普遍単位や計器の選択とその表現 ・時間の普遍単位（秒） ・時刻と時間	・長さ，重さ，かさの単位間の関係の統合的な考察	・目的に応じた量の単位と測定の方法を選択し，それらを数で表現すること（数値化すること） ・時刻と時間について日常生活で生かすこと

出所：文部科学省（2018, 57ページ）をもとに作成。

したり，伝え合う活動を日常生活と関連づけながら確認することが大切である。

また，第1学年から学んでいる「長さ」については，新たな単位として「km」を学習する。既習のmm，cm，mなどに比べ，具体的な長さを定規やメジャーなどで表現することが難しく，視覚的に捉えづらいため，例えば，学校から1kmの範囲を予想し，実際に歩いて何分何秒かかるのかを知るなどの活動を時間の学習と関連づけながら取り入れ，感覚を養う必要がある。最終的には，第2学年，第3学年で学んださまざまな量の普遍単位について，共通点，相違点を比較する活動を行い，量の単位と数値化について統合的に捉える。測定の原理を統合的に捉えることは，第4学年以降，「図形」領域で扱うこととなった面積や体積の学習にもつながる。

Exercise

① 長さ，かさの学習指導の展開例を「測定指導の4段階」にあてはめて構想してみよう。その際，「測定」領域で働かせる数学的な見方・考え方を育成するための数学的活動を取り入れてみよう。

② 重さ，時刻と時間の学習指導は，長さ，かさに比べ難しいとされている。その理由を考え，それぞれの量の特徴を踏まえた学習指導の展開例を構想してみよう。その際，「測定」領域で働かせる数学的な見方・考え方を育成するための数学的活動を取り入れてみよう。

📖 次への一冊

日本数学教育学会編『数学教育学研究ハンドブック』東洋館出版社，2011年。
　本領域に関して，数学教育に関する学会誌や雑誌等に掲載された理論的・実践的な研究の成果がまとめられている。本領域で扱われている量とその測定に関する学習内容や児童の実態，学習指導上の課題等をより深く学ぶことができる一冊。

算数科教育学研究会編『新編算数科教育研究』学芸図書，2006年。
　本書と同じく，教員養成課程の授業で使用されているテキスト。本章の冒頭で扱った量の概念と性質について，より数学的な立場から深く考察されている。

引用・参考文献

橋本美穂・田中智志監修，藤井斉亮編『教科教育シリーズ03　算数・数学科教育』一藝社，2015年。

ピアジェ，J.・インヘルダー，B., 滝沢武久・銀林浩訳『量の発達心理学』国土社，1992年。

文部科学省『小学校学習指導要領解説算数編 平成20年8月』東洋館出版社，2008年。

文部科学省『小学校学習指導要領（平成29年告示）解説算数編』日本文教出版，2018年。

文部科学省『小学校学習指導要領（平成29年3月31日公示）比較対照表』。http://www.mext.go.jp/component/a_menu/education/micro_detail/__icsFiles/afieldfile/2017/05/30/1384661_4_1_1.pdf（2019年1月28日閲覧）

清水美憲・斉藤一弥『平成29年度小学校新学習指導要領ポイント整理 算数』東洋館出版社，2017年。

杉山吉茂『初等科数学科教育学序説――杉山吉茂教授講義筆記』東洋館出版社，2013年。

第7章
算数科教育の実践④
―― 変化と関係の学習指導 ――

〈この章のポイント〉

　身の回りの事象や数学の事象には，さまざまな数量とその変化がみられる。そのような事象における数量の関係に着目して，それらの対応や変化の様子を数学的に表現することで，事象の特徴を簡潔・明瞭に把握することができる。それゆえ，「変化と関係」領域の指導内容は，問題発見・解決の過程において重要な役割を果たす。本章では，「関数の考え」やOECD/PISAの包括的アイデアの一つ「変化と関係」と関連づけて，この領域の指導内容の教育的意義について概観するとともに，学習指導上の要点と授業づくりのあり方を検討する。

1　「変化と関係」領域の位置づけ

　新学習指導要領の目標と内容が，資質・能力の三つの柱（「知識及び技能」「思考力，判断力，表現力等」「学びに向かう力，人間性等」）と教科固有の「見方・考え方」に沿って整理された。この改訂において，算数科の新学習指導要領には「変化と関係」という新しい領域が位置づけられた。この領域は，事象の変化や関係を把握する力の育成を重視し，身の回りや数学の事象について，その事象の変化や数量の関係を把握し，問題の解決に利用することにかかわる内容を取り扱う。

　従前の「数量関係」領域では，主として「関数の考え」「式の表現と読み」「資料の整理と読み」が取り扱われてきたのに対して，新たに設置された「変化と関係」領域では，大きく二つの内容を取り扱うこととなっている。一つは，「関数の考え」にかかわる内容である。これは，身の回りや数学の事象の変化における数量間の関係を把握して，それを問題解決に生かすことにかかわる内容である。もう一つは，割合や比にかかわる内容である。割合や単位量あたりの大きさ，比などは，さまざまな事象における二つの数量の関係について，それらの数量の間に成り立つ比例関係を前提として，乗法的な関係に着目することで得られる概念である。これらは，二つの数量を比較する時に用いられる関係であり，また，その関係を数値で表現する際に用いられる。

　このように，「変化と関係」領域は，事象の変化や関係を捉える力を育成す

るために指導の計画が図りやすくなるように，資質・能力をもとにした内容の整理と系統づけがなされている。

「変化と関係」領域は，第4学年から第6学年において位置づけられている。これは，従前の「数量関係」領域において，関数の考えを育成するための内容，例えば，第4学年の伴って変わる二つの数量の関係，第5学年の簡単な比例，第6学年の比例と反比例といった内容が，上学年に位置づけられてきたことを踏まえている。また，割合や単位量あたりの大きさ，比に関する内容も，同様に上学年で指導されてきた。「変化と関係」領域の内容は，中学校数学科の「関数」領域の内容を学ぶうえでの基礎を含んでおり，小学校算数科と中学校数学科の学習が今まで以上に円滑に接続することも意図されている。

2 事象の変化や関係を把握する力の育成とそのねらい

1 変化と関係を把握する力の育成の背景——PISA調査における「変化と関係」

▷1 本書の第1章▷5を参照。

OECDのPISAは，15歳の生徒を対象に，学校で学んだ知識や技能を実生活で機能的に活用できるかどうかを評価することを目的として2000年から実施されている。現実的な問題を解決する能力を評価するPISAでは，学習到達度の一つとして「数学的リテラシー」に焦点をあてている。OECDは，数学的リテラシーについて以下のように定義する。

「様々な文脈の中で定式化し，数学を適用し，解釈する個人の能力であり，数学的に推論し，数学的な概念・手順・事実・ツールを使って事象を記述し，説明し，予測する力を含む。これは，個人が世界において数学が果たす役割を認識し，建設的で積極的，思慮深い市民に必要な確固たる基礎に基づく判断と決定を下す助けとなるものである」（国立教育政策研究所，2016，38ページ）。

PISA調査では，上記の数学的リテラシーを「数学的プロセス」「数学的な内容」「数学が用いられる文脈」の三つの構成要素から特徴づけている。数学的リテラシーを評価するこの調査では，「数学的な内容」に関して代数や幾何といった伝統的な数学の分野によらず，数学の包括的なアイディアが用いられている。そのアイディアとは，「量」「空間と形」「変化と関係」「不確実性」である。このように，「変化と関係」というアイディアは，ほかのアイディアと同様に，「数学に関するいかなる記述においても中心的で本質的な概念を形成するものであり，中学校・高等学校，大学等を問わず，いかなるカリキュラムにおいても中核を成している」（国立教育政策研究所，2010，122ページ）という理由で選択されている。

「あらゆる自然現象は変化の表れであり，我々の周りにある世界は現象間の無数の一時的・恒久的関係を示す」（国立教育政策研究所，2010，125ページ）とあるように，現実世界のさまざまな事象の状況を認識し，対処するためには，事象の変化と関係に着目し，それらを把握する力の育成が必要となる。イアン・スチュアートは，現実世界の変化を理解し，コントロールするために，次のことを行う必要があると述べている（スチュアート，2000，266ページ）。

(1)理解できる形に変化を表現する
(2)変化の基本的な型を理解する
(3)変化が起こるとき，その特定の型を認識する
(4)これらの技法を外界に応用する
(5)変化する世界を，われわれにとって最も有利になるよう制御する

事象の変化や関係のなかには，比例，一次関数，二次関数のように変化の仕方や関係が明確にみえるものもあれば，はっきりと関係がみえないものもある。はっきりと数量の関係のみえる事象については，その変化の様子を数学の表現方法（表・式・グラフ）を用いて表すことができる。変化の様子を表現するためには，数学の表現方法（表・式・グラフ）にかかわる知識，関数を判断するための知識（比例，一次関数，二次関数）とそれにかかわる技能だけでなく，事象のなかのどの二つの数量に着目するのか，着目した二つの数量にはどんな特徴があるのかというように変化や関係に対する見方や考え方も身につける必要がある。スチュアートの述べる五つの事柄は，変化と関係を捉え，制御するために必要な行為を捉えたものである。その行為を実行に移す際に必要な資質・能力が数学的な見方・考え方の観点から整理され，新学習指導要領において示されていると考えられる。

2 「関数の考え」への着目とその教育的意義

算数科では，一次関数や二次関数といった特定の関数を指導するのではなく，「関数の考え」を育成することにその主要なねらいがある。関数の考えを指導するにあたって，単に形式的に対応する値の組を求めたり，変化の様子を折れ線グラフで表したりするだけでなく，関数の考えを指導するねらいについて把握していることが重要である。ここでは，「関数の考え」とは何か，どんな特徴があるのかを概観し，指導する意義を考えてみることにする。

日本の算数・数学教育では，20世紀初頭から「関数の考え」が注目され始めた。それは，イギリスやアメリカ，ドイツなどの欧米諸国で起こった数学教育改良運動を契機とする。この運動は，欧米の中等学校における数学教育の改善を目指した運動であり，その重点の一つとして関数観念の養成が指摘された。上記のような数学教育改良運動を契機として，「関数の考え」が一般的に認め

▷2 **数学教育改良運動**
ペリー運動や数学教育改造運動とも呼ばれるもので，1901年にペリー（J. Perry）がイギリス学術協会総会で行った講演によって起きた世界的な運動である。

第Ⅱ部　算数科教育の内容論・学習指導論

▷3　緑表紙教科書
1935年より使用された国定教科書のことである。表紙の色に因んで緑表紙教科書と呼ばれる。この教科書の編集方針は，「児童の数理思想を開発し，日常生活を数理的に正しくするように指導することに主意を置く」とされ，従来の編集方針と一線を画す。

られるようになり，1935（昭和10）年から発行された国定教科書『尋常小学算術』（いわゆる緑表紙教科書）においても関数的な考察が取り入れられることになった。また，戦後の学習指導要領では，とくに［1968年改訂］の際に，文部省から指導資料として『関数の考えの指導』が刊行された。さらに数学教育現代化と呼ばれた当時には，「関数の考え」を集合をもとに見直し，いっそう重視するようになった。

学習指導要領［1968年改訂］について直接の責任者として携わった中島健三は，「関数の考え」を重視するねらいについて以下の3点を示している（中島，2015，180ページ）。

(1)自然科学的な精神にもとづいて事象を考察する能力・態度の育成と，それにもとづいて概念や法則を創造的に導くことができるようにすること。
(2)算数・数学の内容のもつ意味についての理解を深めることと，それにもとづいて統合的発展的な考察ができるようにすること。
(3)関数の考えを用いて問題解決が有効にできること。

さらに，科学的な精神という立場から，中島は「関数の考え」について以下のように説明している。

「関数の考え」の基盤は，「新しく考察の対象としている未確定の，または複雑なことがら（これをyとして）を，よくわかった，または，コントロールのしやすいことがら（x）をもとにして，簡単にとらえることができないか。このために何を（変数xとして）用いたらよいか。また，そのときに，対応のきまり（規則）fはどんなになるか」（中島，2015，181ページ）という考えに立つことである。

この中島による「関数の考え」の説明には特徴がある。それは，説明が問いの形で示されている点である。何か新しい対象を考察する場面で，解決者はどんな問いを自らに問えばよいのか，その取り組み方や考え方の規範が明示されている。「関数の考え」の学習指導のなかでは，このような取り組み方や考え方についてもあわせて取り扱う必要があるだろう。それは，「関数の考え」を指導するねらいが，単に形式的に問題を解けるということにとどまらず，身の回りの事象の変化や関係を把握し，それを問題解決に生かす能力の育成にあるからである。

上記では，「関数の考え」が取り扱われ始めた経緯と，学習指導要領［1968年改訂］に携わった中島が「関数の考え」をいかに捉えていたのかについて，その概要を示した。このような背景をもつ「関数の考え」は，新学習指導要領においても算数科の内容の重要な事項の一つとして取り上げられている。

新学習指導要領では，「関数の考え」を「身の回りの事象の変化における数量間の関係を把握して，それを問題解決に生かすということ」（文部科学省，

2018, 35ページ）と規定する。そして,「関数の考え」は,問題解決において,ある数量を調べるためにそれと関係のあるほかの数量を見いだし,それら二つの数量の間に成り立つ関係を把握してその問題を解決する際に用いられる。それは,次の過程を経る（文部科学省, 2018, 35ページ）。

(a)二つの数量や事象の間の依存関係を考察し,ある数量が他のどんな数量と関係づけられるのかを明らかにすること
(b)伴って変わる二つの数量について対応や変化の特徴を明らかにすること
(c)二つの数量の間の関係や変化の特徴を問題解決において利用すること

このように,「関数の考え」は問題解決の過程に沿って示されている。この考えの特徴は,ある数量を調べようとする時に,それと関係のあるほかの数量を見出し,それらの二つの数量間にある関係を把握して,問題の解決に利用するところにある。関数の考えの指導によって,身の回りの事象のなかの伴って変わる二つの数量を見出し,それらの関係に着目することで,変化の様子や対応の傾向を考察する資質・能力の育成を図る。

また,関数の考えは,「変化と関係」領域だけでなく,算数科すべての領域の内容を理解したり,活用したりする際にも用いられる。したがって,関数の考えによって,数量や図形について,当該の領域で学習する見方とは異なった見方を可能とする。このように「関数の考え」には,二つの数量の間の対応関係に気づき,それを用いることによって複雑な問題場面をより単純な数量関係に置き換えて考察し,より効率的かつ経済的に作業を行えるという点にある。また,問題場面の構造をより簡潔・明瞭・的確に捉えて問題を発展的に考察したりすることを可能にするというよさもある。

3 「変化と関係」領域で育成すべき資質・能力

1 「変化と関係」領域の目標

「変化と関係」領域の目標は,事象の変化や関係を捉えて問題解決に生かそうとする資質・能力の育成である。算数科の学習において,児童が数学的な見方・考え方を働かせ,数学的活動を遂行することにより,それらの資質・能力の育成を目指す。

「変化と関係」領域で働かせる数学的な見方・考え方に着目して内容を整理すると,次の三つにまとめることができる（文部科学省, 2018, 62ページ）。

(1)伴って変わる二つの数量の変化や対応の特徴を考察すること
(2)ある二つの数量の関係と別の二つの数量の関係を比べること
(3)二つの数量の関係の考察を日常生活に生かすこと

以下では，この三つの項目に沿って「変化と関係」領域で育てたい数学的に考える資質・能力の概要を述べる。

2 伴って変わる二つの数量の変化や対応の特徴を考察すること

さまざまな事象の変化を捉え問題解決に生かす資質・能力の中核は，「関数の考え」である。関数の考えは上述したように(a)から(c)の過程を辿る。このそれぞれの過程において，配慮すべきことがある。

過程(a)では，ある数量について，それが他のどんな数量と関係づけられるかに着目することである。例えば，ある数量が変化すれば，それに伴って他の数量が変化するのかどうか。ある数量が決まれば，他の数量が決まるのかどうか。このようなことに着目して，二つの事柄の間の関係を調べることができるようにしたい。

過程(b)では，二つの事柄の変化や対応の特徴を調べるために，過程(a)で着目した二つの数量の関係を言葉や図，表，式，グラフを用いて表現することである。変化の様子や対応の規則性を把握しやすい表現に表すことができるようにしたい。

過程(c)では，見出した変化や対応の特徴を問題の解決に活用するとともに，その思考過程や結果を表現したり，説明したりすることである。

このような関数の考えを育成するとともに，伴って変わる二つの数量の関係について理解し，変化や対応の様子を表やグラフ，式に表したり，そこから変化や対応の特徴を読み取ったりする知識・技能を身につけることが目指されている。

3 ある二つの数量の関係と別の二つの数量の関係を比べること

ある二つの数量の関係と別の二つの数量の関係を比べる時には，大きく二つの比べ方がある。一つ目は，数量の差に着目して比べる方法である。例えば，ニュースなどで報じられる天気予報では，最高気温や最低気温とその前日差が示される。この前日差をもとに，われわれは今日の暖かさや寒さを前日と比べて把握している。この場合には，二つの数量の関係を差で捉えて比べている。

一方，比べる目的や比べる対象によっては，二つの数量の関係を割合で捉えて比べる場合がある。新学習指導要領において割合に関する学習指導として，第4学年で「簡単な場合についての割合」が新たに位置づけられた。「簡単な場合についての割合」では，基準量を1とみた時，比較量が基準量に対する割合として2，3，4，…などの整数で表される場合が取り扱われることになった。第5学年では，その割合が小数で表される場合について取り扱うとともに，「速さ」や「混み具合」などのような異種の二量の割合として捉えられる

数量の関係も取り扱われる。

　ここでいう割合は，第5学年「数と計算」領域で取り扱われる乗法・除法の計算の意味の拡張とも関連する。第5学年「数と計算」領域では，乗法について，Bを「基準にする大きさ」とみた時に割合pにあたる大きさを求める計算「基準にする大きさB×割合p＝割合にあたる大きさA」と捉え直す。この式のなかの基準にする大きさは基準量，割合にあたる大きさは比較量とも呼ばれる。これらをもとにすると割合は「割合＝比較量÷基準量（比の第一用法）」で求められる。このような計算で求められる割合を活用して，「変化と関係」領域では二つの数量の関係を，それらの乗法的な関係に着目して捉える。例えば，全体のなかで部分が占める大きさについての関係を比べる場合は割合でみていく。野球のバッティングのうまさは，打席に入った回数（打席数）とヒットを打った打席数（安打数）の二つの数量の関係として打率で表すことができる。この場合，打席数を全体，安打数を部分として捉え，全体に占める部分の関係に着目することで，打率＝安打数÷打席数で求められる。このように割合で捉えることにより，打席数や安打数の異なるもの同士を対象にして「バッティングのうまさ」を考えられるようになる。

　このように割合を用いて数量の関係を比べる場合，次のような過程を辿る。
(1)二つの数量の関係に着目する

　比べる対象を明確にし，比べる際に必要な二つの数量が比例関係を前提にしてよいかを判断する。基準量と比較量の関係に着目したり，簡単な整数の組として二つの数量の関係に着目したりしていく。
(2)二つの数量の関係同士を比べる

　図や表，式を用いて数量の関係を表したり，表された関係を読み取ったりすることで，部分と全体の関係や部分と部分の関係同士の比べ方の考察を進める。
(3)二つの数量の関係の特徴をもとに，日常生活に生かす

　過程(1)と(2)を経て得られた割合の大小から判断したり，割合等を用いて計算をした結果から問題を解決したりする。

　これらの過程を遂行する資質・能力を育成していくとともに，それと並行して，割合や単位量あたりの大きさ，比の意味や表し方を理解し，割合などを求める知識・技能を身につけていくことが目指されている。

▷4　比の三用法
二つの数量AとBについて，AのBに対する割合をpとすると，割合についての計算は次の三つにまとめられる。
①p＝A÷B　（比の第一用法）
②A＝B×p　（比の第二用法）
③B＝A÷p　（比の第三用法）

4　二つの数量の関係の考察を，日常生活に生かすこと

　これは，伴って変わる二つの数量の関係について見出した特徴，あるいは二つの数量の関係同士を割合や比で比べた結果を用いて，問題を解決したり，日常生活に生かしたりする資質・能力である。第6学年では，日常生活での問題

を，比例の関係を用いて効率的に解決することを扱う。詳細については，紙面の都合上，省略するが，詳しくは，本書の第9章（112～115ページ）を参照してほしい。

4 資質・能力の育成を目指す実践に向けて

1 関数の考えを用いた問題解決とその要点

　授業を計画し実践するうえで，教師は児童にどんな資質・能力を育成しようとしているのかという視点をもっていなければならない。この資質・能力は，思考力や表現力，学びに向かう力や人間性を含んでおり，その育成は一朝一夕でできるものではなく，多くの時間を要する。それゆえ，単元や単元間，隣接する学年間の内容のつながりのなかで見通しをもち，授業のねらいを意識する必要がある。

　また，新学習指導要領には学習過程のイメージとして「算数・数学の問題発見・解決の過程」が示されている。数学的に考える資質・能力の育成には，児童に考える場を提供するとともに，児童が数学の問題を見出し，解決し，その過程を振り返って知識を構築する過程を経験することが重要になる。

　問題解決の過程において，関数の考えはさまざまに活用される。教科書などでしばしばみられる具体的な問題に即して，問題場面において関数の考えがいかに働くのかを考え，授業を計画・実践する際の要点を述べる。

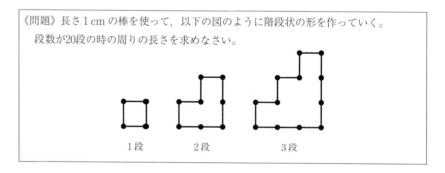

《問題》長さ1 cmの棒を使って，以下の図のように階段状の形を作っていく。
　　　段数が20段の時の周りの長さを求めなさい。

　　　　　1段　　2段　　3段

① 変化や関係に着目すること

　数量の関係に着目することは，変化や関係を捉えて問題解決に生かすうえでの第一歩である。授業を構想し実践する際には，児童が「数量の関係に着目する」という数学的な見方・考え方を働かせる場面を意図的に設定することが大切である。例えば，上の問題では，段数が増えるのに伴って，さまざまな数量が変わる。実際に，問題場面を図に描いてみると，段数の変化に伴って，面積や高さ，周りの長さ，直角の個数，棒の本数，底辺の長さなど，さまざまな数

量が変化していることに気がつく。問題では20段の時の周りの長さが問われているのだから，段数と周りの長さの関係に着目して，その変化の様子を調べていく。20段の図を描いて調べることもできるがとても大変である。「図を描かなくても周りの長さがわかる方法はないか」という問いをもち，何がわかれば20段の周りの長さがわかるのかを探るようにしたい。

② 変化や関係の特徴を考察すること

1段の時には周りの長さが4cm，2段の時には8cmというように段数と周りの長さの関係をみていくと，その関係を次の表（表7-1）のように表すことができる。

表7-1 階段の段数と周りの長さの関係

階段の段数（段）	1	2	3	…	20
周りの長さ（cm）	4	8	12	…	?

この表から，周りの長さの変化の特徴がわかる。表を横にみた場合には，「段数が1ずつ増えると周りの長さも4ずつ増えていく」という変化の特徴（特徴①）や，「段数の数が2倍，3倍，…になると，周りの長さも2倍，3倍，…になる」という変化の特徴（特徴②）を見出すことができる。ほかにも，表を縦にみた場合には，「段数に4をかけると周りの長さになる」という「段数」と「周りの長さ」の対応関係の特徴（特徴③）も見出すことができる。

このように表を用いることで伴って変わる二つの数量の変化や関係の特徴を見出すことができる。そして，一つの表現のなかに，異なる特徴を見出すこともできる。それは表を横にみたり，縦にみたり，斜めにみたりする見方による。授業では，児童がこのような変化や対応の特徴を見出すために，表をいかにみるのか，その見方自体について取り上げ，それぞれの見方を価値づけたい。

表から見出された特徴は，式で表すことによってより明確になり，把握しやすくなる。言葉で表されたそれぞれの特徴を式で表してみる。特徴①をもとにすると「4＋4＋4＋…＋4」のように表される。特徴②をもとにすると「4×倍数（段数）」のように表される。特徴③をもとにすると「段数×4」のように表される。かけ算の意味を同数累加とすれば，特徴①の式と特徴②の式は統合的に捉えられる。

③ 見出した特徴を用いて問題を解決し振り返る

それぞれの特徴から作られた式に基づいて，問題の解決を行う。特徴①や特徴②を見出した場合には，「4×20＝80」と解決する。また，特徴③を見出した場合には「20×4＝80」と解決する。どの特徴で問題を解決するのかによって，そのプロセスは異なる。授業では，それぞれの考えのよさを共有したい。

さらに，問題を解決するために用いた式を振り返る。この問題では，「周り

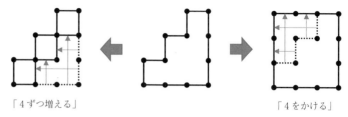

「4ずつ増える」　　　　　　　　　　　　　「4をかける」

図7-1　計算の意味と図の関連

の長さ＝4×段数」「周りの長さ＝段数×4」という大きく二つの式が用いられる。「周りの長さ＝4×段数」は「4ずつ増えること」を表しているのに対して、「周りの長さ＝段数×4」は「4をかけると周りに長さになる」ことを表している。この「4ずつ増えること」や「4をかける」ことは、問題の図のなかではみえづらい。階段状の形を図7-1のように正方形に変形することで、計算の意味と図とを関連づけることができる。このように、計算の意味について図をもとに振り返ると、新たな気づきを促し、関係についての深い理解へつながる。

２ 単位量あたりの大きさを用いた問題解決とその要点

二つの数量間の関係を比較する際には、単位量あたりの大きさが用いられる場合がある。ここでは、具体的な問題に即して、単位量あたりの大きさを用いるよさを考えるとともに、授業を計画・実践する際の要点を述べる。

《問題》スーパーでジャガイモを買おうとしています。次の3つの商品の中で、どのジャガイモが一番お買い得でしょうか。

A	B	C
1.5kg	1.5kg	1.6kg
300円	400円	400円

① 二つの数量に着目して差で比較すること

同じ重さや同じ値段に着目して、それぞれを比較してみる。例えば、同じ1.5kgの商品Aと商品Bを比べると、商品Aのほうが100円安いことから、お買い得だとわかる。同様に、同じ400円の商品Bと商品Cを比べると、商品Cのほうが0.1kg重いことから、お買い得だとわかる。このように重さや値段に着目して、それぞれの差を求めて比較することができる。しかし、商品Aと商品Cではどちらがお買い得なのかは不明なままである。授業では、一つの数量だけでは比較することができないことを共有し、二つの数量の関係に着目するようにしたい。

② 二つの数量の関係に着目して比較すること（単位量あたりの大きさ）

商品Aと商品Cでは，重さと値段の数値がそれぞれ異なっているから，どちらがお買い得なのか比較することができない。このような場合，異なる二つの数量の間に比例関係が成り立つと仮定して，重さか値段のどちらかの数値を合わせ，対応するもう一方の数値を比較すればよい。例えば，比例関係を前提にして，「商品Aと商品Cの重さを1kgにそろえて，対応するそれぞれの値段で比較できないか」と考えたり，「商品Aと商品Cの値段を100円にそろえて，対応するそれぞれの重さで比較できないか」と考えたりする。授業では，このように重さか値段をいろいろな数値にあわせて，それら商品同士を比較する活動を取り入れたい。

ここでは，商品Aと商品Cの重さを1kgにそろえて，対応するそれぞれの値段で比較する場合を考える。商品Aと商品Cの重さを1kgにそろえて比較する際の数量の関係は以下の数直線のように表される（図7-2）。

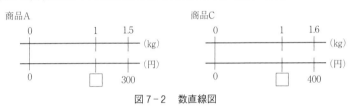

図7-2　数直線図

この数直線から，重さを1kgとした場合の商品Aと商品Cの値段が求められる。重さを1kgとした場合の商品Aの値段は300÷1.5で求められる。一方，重さを1kgとした場合の商品Cの値段は400÷1.6で求められる。これらの式から，それぞれの値段は200円と250円となり，商品Aを買うほうがお買い得であることがわかる。このように，重さを単位として1kgあたりの値段を求めて，商品のお買い得さを比較することができる。

Exercise

① 1辺1cmの正三角形▲を下の図のように順に並べていく。10段の時に正三角形▲は何個あるだろうか。関数の考えを用いて考察してみよう。

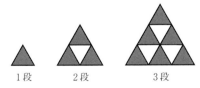

② 「測定」領域，「図形」領域で学習する内容，例えば図形の面積などについて関数の考えをもとに考察してみよう。そして，関数の考えの機能とその意義を考えてみよう。

③ 第3学年「A 数と計算」の領域において指導する「基にする量の何倍」という見方と第4学年「C 変化と関係」の領域で取り扱われる「簡単な場合についての割合」との関連を考えてみよう。

📖次への一冊

中島健三『復刻版 算数・数学教育と数学的な考え方——その進展のための考察』東洋館出版社，2015年。
　　本書は，学習指導要領に「数学的な考え方」を取り入れた当時の責任者が「数学的な考え方」や「統合的発展的な考察」について具体例を交え，その要点を論じている書籍である。
文部省『関数の考えの指導』東京書籍，1973年。
　　学習指導要領［1968年改訂］に伴い，刊行された指導書の一つである。当時，関数の考えについて理論と実践の両面から指導の参考となるように編集された書籍である。

引用・参考文献

国立教育政策研究所監訳『PISA2009年調査　評価の枠組み』明石書店，2010年（OECD, *PISA 2009 Assessment Framework : Key Competencies in Reading, Mathematics and Science*, 2009）。
国立教育政策研究所監訳『PISA2012年調査　評価の枠組み』明石書店，2016年（OECD, *PISA 2012 Assessment and Analytical Framework : MATHEMATICS, READING, SCIENCE, PROBLEM SOLVING AND FINANCIAL LITERACY*, 2013）。
文部省『関数の考えの指導』東京書籍，1973年。
文部科学省『小学校学習指導要領（平成29年告示）解説算数編』日本文教出版，2018年。
中島健三『復刻版 算数・数学教育と数学的な考え方——その進展のための考察』東洋館出版社，2015年。
スチュアート，I.「変化」スティーン，L. A. 編，三輪辰郎訳『世界は数理でできている』丸善，2000年（Steen, L. A., *On the Shoulder of Giants : New Approaches to Numeracy*., National Academy Press, 1990）。

第8章
算数科教育の実践⑤
――データの活用の学習指導――

〈この章のポイント〉
　「データの活用」領域の指導内容には，身の回りで起こる問題を解決するための方法の一つである統計が含まれている。高度情報化社会といわれる現代において，必要なデータを収集，分析し，その傾向に基づいて意思決定を行うというように，統計を問題解決に活用できるようにすることは，学習指導の重要なねらいの一つである。そして，その統計の基礎となっているのが確率論である。本章では，統計と確率に関する数学的な知識を理解するとともに，統計を用いて問題解決できる力を育成するための学習指導のあり方について学ぶ。

1　「データの活用」領域のねらいと内容の概観

1　統計教育の目的

　新学習指導要領において，小学校算数科の領域構成が変更され，これまで「数量関係」領域の一部に位置づいていた統計的な内容が，「データの活用」領域として全学年の指導内容に位置づいた。統計教育の充実は，改訂における改善事項の一つの柱となっているのである。
　この背景には，高度情報化社会の到来がある。情報技術の発展に伴い，私たちの身の回りにはさまざまな情報が溢れ，誰でもどこででも情報を収集することが可能となった。その一方で，身の回りに氾濫する情報をどのように選別し，処理するかという問題が生じている。人生をよりよく生きるため，そして社会の発展に貢献するために，適切な情報を選別し，処理し，それに基づいて物事を判断することが求められる。
　このような状況を踏まえると，将来の社会を生き抜く子どもたちに，統計教育を通じて物事を多面的に捉えたり批判的に考察したりする力を育むことが重要となる。統計教育には，大きく分けて二つのことが求められている。第一に，統計的な問題解決に取り組む力を育成することである。統計の学習というと，統計に関する用語の意味を理解したり，計算したり，グラフをかいたりするというように，知識・技能の獲得に重きを置きがちである。しかし，統計は

問題解決を行うための一つの手段である。それゆえ，目的を達成するためにどのようなデータを集めればよいか，それらをどのように整理すればよいか，得られた結果をどのように分析すればよいか，結論をどのように表現すればよいかといった，統計的問題解決に関する力を育成することが重要である。

第二に，事象を多面的に捉え，批判的に考察する力を育成することである。世の中では，テレビ番組や新聞，雑誌等にみられるように，統計を使ってさまざまな主張がなされている。データが収集，処理され，数値化されると，その過程が無視され，数値のみに基づいてその主張の正しさが判断されることが多い。その主張のすべてが正しいものとは限らないため，常に判断がなされた過程を含めて，さまざまな面から批判的に捉える必要がある。

このような力が発揮される問題の代表例に，OECDによるPISA調査の「盗難事件」の問題がある（国立教育政策研究所，2010）。これは，一部が省略されたグラフから盗難事件数の傾向を捉え，レポーターの発言の妥当性を判断する問題である。盗難事件は1998年から1999年にかけて実際には8件程度しか増加していないにもかかわらず，グラフの縦軸の取り方によって，その差を大きくみせていることがわかる。グラフの見た目に惑わされず，主張の妥当性を批判的に考察することが必要である。

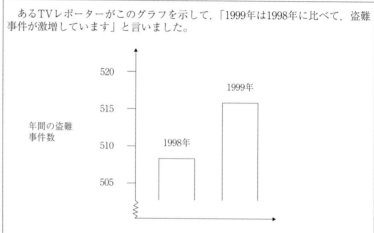

このように，統計の学習指導は，これからの社会を生き抜く子どもたちにとって重要なものである。本章では，『小学校学習指導要領（平成29年告示）解説算数編』（文部科学省，2018；以下『解説』とする）に沿って，算数科における統計の学習指導について考察する。

第8章 算数科教育の実践⑤

2 「データの活用」領域のねらい

『解説』では、「データの活用」領域のねらいとして、次の三つがあげられている（文部科学省、2018、67ページ）。

- 目的に応じてデータを集めて分類整理し、適切なグラフに表したり、代表値などを求めたりするとともに、統計的な問題解決の方法について知ること
- データのもつ特徴や傾向を把握し、問題に対して自分なりの結論を出したり、その結論の妥当性について批判的に考察したりすること
- 統計的な問題解決のよさに気付き、データやその分析結果を生活や学習に活用しようとする態度を身に付けること

これらはそれぞれ、資質・能力の三つの柱である「知識及び技能」「思考力、判断力、表現力等」「学びに向かう力、人間性等」に対応している。

3 「データの活用」領域の内容の概観

『解説』では、「データの活用」領域で働かせる数学的な見方・考え方に着目して、内容を次の二つに整理している（文部科学省、2018、68～70ページ）。

①目的に応じてデータを収集、分類整理し、結果を適切に表現すること
②統計データの特徴を読み取り判断すること

この領域で働かせる数学的な見方とは、「日常生活の問題解決のために、データの特徴と傾向などに着目すること」であり、数学的な考え方とは「根拠を基に筋道を立てて考えたり、統合的・発展的に考えたりすること」である。

上記②は、1 で述べた統計教育の目的の二つ目に該当する。内容の重複を避けるため、第2節では上記①に即して統計の学習指導について考察する。

2 統計的な問題解決活動

1 記述統計と推測統計

私たちの身の回りには、さまざまなデータが存在する。統計学は、ある目的をもってデータを収集し、整理し、解釈する学問である。統計で扱うデータは、種類や分類の違い（カテゴリー）で得られる「質的データ」、数量として得られる「量的データ」、時間経過に沿って得られる「時系列データ」に分類される。例えば、血液型や好きなスポーツ、住んでいる場所などは質的データである。身長や年齢、テストの点数などは量的データである。各月の平均最高気温や各年の日本の総人口などは時系列データである。

収集したデータの示す傾向や特徴を把握する手法のことを「記述統計」とい

第Ⅱ部　算数科教育の内容論・学習指導論

う。例えば，あるクラスの試験の成績や平均身長，日本の総人口，国民総生産（GNP）などである。データの傾向や特徴を把握するために，すべてのデータを収集しなければならない場合に用いられる。

一方，収集したデータから母集団▷1の特徴を推測する手法のことを「推測統計」という。例えば，テレビの視聴率や商品の品質管理，市場調査，選挙結果の予想などである。すべてのデータを調べることが不可能な場合や，すべてを調べるのに手間がかかる場合，すべてを調べたのでは意味がない場合に用いられる。

▷1　母集団
調査対象となる集合全体のこと。例えば，日本におけるテレビ番組の視聴率を調べる際には，調査でランダムにえらばれた世帯が母集団となる。

2　統計的な問題解決過程

統計的手法を用いて問題を解決するためのサイクルの一つとして，図8-1のようなものがある。このサイクルは，問題（Problem），計画（Plan），データ（Data），分析（Analysis），結論（Conclusion）の五つの相から構成され，各相の頭文字をとって「PPDACサイクル▷2」と呼ばれている。

まずはじめに解決の必要な関心のあるテーマを決め，問題を設定する。「計画」では，問題を解決するために必要なデータを収集する調査や実験の計画を立てる。「データ」では，実際にデータを収集し，整理する。「分析」では，表やグラフを作成し，収集したデータを分析する。例えば，全体の傾向をみたり，相関関係を捉えたりすることが分析の視点となる。「結論」では，設定した問題に対する結論を示す。この時，結論に満足できなかったり，新たな疑問が生じたりした場合には，一連のプロセスを繰り返すのである。ただし，必ずしもこの順番どおりにプロセスが進むのではなく，時には飛躍したり逆行したりすることもある。

▷2　PPDACサイクル
統計的な問題解決における各相をまとめたものであり，PDCAサイクルとは異なる。PDCAサイクルについては，本書の第12章を参照されたい。

統計的な問題解決活動において重要なのは，「問題」を解決することである。したがって，当事者にとって解決したい・解決しなければならない問題を見出すことが必要である。そして，データに基づいてその問題に対する結論を得るために，上記の一連のプロセスを遂行するのである。

一連の統計的な問題解決過程を遂行するためには，1時間分の授業だけでは時間が充分でない。そのため，1時間の授業プランを計画するだけでなく，単元全体をとおして構想を練ることが必要である。また，算数科の時間数だけでは時間が足りなくなる場合もあるため，社会科や理科，総合的な学習の時間など，他の各教科等と連携して単元計画を作成することも重要である。

なお，新学習指導要領では，第5学年と第6学年において身につけるべき知識及び技能として，次のことがあげられている

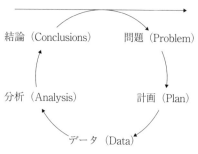

図8-1　PPDACサイクル
出所：Wild & Pfannkuch (1999).

（下線は筆者）。

- データの収集や適切な手法の選択など統計的な問題解決の方法を知ること。（第5学年）
- 目的に応じてデータを収集したり適切な手法を選択したりするなど，統計的な問題解決の方法を知ること。（第6学年）

下線部の内容は，統計的な問題解決についての知識を身につけることを意味しており，いわゆる「方法知」の習得にあたる。上記のような一連の問題解決過程を遂行した後に，その過程を振り返り，統計的な問題解決過程の特徴を捉え，知識として身につけることが必要である。

統計的な問題解決活動において収集したデータを分析する際，表やグラフなどの手段を用いてデータの特徴や傾向を把握する必要がある。『解説』では，学年段階の進行に伴って分析する手段が豊かになるように，各学年で扱う表とグラフが整理されている。次節では，各学年においてどのような表とグラフを扱うのか，具体例を用いて検討する。

3　データを分析する手段

1　第1学年

第1学年では，絵グラフを扱う。例えば，「お楽しみ給食」として自由に献立を決められるイベントがあり，その献立でのデザートを決めるために，学級内でどの果物が人気なのかを調べる活動を考えてみよう。その際，具体的な果物の絵を描き，その絵を並べて作成するグラフが絵グラフである（図8-2）。

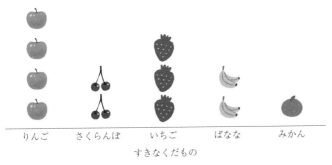

図8-2　絵グラフ

出所：筆者作成。

この時，個人によって絵の大きさが異なることが想定される。その状態のまま絵グラフに表すと，全体の傾向を捉えることができず，どの果物が人気なのかを判断できない。人気のある果物を判断するために，一番大きな絵を基準としてそれぞれの絵を均等に配置したり，絵の大きさを揃えて配置したりする

第Ⅱ部　算数科教育の内容論・学習指導論

表 8-1　簡単な表
町の施設の数

お店	寺院	病院	工場
8	6	4	2

地区ごとの施設の数

○地区	△地区	□地区	☆地区
9	6	3	2

出所：筆者作成。

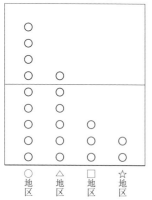

図 8-3　簡単なグラフ
出所：筆者作成。

ことが必要である。

2　第2学年

　第2学年では，簡単な表とグラフを扱う。「簡単な表」とは，一つの観点からデータをまとめた表であり，「簡単なグラフ」とは，○などを並べて数の大きさを表したグラフである。第1学年では，描いた絵を直接並べることでグラフを作成する活動を行うのに対し，第2学年では，より簡単にグラフを作成するために，記号を用いて具体的な絵を抽象化しグラフを作成するのである。

　例えば，自分たちの住む町の特徴を明らかにする活動を考えてみよう。町にはどのような種類の施設がいくつあるのか，あるいは町の各地区にいくつの施設があるのかを明らかにするために，生活科の授業で実施した町探検で収集したデータを整理する際，町の特徴をよりわかりやすく整理するために，簡単な表（表8-1）やグラフ（図8-3）を用いるのである。この時，整理する観点によって作成される表やグラフが異なるため，目的に応じて表やグラフを使い分けられるようになることが重要である。

3　第3学年

　第3学年では，表と棒グラフを扱う。第2学年では一つの観点から表にまとめたのに対し，第3学年では複数の観点から表を作成する点で異なる。例えば，学校で起こるけがを減らすために，保健室にあるデータを用いて学校で起こるけがの特徴を調べる活動を考えてみよう。そのデータを整理する際，けがの種類や場所，時間，けがをした子どもの学年というように，さまざまな観点から分類整理することができる。データを分析する目的に応じて，適切な観点に着目することが重要である。

　具体的には，どこでけがをした人が多いのかを知りたい場合，けがをした場所に着目して人数を調べることになる。そして，集計結果をわかりやすく整理するために，表にまとめたり（表8-2），棒グラフ（図8-4）で表したりする。

　棒グラフは，質的データを集計した個数を高さで表していて，量的データの値をそのまま高さに対応させて表したものである。グラフの横軸のラベルには質的な情報が表示される。棒グラフには，データのなかの数量の大きさを一目で捉えられるという特徴がある。

98

4 第4学年

　第4学年では、二次元表と折れ線グラフを扱う。第3学年では一つの観点から表を作成したのに対し、第4学年では二つの観点から表を作成する点で異なる。例えば、先にあげた「けが調べ」において、それぞれの場所でどんな種類のけがをした人が多いのかを調べるために、「場所」と「けがの種類」の二つの観点を組み合わせて二次元の表を作成する。すなわち、表の横軸を「場所」、縦軸を「けがの種類」としてデータを整理する（表8-3）。この時、データの落ちや重なりがないように整理することが重要である。

　二次元表を作成することで、新たな結果を明らかにすることもできる。例えば、表8-2の一次元表からは、校庭と体育館でけがをする人数はほぼ同数であることがわかるのに対し、表8-3の二次元表からは、けがの種類の傾向が異なることがわかる。このように、二つの観点からデータを分類整理することで、第3学年で学習する一次元表とは異なる結論を見出すことができる。

　また、1年間でけがをした人数の推移を捉えるというように、時間の経過に伴うデータの変化の様子を捉える場合には、折れ線グラフ

表8-2　表
けがをした場所と人数

場　所	人数（人）
校　庭	15
体育館	13
廊　下	6
教　室	8
合　計	42

出所：筆者作成。

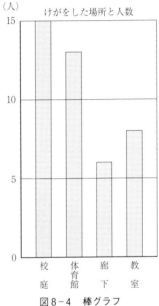

図8-4　棒グラフ
出所：筆者作成。

表8-3　二次元表
けがの種類・場所と人数　　（人）

場所＼種類	校庭	体育館	廊下	教室	合計
すり傷	9	2	0	0	11
切り傷	2	0	2	0	4
打撲	2	5	3	5	15
ねんざ	1	4	0	3	8
その他	1	2	1	0	4
合計	15	13	6	8	42

出所：筆者作成。

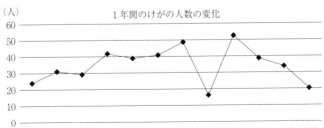

図8-5　折れ線グラフ
出所：筆者作成。

（図8-5）を用いると傾向を捉えやすい。折れ線グラフは、横軸に時間経過、縦軸にデータの値を記入する。この時、縦軸の幅を変えることによって、同じグラフであってもグラフの見え方が異なる点に注意することが重要である。

5 第5学年

第5学年では、円グラフと帯グラフを扱う。いずれのグラフも、数量の関係を割合で捉え、基準量と比較量の関係を表したものである。円グラフとは、各項目の割合に対応させて、円をおうぎ形に区切って表したグラフである（図8-6）。全体が一つの円で示されていることから、例えば「体育館でけがをした人は、全体の約$\frac{1}{3}$である」というように、全体と部分の関係が視覚的に捉えやすいという特徴がある。

一方、帯グラフとは、帯状の長方形を割合に対応させていくつかの長方形に区切って表したグラフである（図8-7）。その形状から、複数のグラフを並べて掲載できるため、円グラフとは異なり、時間経過などによる各項目間の割合の変化を比較することが容易である。

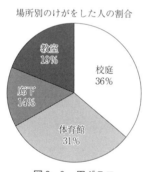

図8-6 円グラフ
出所：筆者作成。

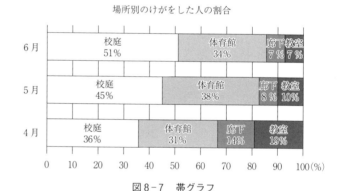

図8-7 帯グラフ
出所：筆者作成。

6 第6学年

第6学年では、ドットプロット、度数分布表、柱状グラフを扱う。ドットプロットとは、数直線上の該当する箇所にデータを配置し、同じ値のデータがある際に、ドットを積み上げて表したものである。例えば、各クラスで管理している学校の畑に関して、「1組と2組では、どちらのほうがよい畑といえるのか」という疑問を抱き、これを解消する活動を考えてみよう。そのために、「よい畑」の意味を「より重いサツマイモを収穫できること」と決め、「各クラスの畑のサツマイモの重さを比較して、どちらがより重いサツマイモを収穫できたといえるか」という問題を設定したとする。そのデータを整理する際、数直線の目盛りをサツマイモの重さにし、該当する目盛りの上にドットを積み上

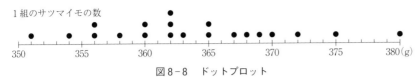

図8-8 ドットプロット

出所：筆者作成

げていく。こうして作成されるのがドットプロットである（図8-8）。

図8-8より、どの重さのサツマイモが最も多いか、一番重いサツマイモは何gなのか、などのことが読み取れる。このように、ドットプロットには、データの散らばりの様子が捉えやすくなるという特徴がある。

また、度数分布表とは、データの分布の様子を数量的に捉えるために、数量を階級に分けて、各区間に入る度数を対応させた表のことである。そして、柱状グラフとは、量的データを階級に分けて集計し、度数の多さを高さに対応させて表したものであり、横軸は数値軸となっている。柱状グラフには、データの分布の様子を直観的に捉えやすくなるという特徴がある。

▷3 中学校では、柱状グラフのことを「ヒストグラム」と呼ぶ。

例えば、先にあげた「サツマイモの重さ」において、サツマイモの重さの分布を捉えるために、重さを5gずつに区切ってデータを整理する（表8-4）。そして、その度数分布表をもとに、横軸を各階級の幅、縦軸を度数として柱状グラフを作成する（図8-9）。柱状グラフを用いることで、全体の形や左右の広がりの範囲など、データの分布の様子を視覚的に捉えやすくなる点に特徴がある。ドットプロットでもデータの分布の様子を捉えることはできるが、ドットプロットの各点が積み上がらずにまばらに広がる場合には、データの特徴を読み取りにくいため、柱状グラフを用いたほうがよい。

表8-4 度数分布表
1組のサツマイモの重さ

重さ（g）	個数（個）
350以上 ～ 355未満	2
355 ～ 360	3
360 ～ 365	6
365 ～ 370	5
370 ～ 375	2
375 ～ 380	1
380 ～ 385	1
合　計	20

出所：筆者作成。

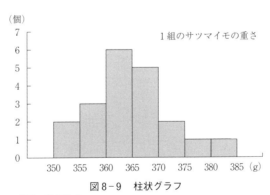

図8-9 柱状グラフ

出所：筆者作成。

6年間を通して、一次元表、二次元表、度数分布表、絵グラフ、棒グラフ、折れ線グラフ、円グラフ、帯グラフ、ドットプロット、柱状グラフを学習する。それぞれの表やグラフの特徴を理解し、目的に応じて適切な表やグラフを選択できるようになることが重要である。

4 「データの活用」領域に関する基礎的知識

1 代表値

　代表値とは，データ全体の特徴を示す数値である。その主なものには，「平均値」「中央値」「最頻値」などがある。学習指導要領［2008年改訂］では，代表値の学習内容は中学校第1学年で扱われることになっていたが，改訂に伴って小学校第6学年に移行したため注意が必要である。

　平均値とは，データの個々の数値の総和をデータの個数で割った値である。例えば，7個のりんごの重さがそれぞれ200g，220g，220g，225g，240g，245g，260gである時，この7個のりんごの平均の重さは，(200＋220＋220＋225＋240＋245＋260)÷7＝230で，230gとなる。

　中央値とは，データの個々の数値を大きさの順に並べた時の中央に位置する値のことで，メジアンとも呼ばれる。例えば，先の「りんごの重さ」であれば，重さを小さい順に並べた時の中央に位置する値の225gが中央値となる。このように，データの数が奇数個の時は，データを並べた時の真ん中にくるものが中央値となる。一方，データの数が偶数個の時は，中央の二つの値の平均を中央値とする。

　最頻値とは，データのなかで最も多く現れる値のことで，モードとも呼ばれる。例えば，先の「りんごの重さ」であれば，最頻値は同じ重さのりんごが2個ある220gである。

　一般的には，データ全体の特徴を示す数値として平均値がよく用いられるが，場合によっては代表値として適切ではないこともあるため注意が必要である。例えば，ヒストグラム（柱状グラフ）の形が右（あるいは左）に偏っていたり，山が二つあったりする場合，データが集中している付近から平均値がずれてしまうことがある。その場合には，代表値として中央値や最頻値を用いるのである。このように，代表値を用いる際には，データの特徴や目的に応じて，どの代表値を選ぶべきかを適切に判断することが重要である。

2 場合の数

　ある事象について，起こりうるすべての場合を数え上げる時，その総数を「場合の数」という。落ちや重なりが生じないように，起こりうるすべての場合を順序よく整理して調べることが重要である。

　例えば，A，B，Cの3人でリレーをする場面において，走者の順番の決め方が何通りあるかを考えてみよう。第1走者をAとすると，第2走者はB，C

のいずれかになる。第2走者をBとすると第3走者はCになり，第2走者をCとすると第3走者はBになる。このように考えると，Aが第1走者になる場合は2通りであることがわかる。同様に，B，Cが第1走者になる場合を考えると，起こりうるすべての場合は6通りであることがわかる。これらの順番を樹形図にかいて整理すると，図8-10のとおりになる。

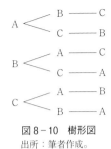

図8-10 樹形図
出所：筆者作成。

また，A，B，C，Dの4つのチームでリーグ戦をする場面において，対戦の組み合わせが何通りあるかを考えてみよう。この時には，図8-11のように整理することで，起こりうるすべての場合は6通りであることがわかる。

このように，場面や状況に応じて，図や表を適切に用いることができるようにすることが大切である。

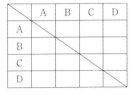

図8-11 リーグ戦の対戦組み合わせ
出所：筆者作成。

3 数学的確率と統計的確率

ある不確定な事象の起こりやすさを数値化したものを，その事象の起こる「確率」という。確率の求め方は，大きくわけて以下の二つがある。

第一に，同様に確からしい事象の起こる場合の数によって，数学的に計算する考え方である。すなわち，根元事象がすべて同様に確からしい試行において，すべての根元事象の個数を n，事象 A に含まれる根元事象の個数を a とする時，事象 A の起こる確率 $P(A)$ は，$P(A) = \frac{a}{n}$ である。例えば，一つのさいころを投げる時，さいころの目の出方は全部で6通りであるから，1の目の出る確率は $\frac{1}{6}$ である。このようにして求められる確率を，数学的確率という。数学的確率を求めるためには，「どの根元事象が起こることも同様に確からしい」という仮定を設定する必要がある。

第二に，試行を多数回繰り返した場合に，起こった結果の度数に基づいて推定する考え方である。すなわち，ある試行を n 回繰り返し，事象 A が b 回起こった時，事象 A の起こる確率 $P(A)$ は，$P(A) = \frac{b}{n}$ である。例えば，一つのさいころを30回投げた結果，6の目が6回出たとする。この時，この試行において6の目が出る確率は，$P(6) = \frac{6}{30} = \frac{1}{5}$ である。このようにして求められる確率を，統計的確率（または，経験的確率）という。統計的確率は，試行が異なればその値は異なるものになるが，試行の回数を増やしていくと，数学的確率の値に近づいていく。そのため，例えばさいころを6回だけ投げて，そのすべてで1の目が出たからといって，1の目が出る確率を1とするのは適切でない。

▷4 事象
ある試行の結果として起こる事柄のこと。例えば，さいころを投げる時は，1～6の目のうちのどれか一つが出るため，6個の事象がある。

▷5 根元事象
一つの試行で，複数個の事象のうちのいずれかが起こり，しかも二つの事象が同時に起こることがないとする時，それぞれの事象を根元事象という。例えば，さいころを1回投げる時，「1の目が出る」，「2の目が出る」，…「6の目が出る」というそれぞれの事象が，根元事象である。

▷6 試 行
同じ条件のもとで繰り返すことのできる実験や観測を試みること。

Exercise

① 近年，テレビや新聞の報道などで地球温暖化問題に関する話題が，数多く

取り上げられている。私たちの住んでいる地域の夏の気温は昔と比べて上昇傾向にあるのか，適切なデータを収集，分析し，根拠に基づいて説明してみよう。

② 小学校，中学校，高等学校でどのようなグラフを学習するかを，学習指導要領や教科書などで調べ，それぞれの特徴を整理してみよう。

③ 第6学年において「目的に応じてデータを集めて分類整理し，データの特徴や傾向に着目し，代表値などを用いて問題の結論について判断するとともに，その妥当性について批判的に考察する」力を身につけるためには，授業をどのように展開すればよいか，指導のあり方を考えてみよう。

📖次への一冊

ムーア，D.・マッケイブ，G.，麻生一枝・南篠郁子訳『実データで学ぶ，使うための統計入門――データの取りかたと見かた』日本評論社，2008年。
　さまざまな分野で実際に測定，収集されたデータを用いて，統計的なものの考え方や基礎的な統計で最もよく使われる方法を解説している。本書は，統計学を学ぶための入門書として位置づく。

栢元新一郎編著『中学校数学科 統計指導を極める』明治図書出版，2013年。
　具体例を通して，統計の理論，教材研究における留意点，実践例を解説している。本書は中学校数学科に関する内容を扱うものであるが，統計に関する授業を考案する際に，多くの示唆を与えてくれる。

渡辺美智子・椿広計編著『問題解決学としての統計学――すべての人に統計リテラシーを』日科技連出版社，2014年。
　諸外国における統計教育の実際，これからの国際競争に立ち向かう人材に求められる統計リテラシー，統計教育に関する教材，統計が科学の発展に貢献してきた歴史を整理し，解説している。

渡辺美智子監修『今日から役立つ統計学の教科書』ナツメ社，2016年。
　身近な具体例に基づき，データの活用方法や統計的な探求プロセスの考え方を解説している。大学の授業形式で内容が展開され，統計に関する知識や統計が社会で果たす役割，統計の活用例を学ぶことができる。

引用・参考文献

国立教育政策研究所監訳『PISAの問題できるかな？――OECD生徒の学習到達度調査』明石書店，2010年。

文部科学省『小学校学習指導要領（平成29年告示）解説 算数編』日本文教出版，2018年。

Wild, C. J., & Pfannkuch, M., "Statistical thinking in empirical enquiry," *International Statistical Review*, 67 (3), 1999, pp. 223-265.

第9章
算数科教育の実践⑥
──数学的活動を通した学習指導──

〈この章のポイント〉

　算数科では，数学的に考える資質・能力を，数学的活動を通して育成することが目標とされている。数学的活動を通した指導を考察し実践していくためには，その趣旨を踏まえ，数学的活動を位置づけた学習過程を目標と内容に即して具体化するとともに，その過程で働かせる数学的な見方・考え方を明らかにすることが必要である。本章では，数学的活動の意義，過程，および学習指導について学ぶ。

1　数学的活動の意義

1　数学的活動の趣旨と意味

　新学習指導要領では，算数科の目標の冒頭において「数学的な見方・考え方を働かせ，数学的活動を通して」と述べられている。従来の教科目標と比べ，用語が「算数的活動」から「数学的活動」に変更されるとともに，数学的活動において「数学的な見方・考え方」を働かせることが明示されている。本節では，従来の算数的活動と比較しながら，新学習指導要領における数学的活動の趣旨，意味，位置づけ，類型，数学的な見方・考え方との関係を概観し，学習指導にあたっての留意点を確認する。

　算数的活動は，学習指導要領［1998年改訂］の教科目標において，その冒頭に「数量や図形についての算数的活動を通して」と述べられる形で導入された。算数科の目標を実現するための学習指導の方法として位置づけられたのである。

　算数的活動は「児童が目的意識をもって取り組む算数にかかわりのある様々な活動」と定義され，作業的・体験的な活動だけではなく，探究や発展等の活動も含むものとされた。そして，その趣旨について「算数的活動を積極的に取り入れることによって，算数の授業は，教師の説明が中心であるものから，児童の主体的な活動が中心となるものへと転換していくであろう」と述べられるとともに，算数を学ぶことの楽しさやよさを児童が感じられるよう，授業を改善することが意図されている（文部科学省，1999，14～15ページ）。

▷1　改訂に向けての教育課程審議会においては「作業的・体験的な活動など算数的活動」という形で述べられ，手や身体を使った外的な活動が強調されていた。その後，学習指導要領解説において「活動の意味を広くとらえれば，思考活動などの内的な活動を主とするものも含まれる」ものとして捉え直された。

学習指導要領［2008年改訂］では，小学校，中学校，高等学校を通して算数的・数学的活動をいっそう充実させ，基礎的・基本的な知識・技能，数学的な思考力・表現力，算数・数学を学ぶことの楽しさや意義の実感を，活動を通して育むことが求められた。そして，算数科・数学科の目標に「算数的（中・高は数学的）活動を通して」と述べられ，教科目標の構造が統一された。

算数的活動の定義は従来と同様であったが，その意味について，「作業的・体験的な活動など（中略）が挙げられることが多いが，そうした活動に限られるものではない」と断りが入れられ，「算数に関する課題について考えたり，算数の知識をもとに発展的・応用的に考えたりする活動や，考えたことなどを表現したり，説明する活動は，具体物を用いた活動でないとしても算数的活動に含まれる」という例示がなされた（文部科学省，2008a，10ページ）。

▷2 「児童が目的意識をもって主体的に取り組む算数にかかわりのある様々な活動」として，「主体的に」が追加された。

▷3 「教師の説明を一方的に聞くだけの学習や，単なる計算練習を行うだけの学習は，算数的活動には含まれない」と述べられ，児童が目的意識や主体性をもって取り組めるようにすることがいっそう求められることになった。

このように，学習指導の方法として算数的活動が位置づけられ，知識・技能，思考力・表現力，算数を学ぶことの楽しさや意義の実感などを，算数的活動を通して養うことが求められてきた。算数的活動には作業的・体験的な活動だけではなく数学的な思考や表現の活動が含まれるとともに，児童の目的意識や主体性が強調されている。以上のことは，新学習指導要領でも継承されている。

新学習指導要領では，これからの時代に求められる資質・能力の育成が求められ，その育成のために学習過程の果たす役割が重要であるとされた。具体的には，算数科・数学科では，育成を目指す「数学的に考える資質・能力」が，「知識及び技能」「思考力，判断力，表現力等」「学びに向かう力，人間性等」の三つの柱に沿って明確化された。そのうえで，数学的に考える資質・能力の育成のために重視する学習過程（第2節 1 で詳述する）に数学的活動を位置づけるとともに，その過程で働かせる「数学的な見方・考え方」が明示された（第1節 4 で詳述する）。このように，小・中・高共通して数学に固有な学習過程と見方・考え方が強調されたことに伴い，算数的活動は「数学的活動」と改められた。

算数科における数学的活動は「事象を数理的に捉えて，算数の問題を見いだし，問題を自立的，協働的に解決する過程を遂行すること」と定義された。この定義は，従来の算数的活動の定義を踏襲しながら，その定義を問題発見・解決の過程に位置づけて捉え直したものである（文部科学省，2018，23ページ）。

したがって，数学的活動を通した指導にあたっては，これまで以上に学習過程を重視し，その過程に数学的活動を位置づけるとともに，その過程で働かせる数学的な見方・考え方を明確にすることにより，数学的に考える資質・能力を数学的活動を通して育成していくことが必要になる。

2 数学的活動の位置づけ

　学習指導要領［2008年改訂］では，各学年の内容ごとに4〜5個の算数的活動が例示された。これに対し，新学習指導要領では，数学的活動は三つ（第1学年〜第3学年は四つ）に類型化され，構造的に示されている。さらに，数学的活動は学習の内容や目的でもあるとされ，次のように述べられている。「数学的活動は，数学を学ぶための方法であるとともに，数学的活動をすること自体を学ぶという意味で内容でもある。また，その後の学習や日常生活などにおいて，数学的活動を生かすことができるようにすることを目指しているという意味で，数学的活動は数学を学ぶ目標でもある」（文部科学省，2018，72ページ）。

▷4　各学年において「内容の『A 数と計算』，『B 量と測定』，『C 図形』及び『D 数量関係』に示す事項については，例えば，次のような算数的活動を通して指導するものとする」と述べられた。

▷5　方法，内容，目的としての位置づけと，数学的活動と内容領域の関係は，現行学習指導要領の中学校数学科のもの（文部科学省，2008b，53ページ，82ページ）と同様である。

　さらに，A〜D領域と数学的活動の関係が，縦軸と横軸の関係で示され（図9-1），内容としての数学的活動はA〜D領域の内容と分けて指導するのではなく，A〜D領域の内容あるいはそれらを相互に関連させた内容の学習を通して実現することが強調されている。

　このように，今後の学習指導では，方法，内容，目的として数学的活動を的確に位置付けるとともに，内容としての数学的活動の学習を，他領域の内容の学習を通して実現する必要がある。

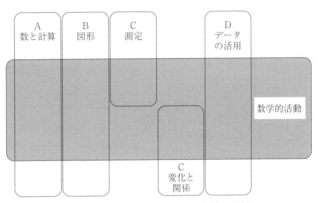

図9-1　数学的活動とA〜D領域の関係
出所：文部科学省（2018，41ページ）。

3 数学的活動の類型

　新学習指導要領では，各学年において三〜四つの活動に集約した形で，次のように数学的活動の類型が示されている。

　ア　数量や図形を見いだし，進んで関わる活動　（下学年のみ）
　イ　日常の事象から見いだした問題を解決する活動　（上学年ではア）
　ウ　算数の学習場面から見いだした問題を解決する活動　（上学年ではイ）
　エ　数学的に表現し伝えあう活動　（上学年ではウ）

　全学年に共通する活動であるイ，ウ，エは，日常生活と算数における問題発見・解決にそれぞれ対応するイとウ，および両者において必要となる説明に対応するエによって構成されている。下学年においては，身の回りの事象の観察や具体的な操作などを重視した活動として，アが追加されている。

　各類型の内容は，第1学年，第2学年〜第3学年，第4学年〜第5学年，第6学年に分けて示されており，各学年段階の学習内容に対応した質的な高まりが示されている。例えば，第1学年におけるイは「日常生活の問題を具体物な

▷6　イ，ウ，エの基本的な構造は，中学校数学科における数学的活動のア，イ，ウと同様である。小中の間でも数学的活動の質的高まりを実現し，円滑な接続を図ることが重要である。

どを用いて解決したり結果を確かめたりする活動」であり，第2学年～第3学年では解決等の対象が「日常の事象から見いだした算数の問題」に，解決等に用いるものが「具体物，図，数，式など」になっている。解決の振り返りにかかわる活動については，第4学年～第5学年において解決の結果を「日常生活等に」生かすことが，第6学年において「解決過程を振り返り，結果や方法を改善」することが追加されている。

エでは，説明に用いるものとして言葉，数，式，図，表，グラフなどがあげられ，第6学年ではそれらを「目的に応じて」用いることが求められている。説明の対象は「問題解決の過程や結果」であり，事実や手続き，思考の過程，判断の根拠，工夫したことが例示されている（文部科学省，2018，73～75ページ）。

したがって，数学的活動を通した指導にあたっては，上述の類型を視点として，内容に適した数学的活動を設定するとともに，学年段階の上昇に伴う数学的活動の質的な高まりを実現できるようにすることが重要である。

4 数学的な見方・考え方を働かせること

新学習指導要領では，算数科・数学科の目標において「数学的な見方・考え方を働かせ，数学的活動を通して」と述べられ，数学的活動において数学的な見方・考え方を働かせる必要があることが明示されている。そして，資質・能力と見方・考え方を相互に高めていくことが重要であるとして，次のように述べられるとともに，各学年段階までに育成を目指す資質・能力と対応させる形で，数学的活動において働かせる数学的な見方・考え方が示されている（文部科学省，2018，22ページ）。

> 算数の学習において，「数学的な見方・考え方」を働かせながら，知識及び技能を習得したり，習得した知識及び技能を活用して課題を探究したりすることにより，生きて働く知識の習得が図られ，技能の習熟にもつながるとともに，日常の事象の課題を解決するための思考力，判断力，表現力等が育成される。そして，数学的に考える資質・能力が育成されることで，「数学的な見方・考え方」も更に成長していくと考えられる。

数学的な見方・考え方は，算数科・数学科に固有な物事を捉える視点や考え方である。「数学的な見方」は「事象を数量や図形及びそれらの関係についての概念等に着目してその特徴や本質を捉えること」であり，「数学的な考え方」は「目的に応じて数，式，図，表，グラフ等を活用しつつ，根拠を基に筋道を立てて考え，問題解決の過程を振り返るなどして既習の知識及び技能等を関連付けながら統合的・発展的に考えること」であると定義されている（文部科学省，2018，22～23ページ）。

このように，数学的活動を通した指導にあたっては，その活動においてどの

▷7 「数学的な考え方」は従来，1958（昭和33）年および1968（昭和43）年改訂において教科目標に導入された。また，「数学的な考え方」あるいは「数学的な見方や考え方」として，評価の観点の名称としても用いられてきた。意味や位置づけはさまざまであるが，おおむね，算数・数学にふさわしい創造的な活動を行う際に働かせる考え方であると捉えられる（例えば，中島，1982/2015）。新学習指導要領では，深い学びを実現するために「見方・考え方」が重要な鍵になるとされ，全教科等において「見方・考え方」を明確にすることが求められた。ここでの「見方・考え方」とは，「どのような視点で物事を捉え，どのような考え方で思考していくのか」を意味する。この文脈において，「数学的な見方・考え方」は，算数科・数学科ならではの物事を捉える視点や考え方として捉え直されることになった（文部科学省，2018，4ページ）。

ような数学的な見方・考え方を働かせるのかを明確にすることとともに，育成を目指す資質・能力との対応に留意することが重要である。

2 数学的活動の過程

1 数学的活動と問題発見・解決の過程

新学習指導要領では，資質・能力の育成のために学習過程の果たす役割が重要であるとされ，算数科・数学科における学習過程のイメージが「算数・数学の問題発見・解決の過程」として図式化された（図9-2）。この過程では，問題を解決することだけでなく，問題解決の過程を振り返って新たな問題を見いだし，統合的・発展的に考察を進めていくことや，そうした考察に自立的・協働的に取り組むことの重要性が強調されている（文部科学省，2018，8ページ）。

図9-2は，相互にかかわり合う二つのサイクルによって構成されており，中央の「数学的に表現した問題」などは両者に共通である。算数科では，左の「現実の世界」側の過程は「日常生活の事象を数理的に捉え，数学的に表現・処理し，問題を解決したり，解決の過程や結果を振り返って考えたりする」こと，右の「数学の世界」側の過程は「算数の学習から問題を見いだし解決したり，解決の過程や結果を振り返って統合的・発展的に考えたりする」ことと捉えられている。また，「これらの基盤として，各場面で言語活動を充実させ，それぞれの過程や結果を振り返り，評価・改善することができるようにするこ

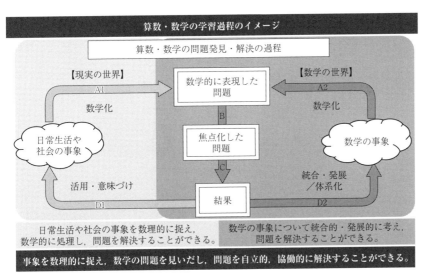

図9-2　算数・数学の問題発見・解決の過程
出所：中央教育審議会（2016，30ページ）。

とも大切である」と述べられている（文部科学省，2018，23～24ページ）。

数学的活動の類型と対応させるならば、「現実の世界」側の過程はア、「数学の世界」側の過程はイ、基盤としての言語活動はウ（下学年では順にイ，ウ，エ）に、おおよそ相当すると考えられる。

このように、今後の指導では、数学的活動を問題発見・解決の過程に位置づけ、数学的に考える資質・能力の育成を図る必要がある。その際には、問題発見・解決の過程のなかでもどの局面に主な焦点をあてるのかを、その授業の内容や目標に即して明確にするとともに、どのような数学的な見方・考え方を働かせる必要があるのかを明らかにすることが重要である。

2 数学的活動と問題解決の研究

算数・数学の問題発見・解決の過程（図9-2）は、算数・数学教育において「問題解決」として従来から重視されてきた過程が、今日的な学力観や「自立・協働・創造」の理念、資質・能力論などを踏まえて捉え直されたものであると考えられる。それゆえ、これまでの問題解決研究の蓄積を生かしていくことが、今後ますます重要になる。

問題解決については、古くはポリア（1954）がその重要性を指摘するとともに、問題解決において重要な問いと注意を「問題を理解すること」「計画を立てること」「計画を実行すること」「振り返ってみること」という四つの相に分けて提示した。例えば、「計画を立てること」においては「関連する問題を知っているか」や「すでに解かれた似よりの問題を利用することができるか」などがあげられ、いわゆる「見通し」に相当する過程に焦点があてられている。「振り返ってみること」においては、解決の「結果や方法を他の問題に利用することができないか」などがあげられ、発展や応用が重視されている。これらの研究は日本の算数・数学教育にも多大な影響を与えてきた。

島田は、「現実の世界」における問題と「数学の世界」における数学の理論を中心として「数学的活動」を捉え、その過程を図式化している（島田，1995，15ページ）。そして、問題に対して条件・仮説を設定して抽象化・現実化・簡単化をし、数学の理論が適用可能になるようにすることと、結論を導くために数学の理論が十分でない場合に新理論を追加したり、数学の理論を用いて導いた結論が実験・観察の結果と照合されない場合に条件・仮説を修正したりすることなど、現実の世界と数学の世界の間をダイナミックに行き来しながら進展していく過程を描写している。

学習指導要領では、1989（平成元）年改訂の際の『指導計画の作成と学習指導』において、ポリアの四つの相が取り上げられるとともに、「問題の構成（設定）」が追加された。そして、算数科の目標の実現のために、問題解決を「解

決の実行」のみを意味するものなどと狭く捉えるのではなく，問題の構成（設定），問題の理解（把握），解決の計画，解決の実行，解決の検討のすべてを含むものとして捉えることが重要であるとされた（文部省，1991，33〜34ページ）。

新学習指導要領の改訂に向けての教育課程部会においては，算数・数学の問題発見・解決の過程（図9-2）の前提として，「資質・能力の育成のために重視すべき学習過程の例」が，小中高共通の形で述べられた。算数科では，「疑問や問いの気付き」「問題の設定」「問題の理解，解決の計画」「解決の実行」「解決したことの検討」「解決過程や結果の振り返り」「新たな疑問や問いの気付き」であり（中央教育審議会，2016，28ページ），前述のポリアや文部省と同趣旨の過程である。それゆえ，算数・数学の問題発見・解決の過程は，従来から重視されてきた問題解決の過程が，今日的に捉え直されたものと考えることができる。したがって，問題解決研究の知見を生かしていくことが重要である。

例えば，清水は，問題解決研究のレビューをもとに，問題解決ストラテジーの指導における論点の一つとして「学習者の意識性」をあげ，次のように述べている。「『解き方の反省』は解く行為以上のものであり，自分が行った行動の反省を伴わないストラテジー使用は，その効果が期待できないであろう。換言すれば，仮に生徒があるストラテジーを知っていても，困難な問題に直面したときにそれを用いるようになることとは全く違うことであり，それにはストラテジー使用に対する学習者の意識性が鍵を握っていると考えられる」。さらに，「学習者としての問題解決者には，単に個々のストラテジーを知っているだけではなく，それがいつどのように使われうるのかという認識も要請される」と述べている（清水，2007，319〜320ページ）。

問題解決ストラテジーを数学的な見方・考え方に置き換えても同様のことがいえるであろう。すなわち，数学的な見方・考え方は，単に数学的活動に取り組むことだけで身につけられるわけではなく，その過程を振り返り，数学的な見方・考え方の働きを意識することが必要であり，その際には，どの局面において，どのような見方・考え方が働いたかを特定することが重要であろう。

3　数学的活動を通した学習指導

1　数学的活動を通した学習指導に向けて

数学的活動を通した学習指導について，上述の数学的活動の意義と過程から示唆された配慮事項を要約すると，次のようになる。一つ目は従来から，二つ目以降は新学習指導要領において重視されていることである。なお，これらは独立ではなく，相互に関係することに注意されたい。

▷8　要素間の関連として，解決の検討をもとに次の問題を構成することの重要性について，次のように述べられている。「解決の検討は，問題解決の過程やその成果などを適切に評価し，はっきり分かったことや次に検討すべきことを明確にすることといってよい。（中略）このことは，主体的に学習に取り組む児童を育てることからみても，次時以降の問題解決において問題の構成，理解などの精神的，時間的な負担を軽減し，全精力を，解決の計画，実行，及び検討に振り向けることができるようにすることからみても重要である」（文部省，1991，34〜35ページ）。このことは，今日の算数・数学の問題発見・解決の過程（図9-2）における「結果」から「事象」や「数学的に表現した問題」へと進む際の学習指導を考えるための重要な視点になると考えられる。

▷9　この過程は，現行学習指導要領の中学校数学科において，数学的活動の過程として述べられたこと（文部科学省，2008b，52ページ）と同趣旨である。

○児童が目的意識をもって主体的に取り組めるようにすること
○数学的活動を通して育成を目指す資質・能力を明確にすること
○学習指導の方法として数学的活動を位置づけることに加え，内容，目的としても的確に位置付けること
○類型を視点として，授業の目標や内容に適した数学的活動を設定すること
○数学的活動を問題発見・解決の過程に位置づけ，その過程を授業の内容に即して具体化するとともに，その過程で働かせる数学的な見方・考え方を明らかにすること
○数学的活動の過程を振り返り，数学的な見方・考え方の働きを意識することができるようにすること

以下では，これらの配慮事項を具体的な題材に即して例示する。

2 具体的な考察

① 題材について

例として，2008（平成20）年度全国学力・学習状況調査における中学校数学のB問題3を取り上げる。比例の利用における数学的な見方・考え方を問う問題である[10]（文部科学省・国立教育政策研究所，2008，268ページ）。

▷10 当時の学習指導要領においては中学校第1学年の内容に対応していたが，学習指導要領［2008年改訂］と新学習指導要領においては小学校第6学年算数科の内容であり，同趣旨の問題は現行のすべての検定教科書に掲載されている。

文化祭でパネルを作ることになり，ベニヤ板と釘が必要になりました。
次の（1）から（3）までの各問いに答えなさい。

（1）学校に保管してあった同じ種類のベニヤ板をたくさん用意しました。
そのベニヤ板の枚数を，次のようにして求めました。

> 1枚の厚さが4mmのベニヤ板を全部積み重ねて，厚さをはかったところ，約60cmありました。
>
>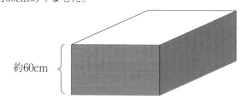
>
> 約60cm
>
> 60÷0.4＝150
>
> したがって，ベニヤ板の枚数は約150枚です。

上のように，ベニヤ板1枚の厚さが分かっているとき，ベニヤ板の枚数を求めるために，次のような考えが使われています。

> 枚数を直接数えなくても，全体の 〔　　〕 を調べれば全部の枚数が求められるので，枚数を 〔　　〕 に置きかえて考える。

> 上の □ には，同じことばが当てはまります。そのことばを書きなさい。

　この問題の(1)の正答率は72.3%である。(2)では，同じ種類の釘の本数を求めるために，釘全体の重さが約400gであることがわかっている時に，ほかに何を調べればよいかを「ア 釘1本の長さ，イ 釘1本の重さ，ウ 釘1本の太さ」のなかから選択し，どのような計算をすればよいかを記述することが問われた。イを選択した反応率の合計は89.1%であり，記述を含めた正答は51.9%であった。

　そして(3)として，二つの場面を統合することが問われた。具体的には，「同じものがたくさんあるときには，その総数を工夫して求めることができます」として，(1)と(2)の方法に共通する考えを「ア 総数を直接数える，イ 総数を厚さから求める，ウ 総数を重さから求める，エ 比例を利用する，オ 反比例を利用する」から選択することが問われた。エは50.5%にとどまり，ウは25.8%に上った（ア：2.9%，イ：6.1%，オ：12.6%）。

　このことは，選択式であれば具体的な場面に即して数量やその関係を捉えられる生徒は多いのに対して，その過程で働かせる数学的な見方・考え方を意識している生徒は少ないことを示唆している。教育課程や調査対象は異なるが，小学校第6学年の児童も多くは同様の状況にあることがうかがえる。

② 児童の目的意識と主体性

　以下では便宜上，(1)と(2)のなかでは(1)のベニヤ板の枚数を主として取り上げる。この題材では，ベニヤ板の枚数を求めるために，それがほかのどのような数量と関係づけられるのか（ベニヤ板の厚さ）を明らかにしたうえで，それらの関係（比例の関係）を考察し，解決に利用することが重要である。

　このような活動に児童が目的意識をもって主体的に取り組めるようにするためには，ベニヤ板の枚数を知る必要性と，そのために他の数量に着目する必要性を明らかにすることが必要である。前者としては，ベニヤ板をものづくりに使うなどの日常生活の場面を設定することなどが考えられる。

　後者は，ベニヤ板の枚数を1枚ずつ数えることは大変であるため，枚数を工夫して求める方法を考えたいと思えるような状況を設定することである。「関数の考え」との関連で述べれば，「新しく考察の対象としている未確定の，または複雑なことがら（これをyとして）を，よくわかった，または，コントロールのしやすいことがら（x）をもとにして，簡単にとらえることができないか」（中島，1982/2015，181ページ）を問いとする前提として，考察の対象としていることがらが「未確定」または「複雑」であるという認識である。例えば，枚数を見た目で予想させたり，枚数を数える作業をある程度やらせたりすることな

▷11 「関数の考え」の詳細は，本書の第7章を参照されたい。

どが考えられる。そのうえで，厚さなどの情報を与えず「ベニヤ板の枚数を工夫して求める方法を考える」ことを問題とすることが考えられる。

③　数学的活動の位置づけと育成を目指す資質・能力

この問題の解決にかかわる数学的活動を通して育成を目指す資質・能力は，第6学年の「C　変化と関係」における「伴って変わる二つの数量やそれらの関係に着目し，変化や対応の特徴を見いだして，二つの数量の関係を表や式，グラフを用いて考察する力（思考力，判断力，表現力等）」と，「数学的に表現・処理したことを振り返り，多面的に捉え検討してよりよいものを求めて粘り強く考える態度，数学のよさに気付き学習したことを生活や学習に活用しようとする態度（学びに向かう力，人間性等）」に対応する。

問題に即して具体化すると，前者では，ベニヤ板の枚数と伴って変わる数量（ベニヤ板の厚さ）に着目し，それらの関係（比例）を見いだすことに，後者では，そのように見いだし着目したことによってベニヤ板の枚数を効率よく求めることができることのよさに気付いたり，そのことをほかの事象の考察に活用しようとしたりすることに重点が置かれる。数学的活動は学習の方法として位置づけられる。

また，一連の活動の過程を振り返ることにより，日常生活の事象を数理的に捉え，問題を解決する方法を学ぶことも可能である。この場合には，数学的活動は学習の内容として位置づけられる。

④　数学的活動の類型と過程

数学的活動の類型としては，新学習指導要領第6学年のア「日常の事象を数理的に捉え問題を見いだして解決し，解決過程を振り返り，結果や方法を改善したり，日常生活等に生かしたりする活動」に相当する。

具体的には，「数理的に捉えること」は，ベニヤ板の枚数と関係づけられるほかの数量に着目し，両者が比例の関係にあることに着目して事象を捉えることである。「解決過程を振り返ること」は，ベニヤ板の枚数と釘の本数を求める際に共通する考えとして，ほかの数量との比例関係に着目して解決したことを意識したり，同じように解決することができるほかの事象を見いだしたりすることである。振り返るためには解決の過程を表現しておく必要があるため，数学的活動のウ「問題解決の過程や結果を，目的に応じて図や式などを用いて数学的に表現し伝えあう活動」を合わせて設定することも考えられる。

算数・数学の問題発見・解決の過程については，図9-2の「現実の世界」において，「日常生活（や社会）の事象」からA1→B→C→D1と進む1周の過程に相当する。児童の学習状況に依存するが，このなかでも，ベニヤ板の枚数と関係づけられるほかの数量（ベニヤ板の厚さ）を見出し，問題を設定するA1と，それらが比例の関係にあることを見出すBに重点が置かれる。同じよ

うに解決することができる他の事象や問題を見出したり解決したりすることにも取り組む場合には，2周目のサイクルに入ることになる。

⑤ 数学的な見方・考え方とその意識化

　数学的活動において働かせる数学的な見方を具体化すると，ベニヤ板の枚数を求めるために，ベニヤ板の枚数を他の数量（厚さ）と関係づけて捉えようとすることや，それらが比例の関係にあることに着目して，事象の特徴を捉えようとすることである。

　数学的な考え方は，式や表などを用いながら，比例に関する知識や技能をもとにベニヤ板の枚数を求めることや，解決の過程を振り返ってよりよい解決を考えることである。後者としては，枚数と比例の関係にある厚さに着目したことを振り返ることにより，枚数と比例の関係にあるほかの数量として重さに着目したり，厚さと重さのどちらに着目したほうがよいかを検討したりすることがあげられる。さらに，ベニヤ板の枚数と釘の本数を求める際に共通して用いた比例の関係やその用い方に着目して，二つの事象を統合することや，同じようにして解決できるほかの事象を見出し，考察することも含まれる。

　これらの数学的な見方・考え方を身につけるためには，数学的活動に取り組むだけではなく，その過程を振り返り，見方・考え方の働きを意識することが重要である。例えば，前述の数学的な見方の前提には，「ベニヤ板の枚数は他のどのような数量と関係づけられるか」という問いがあり，その問いについて考える必要性は，「ベニヤ板の枚数を1枚ずつ数えることは大変である」という状況において生じるはずである。これらの問いや状況にかかわる児童の発言や記述を取り上げ，数学的な見方・考え方にかかわる児童の説明と対にした形で記録に残しておくことで，どのような局面において，どのような見方・考え方が有効に働いたかを児童が意識することが可能になると考えられる。

Exercise

① 「数学の事象」から始める数学的活動を通した指導について，検定教科書や学力調査の問題を用いて具体的に考察してみよう。また，本章第1節の 3 で例示した「日常生活の事象」から始める場合との類似点や相違点を検討してみよう。

② 小学校第6学年と中学校第1学年における数学的活動の類型や具体例を比較し，類似点と相違点を検討し，小・中の接続をどのように図るかを構想してみよう。

📖 次への一冊

中島健三『復刻版 算数・数学教育と数学的な考え方——その進展のための考察』東洋館出版社，2015年（原著出版1982年）。
　「数学的な考え方」が導入された際の学習指導要領改訂にあたった著者が，算数・数学にふさわしい創造的な活動を行う能力と態度としての「数学的な考え方」とその育成について具体的に述べている。今日的な「数学的な見方・考え方」の育成にどのように生かすことができるかを考察されたい。

島田茂編著『新訂　算数・数学科のオープンエンドアプローチ——授業改善への新しい提案』東洋館出版社，1995年。
　正答がいくとおりにも可能になるように条件づけた問題を用いて，多様性を生かした指導と評価の方法を，豊富な事例とともに提案している。そのアプローチにおいて「数学的活動」を「現実の世界」と「数学の世界」から捉える枠組みを提示している。今日的な問題発見・解決の過程（図9-2）と比較検討されたい。

引用・参考文献

中央教育審議会「幼稚園，小学校，中学校，高等学校及び特別支援学校の学習指導要領等の改善及び必要な方策について（答申）別添資料」2016年。http://www.mext.go.jp/b_menu/shingi/chukyo/chukyo0/toushin/1380731.htm　（2017年9月30日閲覧）

文部科学省『小学校学習指導要領解説 算数編』東洋館出版社，2008年 a。

文部科学省『中学校学習指導要領解説 数学編』教育出版，2008年 b。

文部科学省『小学校学習指導要領（平成29年告示）解説算数編』日本文教出版，2018年。

文部科学省・国立教育政策研究所「平成20年度全国学力・学習状況調査　中学校　報告書」2008年。

文部省『小学校算数指導資料 指導計画の作成と学習指導』ぎょうせい，1991年。

文部省『小学校学習指導要領解説 算数編』東洋館出版社，1999年。

中島健三『復刻版 算数・数学教育と数学的な考え方——その進展のための考察』東洋館出版社，2015年（原著1982年）。

ポリア，G.，柿内賢信訳『いかにして問題をとくか』丸善，1954年（原著1945年）。

島田茂編著『新訂 算数・数学科のオープンエンドアプローチ——授業改善への新しい提案』東洋館出版社，1995年。

清水美憲『算数・数学教育における思考指導の方法』東洋館出版社，2007年。

第 III 部

算数科授業の設計と実践研究の課題・方法

第10章
算数科教育における教材研究の方法

〈この章のポイント〉

　授業の準備において欠かすことができない教師の営みの一つに，教材研究がある。算数科の教材研究は，教材の数学的な発展性や教育的価値などを吟味したうえで教材を再構成する教材開発の過程と，開発した教材を理論との対照や実践を通して評価・改善する教材評価の過程を通して行われる。本章では，この過程を概観したうえで，新学習指導要領における鍵概念である「数学的な見方・考え方」を軸にした教材研究や，教具との関連，教材研究の重要性を学ぶ。

1　算数科における教材研究の一般的な過程

1　教材研究の出発点

　教材研究には，教育の目標や内容を定めたのちに適切な教材を選択する方法と，教材の教育的価値などの分析の後に教育目標とのすり合わせを行う方法とがある。長期的にはこれらを組み合わせた複雑な過程で教材研究が行われる。本章では，子どもの数学的に考える資質・能力の育成という大きな目標を定めたうえで，後者の教材の分析を出発点とする教材研究を中心に述べていく。

2　教師による数学的活動

　ある教材がどのような教育的価値を有しているかについての分析に先立って，その教材がもつ数学的な意味や発展の可能性を教師自身が理解する必要がある。太田（2002）は中学校数学科教材について自身が行った教材研究を振り返り，それが教師にとっての数学的活動の場になっていたと述べている。中学校学習指導要領［1998年改訂］において，「事象を観察して法則を見つけて事柄の性質を明らかにしたり，具体的な操作や実験を試みることを通して数学的内容を帰納したりして，数学を創造し発展させる活動」（文部省，1999，14ページ）として目標に盛り込まれるようになった数学的活動には，その活動を通して数学を学ぶことを経験させることで，その過程のなかにみられる工夫や考えることの楽しさなどを味わえることや，その過程において数学的な考え方を用いることで数学的な見方や考え方が高まることが期待された。すなわち，教師自身

第Ⅲ部　算数科授業の設計と実践研究の課題・方法

が数学的活動を行うことは，数学的な意味や発展の可能性を明確にすることに加えて，その過程にみられる工夫や，そこで用いられる数学的な考え方などを明確にすることにも役立つことが期待できる。

　小学校の新学習指導要領においては，数学的活動はその意味を広げつつ具体化され，「事象を数理的に捉えて，数学の問題を見いだし，問題を自立的，協働的に解決する過程を遂行すること」（文部科学省，2018, 23ページ）として，算数科の目標にも掲げられるようになった。このことから，算数科においても数学的な見方・考え方を働かせた数学的活動を通して，子どもたちの数学的に考える資質・能力を育成することが求められている。すなわち，算数科の教材研究においても，教師自身が数学的な見方・考え方を働かせた数学的活動を行うことによって，育成を目指す数学的に考える資質・能力が明確にすることを期待できる。以下では具体的な事例によって，この過程を示してみよう。

▷1　本書の第2章を参照。

　教材研究の対象とする教材として，1089×9＝9801という計算について考える。この計算は，第3学年の3桁かける1桁の整数の筆算の応用の一つともみることはできるが，細水は次のような教材に再構成し，筋道を立てて考える能力を育成する教材として紹介している（細水，2018, 24ページ）。

〈左から見ても右から見ても同じ並び方になる計算〉
　A，B，C，Dに0～9までの数字を入れて計算が成り立つようにしましょう。

$$\begin{array}{r} \boxed{A}\boxed{B}\boxed{C}\boxed{D} \\ \times \quad\quad\quad 9 \\ \hline \boxed{D}\boxed{C}\boxed{B}\boxed{A} \end{array}$$

（同じ記号のところには同じ数字が入る）

　細水は，この問題を試行錯誤で解いた後に，考え方を振り返り筋道立てて説明できるようにすることで，次に$\boxed{A}\boxed{B}\boxed{C}\boxed{D}×4=\boxed{D}\boxed{C}\boxed{B}\boxed{A}$となるA，B，C，Dの値を求める際には，見通しをもって取り組めるようになると述べた。ここでは，この計算についての考察をさらに広げてみる。

　まず，ここで示された「×9」の場合と「×4」の場合以外にも同様な結果になる数がないか調べる。すなわち，$\boxed{A}\boxed{B}\boxed{C}\boxed{D}×k=\boxed{D}\boxed{C}\boxed{B}\boxed{A}$となる$k$について調べる。この調査対象は有限なので具体的に計算をすると，$2 \leq k \leq 9$では$k=9$の時の$\boxed{A}\boxed{B}\boxed{C}\boxed{D}=1089$と，$k=4$の時の$\boxed{A}\boxed{B}\boxed{C}\boxed{D}=2178$のみであることがわかる。

　次に，

$$1089 \times 9 = 9801$$
$$2178 \times 4 = 8712$$

という二つの計算を統合的に捉えることができないかを考える。ここで，

$$2178 = 1089 \times 2$$

であることに気づくと，この $\boxed{1}\boxed{0}\boxed{8}\boxed{9}$ という数が鍵になっているのではないかと推測ができる。そこで，ここまでの10進位取り記数法ではなく，5進位取り，6進位取り記数法で考えてみると，

　　5進位取り記数法：$1034 \times 4 = 4301$
　　6進位取り記数法：$1045 \times 5 = 5401$，　　$2134 \times 2 = 4312$

となっていることから，n 進位取り記数法では $\boxed{1}\boxed{0}\boxed{n-2}\boxed{n-1} \times (n-1)$ という計算が鍵であることを予想することができ，これは，

$$\boxed{1}\boxed{0}\boxed{n-2}\boxed{n-1} \times (n-1) = \boxed{1}\boxed{0}\boxed{n-2}\boxed{n-1}\boxed{0} - \boxed{1}\boxed{0}\boxed{n-2}\boxed{n-1}$$
$$= \boxed{n-1}\boxed{n-2}\boxed{0}\boxed{1}$$

として，同様の計算が成立することが確認できる。続いて，10進位取り記数法の「×4」の場合を改めて考えると，

$$2178 \times 4 = (1089 \times 2) \times 5 - (1089 \times 2)$$

となっていることから，右辺の「×2」と「×5」に注目し，これらを入れ替えて計算してみると，

$$(1089 \times 5) \times 2 - (1089 \times 5) = 5445 \times 2 - 5445 = 5445$$

となる。これより，

$$5445 \times 1 = 5445$$

という式を導き出すことができる。この計算は当然のようではあるが，$10 = 2 \times 5$ という数の構成から導き出せたために，6進位取り記数法の「×2」の場合を，

$$2134 \times 2 = (1045 \times 2) \times 3 - (1045 \times 2) = 4312$$

と捉え直せることと，

$$3223 \times 1 = (1045 \times 3) \times 2 - (1045 \times 3) = 3223$$

という式を導き出せることに加え，5進位取り記数法は「5」が素数であるゆえに同様な計算が「×1」を除くと一つだけであるという予想を立てることができる。文字を用いて表しなおすと，n がその約数として a をもつ場合には，n 進位取り記数法では，$\boxed{1}\boxed{0}\boxed{n-2}\boxed{n-1} \times (n-a)$ を計算することで，同様な

第Ⅲ部　算数科授業の設計と実践研究の課題・方法

▷2　$n=5$，6の場合を再び説明する。$n=6$の時，6は約数に1，2，3，6をもつ(以下，6は10と表記する)。約数1について($a=1$)，
$1045 \times (10-1)$
　$=1045 \times 5 = 5401$
である。また，約数2について($a=2$)，
$1045 \times (10-2)$
　$=1045 \times 10 - 1045 \times 2$
　$=(1045 \times 2) \times 3 - (1045 \times 2)$
　$=2134 \times 3 - 2134$
　$=2134 \times 2 = 4312$
となり，同様な計算が成り立つことが確認できる。約数3についても同様である。
一方で，$n=5$の時，5は素数であるので，約数は1と5のみである。したがってこの発想からは，約数1($a=1$)の場合の1通りで同様な計算が成り立つと予想することができる。

計算が成り立つと予想できる。▷2

また，この他の発展の方向性として，被乗数が4桁ではない場合なども考えることができる。

以上を踏まえると，本教材の学習を通して育成を目指す数学的に考える資質・能力としては，整数のかけ算に関する「知識及び技能」や細水の述べた筋道を立てて考える能力，筋道を立てて考えようとする態度のほかにも，統合的に考えようとする態度や統合的に考える力，数の構成に着目する数学的な見方などをあげることができる。

この「教師自身による数学的活動」のポイントは，指導対象の子どもたちの立場で考察するのではなく，自身の数学的な見方・考え方を総動員して考察することである。考察の過程では，必要に応じてICTなどの機器を用いることや，数学の専門書などから確かな知識を得ることも重要である。そのようにして，教材の内容とその考察方法について教師自身が深く理解しておくことによって，子どもたちから発せられた「意外な」考えに対応する際の根拠を得ることができる。

3　教材のもつ教育的価値の分析

教師自身による数学的活動では，上述のように，教師自身がその教材を数学的に意味づけたり，その活動で働かせる数学的な見方・考え方を明らかにしたりするといったことが行われる。しかしながら，そこでは「子どもの数学的に考える資質・能力を育成する」という視点は必ずしも用いられておらず，この教材にどのような教育的価値があるのかについては改めて検討する必要がある。

教育的価値は教育の目的や目標との適合性から判断できるものであり，判断に先立って，算数・数学教育の目的や目標を，教材をみる視点としてもつ必要がある。杉山(1990)は，算数科の教材研究において算数・数学教育の目的達成の視点をもつことの重要性を説き，その視点を次の手順で具体化した。まず，さまざまな時代や国で述べられてきた算数・数学教育の目的を整理し，そこで用いられている動詞に着目することで，これらを「知識・理解に関すること」「能力に関すること」「習慣・態度に関すること」の三つにまとめた。次に，この動詞の対象となる具体的な内容を，「数学の発生や数学を創造すること」「数学的知識，技能」「数学の応用，有用性」「数学の性格，特徴」の四つに大きくまとめることで，先の三つの観点と組み合わせて次の12の視点を導出した(杉山，1990，25〜26ページ)。

(1)数学の発生や創造について知る
(2)数学を創造することができる力を育てる
(3)数学を創造，発展させようとする態度を伸ばす

(4)数学的な知識，技能を理解する

(5)数学的な技能を駆使できる

(6)数学的な知識，技能を知ろうとする意欲をもっている

(7)数学が有用であることを知る

(8)数学を用いることができる

(9)数学を活用しようとする態度を身につける

(10)数学のよさ，特徴，価値を知る

(11)形式化したり，一般化したりすることができる

(12)より単純，明瞭，能率的なものにしようとする態度を身につける

　杉山が動詞を視点にまとめた「知識・理解に関すること」「能力に関すること」「習慣・態度に関すること」という三つの観点は，数学的に考える資質・能力の三つの柱にそのままあてはまる観点である。この12の視点のように算数・数学教育の目的や目標を具体的にあげ，それぞれの視点から一つの教材を多面的に捉える「分析」は，「子どもたちに学ばせる価値を有している」という教材の存在意義を示すうえで最も重要な過程である。また，このような教育的価値を視点として教材を分析すると，改めて教師自らの数学的活動が必要になる場合が多々ある。これら二つの過程を行き来することで，教材について深く理解することができる。

4　教材の再構成

　教師自身による数学的活動と教材の分析を通して，数学的な意味や発展性，教育的価値が明確になったが，授業で教材を実際に用いて意図した学習活動を展開するためには，子どもたちの興味関心や既習事項，発達段階などを踏まえて教材を再構成する必要がある。

　杉山は上記の12の視点に加え，「子ども自ら考え出す算数授業をつくる」ための視点として，子どもたちから発せられうる考えや子どもたちが考えうる方法といった反応を予想することや，それらの反応を引き出す方法を長期的な視野をもって検討することをあげた。さらに，教材を子どもたちに提示する場面を想定し，導入に使う数値についても慎重な検討が必要であることや，指導内容によっては日常的な問題場面を用いない課題設定が必要であることを説いた。

　これらは教師のもつ授業観とも大きくかかわる視点である。仮に，算数科の授業を，「数概念や計算方法などを教師が一方的に説明する授業」のように捉えているとしたら，これらの視点から教材を分析する必要性は感じないだろう。一方で，杉山のように「子ども自ら考え出す算数授業」を目指しているとしたら，子どもたちの既習事項は何で，どのよう発想をもつかなどについての分析は欠かせない。例えば，先にあげた細水が紹介した教材において，導入で

第Ⅲ部 算数科授業の設計と実践研究の課題・方法

提示する問題の空欄の箇所を，次のように変更したとする（以下のN）。

$$
\begin{array}{r}
1089 \\
\times \quad \boxed{N} \\
\hline
9801
\end{array}
$$

　この場合に想定できる子どもの反応は，Nに具体的な数を代入して計算することであり，細水が想定したような試行錯誤は行われず，筋道を立てて考える価値も実感されないであろう。また，空欄の箇所は変更せずに，「×4」の場合を導入として扱うと，Aの値について1と2の両方を検討する必要が生じるために，想定される試行錯誤がより複雑になると見込める。「×9」の場合に想定される試行錯誤でも，筋道を立てて考える価値を十分に実感させうることを踏まえると，場面がやや複雑になる「×4」の場合を考え方の応用場面として位置づけるほうが実りの多い授業になるだろう。

　場面設定については，主として，日常生活に関する場面として問題を設定する方法と，数学の事象を問題場面として設定する方法がある。日常生活に関する場面設定をする場合には，どのような問題場面を，どのような方法（黒板への掲示，プリント配布，教師と子どもたちの会話を通して設定など）で提示するかなど，多様な選択肢が考えられる。一方，数学の事象を問題場面として設定する場合にも，具体物を用意するのか，用意するならばどの場面で提示するかなど，設定の選択肢は多岐にわたる。このような選択肢からどのような方法を選択するかによって，子どもたちの問題場面の理解や動機づけに差異が出ることが考えられる。加えて，子どもたち自身が問題を設定する能力を養うという観点からも，大きな差異が生じるだろう。

　また，子どもたちから発せられる考えをどのように生かして，授業の目標を達成するかについても考える必要がある。子どもたちの多様な考えの生かし方やまとめ方については，古藤ら（1990）があげた四つの分類がよく知られている。表10-1の左列が多様性の種類であり，右列が生かし方やまとめ方の指針である。

　「Ⅰ．独立的な多様性」は，子どもの発表する多様な考えが「数学的なアイデアとしては形式の上では妥当であり，かつ，互いに無関係の場合」（古藤ほか，

表10-1　多様な考えの分類と生かし方，まとめ方

Ⅰ．独立的な多様性	：それぞれの考えの妥当性に着目して
Ⅱ．序列化可能な多様性	：それぞれの考えの効率性に着目して
Ⅲ．統合化可能な多様性	：それぞれの考えの共通性に着目して
Ⅳ．構造化可能な多様性	：それぞれの考えの相互関係に着目して

出所：古藤ほか（1990，22ページ）。

表10-2 統合化の方法

普遍化による統合	いくつかの考えを，それらの間に共通に存在する性質に着目して，新しく別の観点を導入することによってまとめること
止揚化による統合	一見，対立し相反すると思われる2つの考えを，新しい見方を導入して1つにまとめること
拡張化による統合	いくつかの考えのうちの1つに着目して，他の考えをそれに含ませること

出所：古藤ほか（1990, 28～30ページ）をもとに作成。

1990, 22ページ）であり，「教師はそれぞれの考え方が数学的な考えとして優れている点を全員に納得させることが大切である」（古藤ほか，1990, 26ページ）。「Ⅱ．序列化可能な多様性」は，子どもの発表する多様な考えが「数学的にみて，いちばんよい考え，次によい考え，…，というように，それのアイデアを効率性という見地から，序列化することができる場合」（古藤ほか，1990, 26ページ）である。古藤らは簡潔性を観点として序列化について説明しているが，新学習指導要領における算数科の目標にも記載されたように，明瞭性や的確性なども序列化の観点として考える必要がある。「Ⅲ．統合化可能な多様性」は，「一般化や拡張の考えなどにしたがって，工夫し案出したいろいろな考えを，その方法，または結果に着目して，1つにまとめることができる場合」（古藤ほか，1990, 28ページ）である。古藤らは，この統合化の方法として「普遍化による統合」「止揚化による統合」「拡張化による統合」の三つをあげた（表10-2）。これらの何が適用可能なのかを実際の授業の場のみで判断するのは容易ではない。子どもの反応の予想をできる限り充実させ，統合化の指針についてもあらかじめ検討しておくことが重要である。

「Ⅳ．構造化可能な多様性」は，「1つの課題に対する子供たちの解答は多様であるが，それらの考えはある観点からいくつかのグループにまとめることができ，さらに，それらのグループの間に関連性が認められ，全体として1つの体系としてまとめることができる場合」（古藤ほか，1990, 31ページ）である。この場合はそれぞれの考えの関連を検討するなかで「普遍化による統合」のように複数の考えを「同じもの」としてみなせる場合があるが，古藤らは，その見方が難しい場合には関連を示すにとどめるのが望ましいとしている。

以上のことをすべて検討してまとめると，教材開発とは，学習指導案を作成することとほぼ同義であるといえる。教材が常に学習指導案などの形式をとる必要はないが，求められれば学習指導案として具体化できるような検討をする必要がある。

5 教材の評価

「教材研究」というと，授業準備をさすものであるという認識が広まってい

るように思う。実際，授業の準備において欠かせない営みではあるものの，その射程は教材評価という形で授業中や授業後にも及ぶものである。本項では，算数・数学教育の理論や実践報告といったすでに蓄積された知見との対照による評価と，授業実践を通して行う評価について，それぞれ説明する。

算数・数学教育では，よりよく子どもたちを育成するための理論や実践報告がこれまでにも蓄積されてきた。とくに，小学校算数科を対象とした理論と実践報告は中学校以降の数学科を対象としたものと比べても充実しており，すべてを網羅することが困難なほどである。これらの知見は，教材研究のはじめに予備的知識として得ておくことも有益であるが，教材開発の後に改めて調べ，開発した教材と比較することで，教材が理論的または論理的に教育目的や教育目標を達成しうるものであるかを検討することができる。このような検討をせずに授業実践をした場合を考えると，授業がねらいどおりに展開されなかった時に，「事前の検討不足」以上の評価が得られにくい。また，当然のことながら，「うまくいかないことがわかっていた授業」を子どもたちに強いることになるという問題もある。一方で，仮に授業がねらいどおりに展開されたとしてもその根拠は不明確であり，次の教材研究に生かしにくくなるだろう。このような検討を複数名の教師で行うことはとても有意義であるが，その際にもできるだけ個人の経験のみに依るのではなく，根拠となる知見を確認したい。

理論的・論理的な教材評価を経た教材は授業実践で用いられることになるが，その授業の場や授業の後も教材研究における重要な過程である。宮本は授業実践を通した教材評価の過程を「教材活用」と称して教材研究に位置づけ，次のように述べている（宮本，2013，21ページ）。

> 教材についても，PDCA（Plan-Do-Check-Action）のサイクルに基づき，その効果を適切に評価し，それに基づく改善が求められる。その際，教材の良し悪しの判断は，専門家や権威者，あるいは，教師の直観によるものではなく，科学的に公認された手続きによって得られた証拠（エビデンス）に基づいてなされるべきである。

授業実践では事前に予想しえないさまざまなことが生じることがしばしばあるが，これらを「偶然」として済ませずに，教材という視点から，何が，なぜ，どのように起こったのかを見極めることが大切である。このような検討についても，複数名の教師で行うことが有意義である。とくに，宮本のいう証拠（エビデンス）を授業者が得ることは容易ではない。ただし，授業の参与観察を行う際には，授業者の言動のみに注目するのではなく，ビデオカメラなどの記録媒体にも残しにくい子どもたちの個々の思考過程に注目することが重要である。これらの詳細なデータが証拠（エビデンス）となり，教材の洗練や教師の教材研究をする力量のレベルアップにつながる。

2 数学的な見方・考え方を軸にした教材研究

　算数科の教材研究では，既習事項と後の学習の見通しを前提とする長期的な視野をもった教材研究が展開されてきた。例えば，わり算の問題場面にはどのようなものが考えられ，それらはどの順に扱うべきかといった問題や，乗数が小数になる場面でかけ算を用いることが子どもたちにとってどのように難しくて，その判断ができるようにするためにはどのような学習経験を事前に積ませる必要があるのかなどといった問題については，数学的な考え方などと関連づけながら多くの文献で解説されている。

　それに対し，新学習指導要領では，数学的な見方・考え方自体が豊かになっていく段階が，「思考力，判断力，表現力等」としてその他の二つの柱と関連づけて明示された点に大きな特徴がある。例えば表10-3をみると，第2学年～第3学年から第4学年にかけて，「必要に応じて具体物や図などを用いて」という箇所が「目的に合った表現方法を用いて」になっていることや，第5学年からは数学的な見方の対象に「計算の意味」が含まれるようになることがわかる。このように，新学習指導要領では数学的な見方・考え方についても長期的な視野をもちやすくなったとともに，教材研究においてそのような視野をもつ必要性が強調されたといえる。

　一方で，数学的な見方・考え方には内容領域に共通する側面による捉え方もあり，その様式によって，次の三つで説明されている（文部科学省，2018，25～27ページ）。

・日常の事象を数理的に捉え見通しをもち筋道を立てて考察する力
・基礎的・基本的な数量や図形の性質などを見いだし統合的・発展的に考察する力
・数学的な表現を用いて事象を簡潔・明瞭・的確に表したり目的に応じて柔軟に表したりする力

▷3　紙面の都合上，算数科の「A 数と計算」領域のみを抜粋した。

表10-3　「A 数と計算」領域に関する「思考力，判断力，表現力等」

小学校	思考力，判断力，表現力等（A 数と計算）
第1学年	ものの数に着目し，具体物や図などを用いて数の数え方や計算の仕方を考える力
第2学年 第3学年	数とその表現や数量の関係に着目し，必要に応じて具体物や図などを用いて数の表し方や計算の仕方などを考察する力
第4学年	数とその表現や数量の関係に着目し，目的に合った表現方法を用いて計算の仕方などを考察する力
第5学年	数とその表現や計算の意味に着目し，目的に合った表現方法を用いて数の性質や計算の仕方などを考察する力
第6学年	数とその表現や計算の意味に着目し，発展的に考察して問題を見いだすとともに，目的に応じて多様な表現方法を用いながら数の表し方や計算の仕方などを考察する力

出所：文部科学省（2018，18ページ）をもとに作成。

数学的な見方・考え方のこれらの側面については，これらを観点として各内容領域を学年ごとに整理した結果が示されているものの，これらの側面自体を各学年に対応させて段階づけることはされていない。整理された内容を視点にしながらこれらの側面を育成する教材を開発し，随時実践に取り入れていく必要がある。

3 教材研究における教具の取り扱い

新学習指導要領の「第2 各学年の目標及び内容」には，各学年において実現させる数学的活動が明記されており，例えば第1学年では以下のように記載されている（下線は筆者）。

ア 身の回りの事象を観察したり，<u>具体物</u>を操作したりして，数量や形を見いだす活動

イ 日常生活の問題を<u>具体物</u>などを用いて解決したり結果を確かめたりする活動

ウ 算数の問題を<u>具体物</u>などを用いて解決したり結果を確かめたりする活動

エ 問題解決の過程や結果を，<u>具体物</u>や図などを用いて表現する活動

ここに見られるのと同様に，小学校の第1学年〜第3学年では具体物を用いた数学的活動が重視されている。また，算数科の教科書には具体物や半具体物（ブロックやおはじきなど）を用いた活動が示されており，これら「教具」と呼ばれるものが算数科の学習の重要な要素であることがわかる。しかしながら，教具という語がさすものが何か，教材とはどう異なるのかについて，明確な解答は得られていないようである。教材との区別が明確でないということは，裏を返すと，教材研究においても重要な考察対象となるものであるといえる。そこで本節においては，数学的活動と関連づけて教具を捉えた平林（1987）にならって教具を捉え，教材研究との関連を述べていく。

平林は，数学的活動を誘引する教具のことを数学的教具と呼び，それがいかに使用されるかに着目して，「1．訓練器」「2．説明器」「3．構造器具」「4．問題場面（シツエーション）構成器」の四つに区分した。「1．訓練器」とは，フラッシュカードに代表される，条件反射的な反応ができるような訓練に用いるものである。「2．説明器」とは，ある特定の数学的概念，命題，理論を理解させるための説明で用いられるものである。「3．構造器具」とは，キズネール棒に代表される，数学的構造を理解させる目的で用いられるものである。「4．問題場面（シツエーション）構成器」とは，幾何盤やキズネール棒に代表される，子どもたちが問題を見出すことやその問題を解くことに駆り立てられることを促すために用いられるものである。

▷4 例えば平林（2016）は，余りのあるわり算の文章題に，問題が生じる文脈と問題解決の目的を付加した教材を用いて，日常の事象を数理的に捉えるうえで重要な「問題場面の解釈」を，子どもたちから多様に引き出している。

▷5 キズネール棒
ベルギーの小学校で音楽と算数を教えていたキズネール（G. Cuisenaire）が開発したとされている。1〜10の長さを表す10種類の棒で構成され，それぞれに色がついている。この棒を並べたり比較したりすることを通して，数概念の学習に役立てられる。

平林の区分をみてみると，キズネール棒がそうであるように，ある教具がその用途に応じて複数の区分に含まれることが考えられる。ほかにも，ICTを利用した作図ツールなどは「2．説明器」にも「4．問題場面（シツエーション）構成器」にもなるものであり，伝統的な教具であるおはじきも，子どもたちが自分の考えを説明する際の「2．説明器」や，新たな事柄を生成する際の「4．問題場面（シツエーション）構成器」になりうることが知られている（小松，2014）。

このように，教具はその用途を明確にしておくことで意図した学習の実現に寄与するものであるが，その一方で，ある教具がどのような学習のどのような目的に寄与するかについて考察することも重要である。例えば，キズネールの教具が数学的構造の学習に寄与することに気づいたのはキズネール自身ではなく，キズネールの授業を参観した数学者のガッテニョーであるとされる（平林，1987）。コンピュータを授業で活用することについては，新学習指導要領でさらに具体的に強調されるようになったが，発展著しいこれらの機器に関してはとくに，目的を定めずに教師自身が「遊んで」みることによって，その教育的価値を吟味していくことが必要であろう。

また，教具は「学習具」と称されることもあり，子どもが自らの必要に応じて用いることができるようにすることも大切である。例えば立体図形の体積を考える学習では，画用紙を用いて立体を構成して考えたり，ブロックを積み重ねて考えたり，容器に水を入れて考えたりすることなどが考えられる。ICTについても，例えばGeoGebra◁6というソフトウェアは作図や関数のグラフの作成のみならず，統計領域に関してもその機能を拡大させている。「データの活用」領域で考察対象とする事象は，データが多いからこそこの領域の学習の必要性を感じるものが多い。そのような学習場面で子どもたちが必要に応じてGeoGebraのようなソフトウェアを用いることができるように，学習環境や教室文化を整えていきたい。

▷6　GeoGebra
幾何・代数・統計・解析を結びつけた動的な数学ソフトウェアであり，WindowsやmacOS, Linuxといった複数のOSで使用可能なフリーソフトである。また，Googleのアプリとしても提供されている。現在も開発が続けられ，世界中で広く使用されている。

Exercise

① 第1節で例示した「左から見ても右から見ても同じ並び方になる計算」について，4桁以外の数はどのような数になるだろうか。またそれらの結果はどのように統合することができるか考えてみよう。

② 第2節で考察した「数学的な見方・考え方」を軸にした教材研究について，表10-3の各学年の数学的な見方・考え方を働かせるような教材を教科書から一つずつあげてみよう。同様に，「A 数と計算」領域以外についても教科書を分析してみよう。

📖 次への一冊

文部科学省『中学校学習指導要領（平成29年告示）解説数学編』日本文教出版，2018年。
　2017年の改訂では，学年が2学年ごとにまとめて考えられるようになり，中学校との接続がより強調されるようになった。中学校以降の数学科ではどのような目標でどのような数学的な見方・考え方，数学的内容が扱われるのかについて知ることは，算数科の教材研究にとって非常に有益である。

新算数教育研究会編『新しい算数研究4』東洋館出版社，2017年。
　特集として「新学習指導要領で教材研究はこう変わる！」が組まれている。算数科の教材研究はこれまで多くの価値ある実践を蓄積してきたが，その多くは算数の内容に関するものであった。数学的に考える資質・能力の育成を第一にあげたことで，これまでの教材研究とのどのような質的な差異が生じるのかを確認したい。

杉山吉茂『力がつく算数科教材研究法』明治図書出版，1990年。
　発行から30年が経とうとしている文献であるが，算数科の教材研究を進めるうえでこの文献から学べることは今日でも色褪せない。一度通読した後も，繰り返し読むことで教材研究についての理解を深めたい。

引用・参考文献

平林一栄『数学教育の活動主義的展開』東洋館出版社，1987年。
平林真伊「数学的モデル化過程からみた算数科文章題の特質——余りのあるわり算に関する調査を通して」『科学教育研究』40(2)，2016年，144～154ページ。
細水保宏「根拠を元に筋道立てて考えるって楽しい！」筑波大学附属小学校算数研究部編『算数授業研究』115，2018年，24～25ページ。
小松孝太郎『算数・数学教育における証明指導の改善』東洋館出版社，2014年。
古藤怜，新潟算数教育研究会『算数科　多様な考えの生かし方まとめ方』東洋館出版社，1990年。
宮本友弘「教材研究」日本教材学会編『教材事典』東京堂出版，2013年，20～21ページ。
文部科学省『小学校学習指導要領（平成29年告示）解説算数編』日本文教出版，2018年。
文部省『中学校学習指導要領（平成10年12月）解説数学編』大阪書籍，1999年。
太田伸也「教材開発を通して考えたこと」『学芸大数学教育研究』14，2002年，13～24ページ。
杉山吉茂『力がつく算数科教材研究法』明治図書出版，1990年。

第11章
算数科における授業の設計と実際

〈この章のポイント〉
　新学習指導要領が目指す新しい算数科授業の設計について，その要点を学ぶ。そのために本章では，まず，「数学的な見方・考え方」を働かせること，および「数学的活動」というキーワードをもとに授業の設計に関わる要点について考える。次に，具体化に向けた3つの視点（長期的な育ちを視野に入れた単元計画，「まとめ」のあり方の再考，子どもが主体的・対話的で深い学びを営むための学びの文脈を開発）について概観する。そのうえで，実際に第1学年の「ひきざん」に関する算数科授業を事例に，授業づくりについて検討する。

1　新しい算数科授業が目指すもの

1　算数科の目標におけるキーワード

　新学習指導要領では，算数科の目標は次の文から始まる。

> 　数学的な見方・考え方を働かせ，数学的活動を通して，数学的に考える資質・能力を次のとおり育成することを目指す。

　この算数科の目標の柱書には，「数学的な見方・考え方」「数学的活動」「数学的に考える資質・能力」という三つのキーワードが含まれる。まず，これらの関係を整理して授業をデザインする際の留意点について考えたい。
　これからの教育では，児童に生きる力を育むことを目指し，これを生きて働く「知識及び技能」，未知の状況にも対応できる「思考力，判断力，表現力等」，そして学びを人生や社会に生かそうとする「学びに向かう力，人間性等」という資質・能力の三つの柱で具体化している。算数科では，この育成すべき三つの柱を「数学的に考える資質・能力」と総括している。すなわち，最終的に目指すものは「数学的に考える資質・能力」を育成することであり，そのために児童は学びの過程で「数学的な見方・考え方」を働かせているのであり，「数学的活動」を通して学んでいる必要がある。以下では，「数学的な見方・考え方」を働かせること，「数学的活動」を通して学ぶことに焦点をあてて授業の設計にかかわる要点について考える。

第Ⅲ部　算数科授業の設計と実践研究の課題・方法

2　「数学的な見方・考え方」を働かせること

　新学習指導要領では，「"どのような視点で物事を捉え，どのような考え方で思考していくのか"という，物事を捉える視点や考え方」（中央教育審議会，2016，33ページ）である「見方・考え方」は，各教科等における学びの過程のなかで鍛えられていくものとしている。算数科において，「数学的な見方・考え方」は，「算数の学習において，どのような視点で物事を捉え，どのような考え方で思考をしていくのかという，物事の特徴や本質を捉える視点や，思考の進め方や方向性を意味する」のであり，「事象を数量や図形及びそれらの関係などに着目して捉え，根拠を基に筋道立てて考え，統合的・発展的に考えること」と整理された（文部科学省，2018，22ページ）。これまで目標概念だった「数学的な考え方」を，算数の学習の過程で実際に働くものであり，それ自体が成長していくものとして見方・考え方を位置づけている点が従来と大きく異なる。したがって，授業を設計する際には，本時のなかで児童がどのような視点で物事の特徴を捉え，思考を進めていくことを期待するのか，それはそれまでの学びのなかでどのように育ってきたものであり，その後どのように鍛えられていくことを期待するのか，一連の系列を意識して捉えていく必要がある。

　例えば，小学校第6学年における対称な図形に関する学習では，一つの図形にみる対称性について，線対称，点対称の二つの観点から考察する。より具体的には，対応する点や辺の長さ，角の大きさの相等関係に着目し，対称性にかかわる図形の性質を見出していくことになる。その際に働く「図形を構成する要素に着目し，図形の性質を見出す」という数学的な見方・考え方は，各学年において，どのように鍛えられてきたものだろうか。一つの図形において構成する要素に着目することにかかわり，第2学年では「直角」「辺の数」，第3学年では「等しい長さ」，第4学年では「正方形，長方形の数」，第5学年では「辺の数や長さ」「底面や側面」に着目して，図形の性質を考察することをしてきている。また，一つの図形において構成する要素間の関係に着目することにかかわり，第4学年では「直線どうしの位置関係」に着目して，図形の特徴づけをしてきている。これらの学習のなかで鍛えられた数学的な見方・考え方を働かせ，第6学年では，一つの図形のなかに対称軸を見出し，それに対する両側の点，辺の位置関係等の要素に着目して，図形の性質を考察するのである。さらに，第5学年での合同，第6学年での拡大図・縮図では，二つの図形間の関係に着目して，図形の構成の仕方を考察する。これらの小学校での学びを通して育成された数学的な見方・考え方を働かせ，中学校第1学年において図形間の関係として対称性を考察することへとつながっていく。

　上述の具体例は，数学的内容の系統性を踏まえた「図形」領域にみる数学的

な見方・考え方の成長であるが，一方で領域を横断した数学的な見方・考え方の育ちに関する内容も意識的に捉えていく必要がある。例えば，図形を構成する要素やそれらの位置関係に着目して図形の性質を見出したうえで，既知の図形をその見方で統合的に捉え直すことを行う。観点を決めて図形を分類し，それぞれの集合に共通な性質を見出すのである。このように，観点を決めてその観点に該当するものの集まりを一つのもの（思考の対象）として考察する際に働く数学的な見方・考え方は，第5学年の「数と計算」領域において，観点を決めて整数全体を類別することを考える際にも生きてくる見方・考え方である。授業を設計する際には，関連する数学的内容に固有な見方・考え方に加えて，上述のような領域を横断して育まれる数学的な見方・考え方についても見落とさずに位置づけていくことが重要である。

3 数学的活動を通しての指導

新学習指導要領では，これまで使用されてきた用語「算数的活動」を「数学的活動」と改めて，その趣旨をいっそう徹底している。「活動」とは，「はたらき動くこと。いきいきと行動すること」（『広辞苑』）を意味するが，これに「数学的」という形容詞がついている。つまり，単に子どもがいきいきと動いていればよいのではなく，「数学」という学問に支えられた価値ある営みに従事することでいきいきとしていることが重要である。

算数的活動という言葉は，学習指導要領［1998年改訂］において登場し，「児童が目的意識をもって主体的に取り組む算数にかかわりのある様々な活動」を意味してきた。新学習指導要領においては，この算数的活動を問題発見や問題解決の過程に位置づけてより明確にすることを意図し，「事象を数理的に捉えて，数学の問題を見いだし，問題を自立的，協働的に解決する過程を遂行すること」を意味する数学的活動と再整理された。とりわけ，新学習指導要領の解説では，数学的に考える力を確かに育むための数学的活動のあり方について，以下のように明記されている（文部科学省，2018）。

> 数学的活動は，数学を学ぶための方法であるとともに，数学的活動をすること自体を学ぶという意味で内容でもある。また，その後の学習や日常生活などにおいて，数学的活動を生かすことができるようにすることを目指しているという意味で，数学的活動は数学を学ぶ目標でもある。　　　　　（傍点による強調筆者）

算数科の目標では，柱書に「数学的活動を通して」とあり，各領域に示すすべての事項において，数学的活動を通した指導を行うことを求めている。この場合，算数科の目標を実現する，あるいは各領域に示された数学的内容を児童が身につけるために，「方法」として数学的活動を位置づけることの必要性を述べているといえる。他方で，問題発見や問題解決の営みは児童がはじめから

できるものではない。数学的活動は，基本的に問題解決の形で行われるが，はじめは児童が取り組む問題は教師が提示することが考えられる。しかし，適切な場面で児童が自ら課題を見出す機会を設けることを通して，問題を発見することができるようにしていく必要がある。また，問題を解決するためには何をどのようにしたらよいのか，構想を立て，それに基づき試行錯誤をしたり，資料を収集整理したり，観察や実験したりするなどの活動を必要に応じて適切に選択して行うこと，そしてその結果を振り返ってよりよいものに改めたり，新しい課題を得ることができる機会が生まれるきっかけとなることを経験する必要がある。したがって，教師が指導計画のなかに位置づけて必要な手を打たなければならないという意味で「内容」として数学的活動が位置づけられているといえる。そして，最終的には問題発見と問題解決の過程を児童が一人で遂行できることを学習指導で目指すのであり，まさに「目標」として数学的活動が位置づけられているといえる。

　以上のように，「方法」「内容」「目標」という三つの数学的活動の意味に留意し，それらのバランスを取りながら，各領域の学習やそれらを相互に関連づけた学習のなかで，数学的活動の楽しさを子どもたちが実感できるように指導を行う必要がある。

2　授業の具体化に向けた授業設計の視点

1　授業の具体化の際に大切にしたいこと

　新しい算数科授業を具体化する際に大切にしたいことは，「目標→内容→方法」という流れである。授業を構想する時には，ともすれば，どのように学ぶか，どのように指導を行うのかという教育の「方法」の部分に焦点が行きがちであるが，どのように学ぶことが最も効果的な方法なのかは，何を目指した授業であるのか，すなわち授業の「目標」によって決定する。したがって，授業づくりの出発点はまず授業における「目標」を明確にすることである。この目標を捉える段階として重要になってくることが，長期的な育ちを視野に入れて単元計画を作成することである。そのもとで一単位時間の授業における目標が決定するが，次に重要なことは，それぞれの授業における「まとめ」のあり方を変えていくことである。最後に，問題解決の過程において，子どもが主体的・対話的で深い学びを営むために，学びの文脈を開発していく必要がある。以下では，これら三つの点について順に焦点をあて，新しい算数科授業の具体化に向けた授業設計の視点について述べる。

② 長期的な育ちを視野に入れた単元計画の作成

　新学習指導要領の総則では，各学校が創意工夫を生かして，全体として調和のとれた具体的な指導計画を作成することを「指導計画の作成等に当たっての配慮事項」において求めている（第2の3の(3)）。

> ア　各教科等の指導内容については，(1)のアを踏まえつつ，<u>単元や題材など内容や時間のまとまりを見通しながら，そのまとめ方や重点の置き方に適切な工夫を加え</u>，第3の1に示す主体的・対話的で深い学びの実現に向けた授業改善を通して資質・能力を育む効果的な指導ができるようにすること。（下線部による強調筆者）

　上の内容について記述された背景には，これまで授業改善の視点が，一単位時間あたりの授業改善という限られた範囲に集中しがちであったことがあげられる（文部科学省初等中等教育局教育課程課，2017，3ページ）。すなわち，一単位時間のなかで，例えば，見通しを得られる機会を設けること，グループ活動やディスカッションなどの機会を設けること，多様な考えを統合していく場面を設けること，得られた知見をもとにさらに発展的に考える機会を設けることといったさまざまな要素を，すべて一単位時間の授業で満たすことは困難だろうし，そもそも，そのようにすることは必ずしも適切とはいえない。それよりも重要なことは，一回一回の授業のなかであらゆる要素を漏れなく取り入れることではなく，長期的な指導計画のもとで，こうした要素を適切かつ効果的に配置していくことである。

　新学習指導要領では，学年段階間のつながりを踏まえた教育課程の編成を行っている。小学校算数科については，「児童の発達の段階を踏まえ，小学校算数科と中学校数学科における教育課程の接続という視点から，第1学年，第2学年と第3学年，第4学年と第5学年，第6学年の四つの段階を設定し，当該学年までに育成を目指す資質・能力と働かせる数学的な見方・考え方を明示した内容構成とした」（文部科学省，2018，33ページ）とある。このように，学年段階間のつながりを示しつつ子どもの育ちを捉えようとしている点は，過去の学習指導要領にはみられない新しい点である。とくに重要なことは，小学校段階だけにとどまらず，幼児期からの学びの連続，また小学校算数科と中学校数学科の接続を意識していることである。

　これまでも，授業を構想するにあたっては，学習する数学的内容にかかわる系統性を捉えて単元計画が組まれてきた。新しい算数科授業の具体化にあたっては，これらの内容に加えて，どのような視点で物事を捉えて，どのような考え方で思考していくのかという，学年段階間の数学的な見方・考え方の成長を捉えていくことが求められる。その際，前にも述べたように，数学的内容の系統性を踏まえた各領域にみる数学的な見方・考え方の成長とともに，領域を横

断して育まれる数学的な見方・考え方についても見落とさずに位置づけていくことが重要である。長期的な育ちという観点から数学的内容の系統性を捉えること，また資質・能力の高まりを捉えることを通して，単元のなかでそれぞれの授業がどのような数学的な資質・能力の成長に大きく関係しているのか，各授業の位置づけを明確にすることが大切である。

3 授業における「まとめ」のあり方を再考する

　日本の算数・数学科授業における典型的な授業の型は，子どもの問題解決を中心とする「問題解決型授業」と呼ばれるものである。日本のなかで先人たちによって脈々と受け継がれてきた日本の授業の質の高さが世界から注目される契機となったのは，第3回国際数学・理科教育調査（TIMSS）の付帯調査として実施された「TIMSS 1995ビデオ研究」である。日本・ドイツ・アメリカの第8学年（中学校第2学年）の数学科授業が，合計231件ビデオテープに収録され，授業で扱われている数学的内容，教師と生徒の発話内容などさまざまな観点から分析がなされた。この研究において見出された日本の典型的な数学科授業の展開は，「仕組まれた問題解決」と称され，「前時の授業の振り返り，本時の課題の提示，生徒による取り組み，解法の議論，要点の強調とまとめ」という五つの要素からなるという（Stigler & Hiebert, 1999）。

　上述の授業の「型」は，教室が埋め込まれた文化に根ざすいわば「スクリプト（台本）」のようなものである。この台本に従って授業を構築することで，経験の浅い教師でも一定の質の授業が可能となる。またその一方で，経験豊富な教師による単元全体の授業をみてみると，授業の基本型をもちながらも，単一の授業の終末においてよりもむしろ，複数の授業からなる小単元の終末の局面や，一つの問題を解いた直後に「要点の強調とまとめ」がみられるなど，子どもの学習の実際に呼応しながら，柔軟に授業を展開していることがその後の研究でわかってきた（清水，2010）。上述の「単元や題材など内容や時間のまとまりを見通しながら，そのまとめ方や重点の置き方に適切な工夫を加え」ることを新学習指導要領では明記しているように，特定の学習過程や指導方法の「型」に縛られるのではなく，算数科授業における子どもの問題解決を質的に充実させる必要がある。

　形式的な問題解決の過程に拘泥することなく，算数指導の本質を見極め，算数らしい問題解決の過程を支える文脈を生成するための一つの方法として，授業における「まとめ」のあり方の見直しを提案したい。清水（2010）は，指導経験豊富な教師による一連の授業系列にみる「まとめ」に着目し，次に示す四つの機能を見出している。

　(1)授業内容についての重要な点を要約・強調すること

(2) 行ってきた活動を振り返ることによって生徒の反省を促すこと
(3) それまでの経験に基づいて新しい数学的概念や手続きを導入する文脈を設定すること
(4) 当該の授業の内容とそれ以前の学習内容とに関連をつけること

　新学習指導要領のもとでは，内容の習得のみならず，事象を数理的に捉え，数学の問題を見出し，問題を自立的，協働的に解決し，解決過程を振り返って概念を形成したり体系化したりする過程といった算数ならではの問題解決過程を組織することが求められる。これまでの数学的内容を中心とした授業づくりでは，「まとめ」というと，内容にかかわるものという固定概念があるだろう。しかしこれからは，「数学的な見方・考え方」をいかに生かしたのか，学びの結果として新たにできるようになったことは何かなど，上述の「まとめ」の機能が数学の資質・能力の成長にかかわっても発揮されるようにしていかなければならない。

4　主体的・対話的で深い学びのための学びの文脈

　授業のゴール（まとめ）が変わるということは，当然授業の過程も見直しが必要である。ここではとくに，次の2点に焦点化して学びの文脈をつくる視点を述べる。

① 「自分ごと」に切り替わる瞬間をいかに仕組むか

　何かを意味づけるためには，その前提として，考えていることの対象が自分ごとになっている必要がある。算数科授業でいえば，授業のなかで「今日の問題」として提示されるような学習問題は，教師からの情報提示がなされている段階では，受動的であり自分ごとではない。しかし，優れた授業では，どこかの段階で，自分ごとに切り替わる瞬間がある。自分にとって解決すべき問題となる瞬間である。ポリア（1964, 127ページ）は，問題とは何か，次のように述べている。

> 一般に，欲求（desire）は問題に導くこともあるし導かないこともある。その欲求が生ずると同時に，その要求物を手に入れることができそうな，何か明白な方策が，直ちに，苦もなく，思い浮かんだならば，何も問題はない。しかし，もしそういう方策が何も思い浮かばないならば，問題がある。したがって，問題を持つ（to have a problem）ということは，はっきりと考えられてはいるが，すぐには達成できない目的を達成する適切な方策を，意識的に探求することである。…（中略）…何の困難（difficulty）もないところには何の問題もない

　ポリアの言葉をかりると，なんとかしたいという欲求が明確にあるが，すぐには達成できない困難がある時に，それはその人にとっての「問題」となりうるのである。多くの場合，授業の冒頭で教師によって提示された「今日の問

題」が，そのまま子どもにとっての真の「問題」となることはないだろう。例えば，後に具体例として示す第1学年の「ひきざん」の授業では，「今日の問題」で問われた青チームは白チームより4人多いということを見出すことに，児童は困難を感じていなかった。しかし，求残の場面を表すものとして学んできた減法を求差の場面にも適応してよいのか，既知の減法の意味で新たな問題場面を解釈できないかを問われた場面で，困難が顕在化した。児童にとっての問題となった瞬間，自分ごとに切り替わった瞬間である。授業を構成する際には，このような瞬間をいかに仕組むか，「まとめ」として強調する事柄と連動して精査する必要がある。

② 「予想する」という頭の働きを引き出し，学びを振り返ってその質と内容を自覚できるようにする

「主体的な学び」というキーワードが新しい教育課程における授業改善の視点の一つとして示されたが，主体的に考える，主体的に取り組むなど，主体性にかかわる言葉はこれまでもよく使われてきた。しかし，主体的といった時に，その具体的な姿は何かということは，それぞれに解釈してきたというのが実情であろう。ここに新学習指導要領の解説では次のような説明を与えている（文部科学省，2018，322ページ）。

> 算数科では，児童自らが，問題の解決に向けて見通しをもち，粘り強く取り組み，問題解決の過程を振り返り，よりよく解決したり，新たな問いを見出したりするなどの「主体的な学び」を実現することが求められる。

この説明には，主体的な学びに関わる具体的な姿として，見通しをもつこと，粘り強く取り組むこと，問題解決の過程を振り返ることの三つの要素が位置づけられている。

見通しをもつこと，すなわち予想することには，過去の自分の知識と，現在の解決すべき問題とを結びつける働きがある。授業ではいつも新しいことを教わるわけではない，知っていることや前に学んだことを使えば，自分の力でも解決に向けて進んでいけそうだという意識を育てていくことが，指導する立場からみた予想することの意義である。したがって，大切なのは予想内容の精度ではなく，予想するという頭の働きを引き出すことである（澤井，2017）。

問題の解決過程を振り返ることにかかわって，学習したことを振り返ることにより，自分の学びの質と内容を自覚できるようにすることが大切である。何を学べたか，どのように成長したか，それでもわからなかったことは何か，次の学習に向けてさらに問い続ける姿勢，すなわち「学びに向かう力」を鍛えるというところに，振り返ることの価値がある。この時，基礎的・基本的な概念や性質，計算の仕方のもとにある原理・原則などに関する内容だけでなく，算数の知識・技能を問題解決に活用できるようにするために，それらをどのよう

に活用するのか，その方法についての理解に関する内容，あるいは，どのような視点で物事を捉え，どのような考え方で思考をしていったことで上手くいったのか，または上手くいかなかったのかという数学的な見方・考え方にかかわる内容も振り返りの対象となるように，教師は必要な支援を行うことが重要である。

3　算数科授業から育成を目指す資質・能力を捉える

1　具体例における「今日の問題」

　実際の算数科授業を事例に，上述の要点について考えよう。ここで事例とする授業は，国際算数数学授業研究プロジェクト（IMPULS）の一環として2016年6月25日に山梨大学附属小学校で実施された，第1学年の「ひきざん」に関する授業である。「今日の問題」として示された内容は，以下のとおりである。

> あおちいむは7にん　しろちいむは3にんいます。　あおちいむは　しろちいむより
> なんにんおおいでしょうか。

2　要点を捉えて図による可視化の方法を考える

　集合論的な立場から，加法を，共通部分のない2つの集合A，Bから合併集合 $A \cup B = C$ を作り，その大きさを求めることと定義すると，減法はその逆として定義される。すなわち，減法は，全体集合C（合併集合 $A \cup B$）から部分集合A（またはB）を取り去った残りの部分集合（補集合）B（またはA）の大きさを求めることである。

　学習においては具体的な場面を通して，加法や減法の意味について児童は理解していく。小学校第1学年では，まず，「増加」と「合併」の加法の意味を学習し，その後「求残」と「求差」の減法の意味を学習する。求残の場合，対象となる集合は「同種」「同単位」であるが，求差の場合はそうではない。しかし，上の定義にみるように，AはCの部分集合でなければならない。そこで，二つの集合を比較して，一つの集合からもう一つの集合のなかに1対1に対応する部分集合を作って，要素の統合を図る必要がある。したがって，求差の場合は，数量の関係に着目し，1対1対応の考えを働かせ，「同種」「同単位」の要素を作るところが重要であることがわかる。

　児童は，幼児期にここで学ぶ事柄の素地となる体験をしてきている。例えば，5歳児と3歳児のクラスが遠足に出かける際に手をつないで1対1対応をつくり，どちらのクラスが何人多いかを知ったり，運動会の玉入れでは赤組と白組が同時に一つずつ玉を投げていくことで1対1対応をつくり，どちらがい

▷1　基本的な数と計算の概念については本書の第4章もあわせて参照。

第Ⅲ部　算数科授業の設計と実践研究の課題・方法

あ　　　　　　　い　　　　　　　う

図11-1　ある児童の図の変化

出所：IMPULS授業研究ライブラリー。

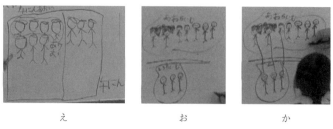

え　　　　　　　お　　　　　　　か

図11-2　共有された図の「進化」

出所：IMPULS授業研究ライブラリー。

くつ多いかを競い合ったりしている。また，第1学年の自然数の概念を学ぶ段階で，身の回りにあるものの集まりについて，「多さ」以外の側面は捨象し，集合の要素間に1対1対応をつけることを経験している。児童はこれらの学びをもとに，青チームと白チームの人の多さに着目し，二つの集合の対応や，全体と部分の関係を可視化する方法を考えること，そのうえで二つの集合の大きさの差を捉えることをしていく。

　実際の授業では，ある児童の可視化の工夫に関して，次のような変様がみられた。まず，青チームの7人，白チームの3人を左右に分けて図に表している（図11-1のあ）。この時，人の大きさは大小さまざまである。次に，じっと図を見つめた後，すべてを消した（図11-1のい）。そして，白チームと青チームを上下に並べて大きさを揃えて描き直した（図11-1のう）。この児童は，二つの集合を上下に並べ要素の大きさを揃えて表現したほうが，二つの集合の要素間の対応がより明確になることに気づいたと評価できる。

　個人で取り組んだ内容を教室全体で共有する場面では，「進化」という表現で図が価値づけられていった。まずは，青チームと白チームを左右に分けて描いた児童から教師は指名する（図11-2のえ）。この図から，青チームが4人多いことが確認されたが，児童から「(絵を)進化できる」という発言があった。そして二つのチームを上下に並べて描いた図が提案され（図11-2のお），二つの集合の対応や全体と部分の関係が可視化されていった（図11-2のか）。またその過程で，多さ以外の側面は捨象してよく，最終的には「○」のような表現でよいことに児童が気づいていった。

3　計算の意味に着目して統合的に考える

次に，新たな状況に出会ったら，「今まで知っていることと同じように考えられないか」と統合的に考えることが大切である。具体的には，求残の意味づけ「離れて　さようなら」が求差の場面でないかを考えることになる。実際，青チームの要素のうち白チームと対応する要素を除いて残った要素の数が，「おおい」人数である。この除くという操作は，「のこりはいくつ（求残）」と同じであることから，これも減法とすることができると減法の意味を拡張する。このように，計算の意味に着目して，異なる二つの場面に共通点を見出して統合していくのである。

計算の意味や形式に着目して，はじめにあった概念または形式の適用範囲が広くなるように拡張するといった統合的に考えることについて，児童は，加法における増加と合併の意味の統合を経験している。第1学年において鍛えられたこの見方・考え方は，例えば，第3学年において等分除と包含除を統合的に捉えていく場面，第5学年や第6学年において整数の乗法の意味や形式を，小数，分数の場合にも考えられるように拡張して統合的に考える場面などに生かされていく。

実際の授業では，これまで減法が用いられてきた場面を想起したうえで，「今，ひき算っていうのは，食べるとか，なくなるとか，消えるとか，バイバイがひき算だったんだね」「じゃあ，この絵のなかに，離れてさようならっていうのが，ありますか？」という教師の発問を契機として，統合的に捉えることがなされていった。最終的には，「なんにんおおいも　ひきざんのなかま」と教師が板書し，減法の意味の拡張がまとめとして位置づけられていた。一方で，減法の意味を統合的に捉えることにより，「7－3＝4」という式にみる「3」は白チームの人数ではなく，青チームのなかで白チームと1対1対応する人の数であると数の見方が変様することが期待されたが，児童にとってその見方は容易ではないことがうかがえた。

4　育成すべき資質・能力の観点からみた授業の設計

最後に，育成を目指す三つの資質・能力の柱から，授業づくりにかかわる要点について考えたい。三つの資質・能力を車に例えるならば，まず，車のボディーにあたるのが「生きて働く知識・技能」である。基礎的・基本的な概念や性質などの理解や熟達した技能が，思考力，判断力，表現力等のベースとなることはいうまでもない。重要なことは，概念や性質がどのような必要で生じたのか，創り出す時の見方・考え方，そのよさについて実感を伴った理解と

なっていることである。そして，確実に「生きて働く」ためには，習熟も不可欠であることを忘れてはならない。

次に，車のエンジンにあたるのが「未知の状況にも対応できる思考力・判断力・表現力等の育成」である。上述の例では「今まで知っていることと同じように考えられないか」ということを考えたが，「こういうことを学習したら，次にこういうことを考えるのだ」ということを，下の学年のうちから繰り返して，考えを進めるように育てておくことが大切である。どこから考えるか，どのような順に考えるか，どこに着目して考えるかなど，「未知の状況にも対応できる」ようになるために，思考そのものを客観化して考察の観点を意識化しておくことが重要だろう。

最後に，どんなにボディーとエンジンが上等にできても燃料がなくては車は走らないように，エネルギーとなる「学びを人生や社会に生かそうとする学びに向かう力・人間性等の涵養」が最も重要である。算数科授業では，とくに「よさ」を感じる場面を考えると具体的な姿が浮かんでくる。例えば，表現のよさを認識してはじめて表現する技能を習得しようと思うのであり，表現力として使えるものになっていく。他者のアイディアのうまさを感じて次に自分でもそのように考えてみようと思うのであり，思考力として発揮されるものになっていく。子どもが「よさ」を感じる場面をいかに創出するか，これが授業の肝といえるだろう。

新しい時代に求められる流行と，いつの時代も変わらず大事にされている不易の両面を見据えて，算数科授業のあり方を見つめ直していきたい。

Exercise

① 算数科授業づくりの練習として，第6学年「線対称・点対称」を事例に，以下の事項について取り組んでみよう。

(1)「線対称・点対称」の学習内容にかかわって，幼児期から中学校までの学びのなかで，どのような数学的な見方・考え方が鍛えられていくか，「図形」領域における系統図を作成してみよう。

(2) 上記の数学的な見方・考え方が「図形」領域以外のどのような場面で発揮されるか，小学校学習指導要領解説 算数編を手掛かりに考察してみよう。

(3) 既習の四角形について，線対称な図形，点対称な図形，線対称でかつ点対称でもある図形を弁別し，既習の図形を対称性といった観点から捉え直す活動を行う授業では，どのように「まとめ」を行ったらよいだろうか。一単位時間の授業の流れを構成してみよう。

📖次への一冊

杉山吉茂『初等科数学科教育学序説——杉山吉茂講義筆記』東洋館出版社，2008年。
　　数学をつくり，発展させる考え方とはどのようなものか，数学的に考える力，問題を解決する力を身につけた人間とはどうあるべきか，算数科授業づくりの根本に持つべき姿勢を学ぶことができる講義の記録。

スティグラー，J. W.・ヒーバート，J.，湊三郎訳『日本の算数・数学教育に学べ——米国が注目する jugyou kenkyuu』教育出版，2002年。
　　日独米3か国の数学科授業の国際比較という画期的な手法と空前の規模で実施されたTIMSS1995ビデオ研究の分析結果，および日本の小学校の算数研究授業の過程から，日本の算数・数学教育の優れた特徴をえぐり出し，世界に衝撃を与えたStigler & Hiebert（1999）の日本語訳書。

中島健三『復刻版 算数・数学教育と数学的な考え方』東洋館出版社，2015年。
　　1981年に刊行された「数学的な考え方」に関する古典的名著の復刻版。世に「数学的な考え方」という言葉を送り出すときに託された思い，時代を越えて算数・数学教育の根底にある価値観を，豊富な具体例とともに学ぶことができる。

引用・参考文献

中央教育審議会「幼稚園，小学校，中学校，高等学校及び特別支援学校の学習指導要領等の改善及び必要な方策等について（答申）」2016年。
国際算数数学授業研究プロジェクト（IMPULS）授業研究ライブラリー「数と計算」。http://impuls-tgu.org/library/number_and_operation/（2019年1月25日閲覧）
文部科学省『小学校学習指導要領（平成29年告示）解説算数編』日本文教出版，2018年。
文部科学省初等中等教育局教育課程課「主体的・対話的で深い学びの視点からの授業改善について」『初等教育資料』960，2017年，2～7ページ。
ポリア，G.，柴垣和三雄・金山靖夫訳『数学の問題の発見的解き方1』みすず書房，1964年。
澤井陽介『授業の見方——「主体的・対話的で深い学び」の授業改善』東洋館出版社，2017年。
清水美憲編『授業を科学する——数学の授業への新しいアプローチ』学文社，2010年。
Stigler, J. W. & Hiebert. J., *The Teaching Gap*, Free Press, 1999.

第12章
算数科における学習評価と授業改善

〈この章のポイント〉
　評価とは学習者を値踏みするだけではなく，指導の改善に資するものである。そして，評価を通じて児童の学習の変化を捉えていくために，学習評価の機能を適切に用いることが大切である。また，観点別学習状況の評価と評定とを目標に準拠した評価で実施するにあたって，思考力などの高次な認知領域や態度などの情意領域における学習状況を的確に評価すことが課題となる。本章では，評価に関する基本的事項，新学習指導要領下での学習評価の基本的な考え方，そして児童の学習の「質」を捉えるパフォーマンス評価について確認し，授業改善の視点として児童の思考を表出する工夫について検討する。

1　学習評価の意義

1　評価の意味と目的

　西岡ら（2015）によれば，日常用語として使われる「評価」と，教育学でいう「評価」は意味が異なる。日常場面での「評価」は成績づけを意味する言葉として捉えられがちであるが，教育学での「評価」は成績づけにとどまるものではない。教育学でいう「評価」は，子どもの姿を捉え，教育実践の改善に生かす営みそのものである。すなわち，評価は単に学習者を値踏みするためだけのものではなく，教師の指導の改善に資するものでなければならないことを理解しておく必要がある。
　このように，指導と評価は別物ではなく，児童の学習状況を適切に評価し，その評価の結果によって後の指導を改善し，さらに新しい指導の成果を再評価するという，指導に評価を生かすことが重要である。これを，「指導と評価の一体化」という。現在，学習評価については，目標準拠評価の定着を通して指導と評価の一体化をいっそう進めているところである。
　中央教育審議会初等中等教育分科会教育課程部会による「児童生徒の学習評価の在り方について（報告）」（2010年3月24日）では，「学習評価とは，学校における教育活動に関し，子どもたちの学習状況を評価するものである」と書かれている。すなわち，「児童生徒が学習指導要領の目標に沿ってその内容をどの程度身に付けているかという実現状況をみるもの」（無藤，2010）である。

第Ⅲ部　算数科授業の設計と実践研究の課題・方法

　学習評価は，児童生徒の学習状況を検証し，結果の面から教育水準の維持向上を保障する機能を有しているといわれる。各学校の学習評価は，学習指導に関するPDCAサイクル[1]の一環として位置づけられるものである。教師にとっての学習評価は，児童生徒の学習状況に即した学習指導に改善するための契機である。一方，児童生徒にとっての学習評価は，自らの学習状況に気づき，その後の学習や発達・成長が促されるためのものである。根本（2004）は，評価によって，児童生徒が自らの理解状況を掴むとともに，向上を目指していけるようにすることが大切であると述べている。学習評価は，児童にさらなる学習の意欲をもたらすものでなければならないのである。

　2016年12月の中央教育審議会による「幼稚園，小学校，中学校，高等学校及び特別支援学校の学習指導要領等の改善及び必要な方策等について（答申）」で，「子どもたちにどういった力が身に付いたか」という学習の成果を的確に捉えること，教師が指導の改善を図ること，そして，子どもたちが自らの学びを振り返って次の学びに向かうことができるようにするには，学習評価がきわめて重要であるとされている。児童の学習状況を評価するために，教師は，次の二点を捉えることが必要であるとされている。

・個々の授業のねらいをどこまで，どのように達成したか。
・児童一人ひとりが，前の学びからどのように成長しているか，より深い学びに向かっているかどうか。

　新学習指導要領での学習評価では，授業を通じての児童の学びの成長度を捉えることが要請されている。これを実現するには，学習評価を通じて，児童の学習の変化を捉えることが必要になる。

▷1　PDCAサイクル
Plan-Do-Check-Actionの頭文字をつなげた言葉である。Plan〔計画〕では指導計画等の作成，Do（実行）では指導計画を踏まえた教育の実施，Check（評価）では，児童生徒の学習状況，指導計画等の評価，Action（改善）では，授業や指導計画等の改善が行われる。これを繰り返し，サイクルを向上させることによって継続的に改善しようとする考え方である。

2　学習評価の機能

　学習評価には，診断的評価，形成的評価，総括的評価の三つの機能がある。学習評価によって，児童の学習の変化を捉えることが必要になる。そのために，事前の児童の状態を把握しておかなければならない。これが診断的評価である。

　診断的評価では，入学当初，学年当初，単元開始時などに，児童の学力の実態や生活経験が評価される。診断的評価を通して，教師は，児童がすでにどのような知識や経験をもっているのか，これまでの学習をどれぐらい達成しているのか，これから学習する内容に対して，どの程度の興味・関心をもっているかを把握し，それをもとに指導計画を立てる。例えば，小学校第2学年で，135－72のような繰り下がりのある（3位数）－（2位数）の筆算の仕方を考える場面がある。その場面を取り上げる授業を実施する前，あるいは授業の冒頭で，既習である53－26のような繰り下がりのある（2位数）－（2位数）の筆算の仕方についての学習状況を把握することがある。これが診断的評価である。

次に，学習の途中で行われる評価もある。それを形成的評価という。教師は，形成的評価を通して，計画どおりに効果がもたらされているかどうかを把握する。計画どおりに効果がもたらされていない場合は，すぐに授業計画を変更したり，補充学習を実施したりと，計画の軌道修正を図ることになる。例えば，小学校第2学年で，「繰り下がり」の理解が定着していないために，多くの児童が135－72のような十の位に繰り下がりがある筆算が上手くできないことが判明したとする。計画では，次時で，142－83のような，一の位と十の位の両方に繰り下がりがある筆算の計算の仕方を考える授業を行うことになっているが，計画の変更が必要になる。例えば，次時で，一の位に繰り下がりのある，53－26や135－26のような筆算の仕方を再び取り上げて，「繰り下がり」の理解の定着を図ることが考えられる。その一方で，期待以上の効果が見られる場合もある。その場合は，目標そのものを，さらに高いレベルに設定し直すことになる。いずれにしても，形成的評価は，教育実践の改善に直接つながるので，学習評価の核心部分に位置している。

単元末や学期末，年度末といった学習の締めくくりに，学習の到達点を把握するものを，総括的評価という。学期末に配られる「通知表」に記載されている成績（評定）は，総括的評価の情報に基づいてつけられている。そもそも，総括的評価は学校で行われる教育活動の効果や有効性を測ることを目的としていた。しかし，最近では，総括的評価は学習成果を判定するだけでなく，その情報を指導の改善に生かすようになってきている。

例えば，全国学力・学習状況調査は総括的評価に属する。全国学力・学習状況調査は，教育の営みにおけるPDCAサイクルの「Check」に対応していて，「児童生徒の学習状況，指導計画等の評価」を行っている。全国学力・学習状況調査の目的に「ア　全国的な義務教育の機会均等とその水準の維持向上の観点から，各地域における児童生徒の学力・学習状況を把握・分析することにより，教育及び教育施策の成果と課題を検証し，その改善を図る」とある。PDCAサイクルの「Action」に対応する「授業や指導計画等の改善」を図るために，調査結果を活用することが求められている。毎年「全国学力・学習状況調査報告書」の公表後に，「授業アイディア例」が学校や教育委員会に配布されるとともに，国立教育政策研究所のホームページ上で公開される。

▷2　**全国学力・学習状況調査**
文部科学省が平成19年度から毎年実施している全国一斉学力調査である。調査対象は小6，中3で，教科は国語および算数・数学で，平成24年度では理科も実施した。また平成31年度には英語も実施される。調査内容は，主として「知識」に関する問題（A問題）と主として「活用」に関する問題（B問題）を用いた筆記調査と，生活習慣や学校環境に関する質問紙調査からなる。

2　評価の対象

1　算数科における評価の観点とその趣旨

現在，各教科の評価について，児童の学習状況を分析に捉えるために，「観

点別学習状況の評価」を進めているところである。観点別学習状況の評価は，きめの細かい学習指導と子ども一人ひとりの学習内容の確実な定着を図るため，日常の授業において適切に実施されるべきものといわれている。

　学習指導要領［2008年改訂］の下では，学力の3要素（「知識・技能」「思考力・判断力・表現力」「主体的に学習に取り組む態度」）を踏まえて，評価の観点に関する考え方が整理された。評価の観点は，「関心・意欲・態度」「思考・判断・表現」「技能」「知識・理解」の四つである。

　「関心・意欲・態度」の観点では，各教科が対象としている学習内容に関心をもち，自ら課題に取り組もうとする意欲や態度を身につけているかどうかを評価する。「知識・理解」の観点では，各教科において習得すべき知識や重要な概念等を理解しているかどうかを評価する。「思考・判断・表現」の観点では，それぞれの教科の知識・技能を活用して課題を解決することなどのために必要な思考力・判断力・表現力等を身につけているかどうかを評価する。そして，「技能」の観点では，各教科において習得すべき技能を身につけているかどうかを評価する。

　「思考・判断・表現」の観点での「表現」は，自分の考えを説明したり，論述したりするなどの高度な表現を意味している。つまり，「表現」の評価の内容は，基礎的・基本的な知識や技能を活用しながら考えたり判断したりしたことである。児童が思考・判断した過程や結果は，児童による説明，論述，討論などの言語活動を通じて評価することになる。一方で，算数の授業では，「分数のかけ算の答えを出す」「変化の様子を折れ線グラフで表す」「合同な三角形を作図する」など，児童が表現するものがある。これらの表現については，「思考・判断・表現」ではなく，「技能」の観点で評価することになっている。

　算数科では，学習指導要領を踏まえて，教科の特性に応じて，評価の観点とその趣旨が設定されている。

算数への関心・意欲・態度	数理的な事象に関心をもつとともに，算数的活動の楽しさや数理的な処理のよさに気付き，進んで生活や学習に活用しようとする。
数学的な考え方	日常の事象を数理的にとらえ，見通しをもち筋道立てて考え表現したり，そのことから考えを深めたりするなど，数学的な考え方の基礎を身に付けている。
数量や図形についての技能	数量や図形についての数学的な表現や処理に関わる技能を身に付けている。
数量や図形についての知識・理解	数量や図形についての豊かな感覚をもち，それらの意味や性質などについて理解している。

　また，学年別の評価の観点の趣旨も示されている。例えば，第6学年の評価の観点の趣旨は，次のとおりである。

算数への関心・意欲・態度	数理的な事象に関心をもつとともに，数量や図形の性質や関係などに着目して考察処理したり，論理的に考えたりすることのよさに気付き，進んで生活や学習に活用しようとする。
数学的な考え方	数量や図形についての基礎的・基本的な知識及び技能の習得や活用を通して，日常の事象について論理的に考え表現したり，そのことを基に発展的，統合的に考えたりするなど，数学的な考え方の基礎を身に付けている。
数量や図形についての技能	分数の計算をしたり，図形の面積や体積を求めたり，図形を構成したり，数量の関係などを表したり調べたりするなどの技能を身に付けている。
数量や図形についての知識・理解	数量や図形についての感覚を豊かにするとともに，分数の計算の意味，体積の公式，速さの意味，図形の意味及び数量の関係などについて理解している。

　なお，新学習指導要領下では，評価の観点が整理されることになり，それまでの四つの評価の観点を，「知識・技能」「思考・判断・表現」「主体的に学習に取り組む態度」の3観点に整理することとなった。2016年8月に，中央教育審議会教育課程部会算数・数学ワーキンググループが，算数・数学科における評価の観点の趣旨を整理している。

知識・技能	○数量や図形などについての基礎的・基本的な概念や性質などを理解している。 ○日常の事象を数理的に表現・処理する技能を身に付けている。
思考・判断・表現	○日常の事象を数理的にとらえ見通しをもち筋道立てて考察する力，基礎的・基本的な数量や図形などの性質を見いだし統合的・発展的に考察する力を身に付けている。 ○数学的な表現を用いて事象を簡潔・明瞭・的確に表したり柔軟に表したりする力を身に付けている。
主体的に学習に取り組む態度	○数学のよさに気づき，算数の学習を生活や学習に活用しようとする。 ○学習の過程と成果を振り返ってよりよく問題解決しようとする

2　観点別学習状況の評価の考え方

①　目標に準拠した評価

　現在，観点別学習状況の評価は，学習状況を総括的に捉える「評定」とともに，学習指導要領に定める目標に準拠した評価として実施している。この背景には，学習指導要領が国の定める最低基準であるという考え方がある。このような位置づけは，学習内容については「達成できたかどうか」を評価すべきであり，達成できていなければ教え直しや補充指導等を行って，達成させなければならないことを意味している。

　目標に準拠した評価では，学習指導要領に定める目標に照らした実現状況，いわゆる評価基準が必要になる。評価基準は次のように区別されている。

▷3　評　定
各教科の学習状況を総括的に評価するものである。評定は，観点別学習状況の評価に関する情報に基づいてなされる。

▷4　目標に準拠した評価
学習指導要領に示す目標がどの程度実現したか，その実現状況を見る評価のことをさす。絶対評価とも言われてきた。一方「集団に準拠した評価」は，学年や学級などの集団において，どの位置にあるかをみる評価

第Ⅲ部　算数科授業の設計と実践研究の課題・方法

をさすもので，相対評価と言われる。

▷5　評価基準
評価規準で示した状態を，どの程度まで習得しているのかについて，数値（1・2・3），記号（A・B・C），または文章表記で示したものである。

▷6　評価規準
学習指導のねらいが実現された状態を，児童の姿として具体的に文章表記したものである。

【十分満足できる】状況と判断されるもの　　：A
【おおむね満足できる】状況と判断されるもの：B
【努力を要する】状況と判断されるもの　　　：C

② 評価規準

　観点ごとの実現状況を判断するために必要になるのが，評価規準である。評価規準は，学習指導のねらいに対する児童の実現状況を具体的に示したものである。国立教育政策研究所教育課程研究センター（2011）の「評価規準の作成，評価方法等の工夫改善のための参考資料【小学校算数】」には，算数科における「評価規準の設定例」が示されている。例えば，学習指導要領［2008年改訂］の第5学年の「B量と測定」の(1)ア「三角形，平行四辺形，ひし形及び台形の面積の求め方を考えること」に対する評価規準の設定例は次のとおりである。

算数への関心・意欲・態度	・既習の正方形や長方形の面積の求め方に帰着させて考えることで，三角形，平行四辺形，ひし形，台形の面積を求めることができるというよさに気付き，進んで活用しようとしている。 ・三角形，平行四辺形，ひし形及び台形の面積の公式を導き出そうとしている。
数学的な考え方	・三角形，平行四辺形，ひし形，台形の面積の求め方を考えている。
数量や図形についての技能	・三角形，平行四辺形，ひし形，台形の面積を公式を用いて求めることができる。
数量や図形についての知識・理解	・面積の大きさについての豊かな感覚をもっている。 ・必要な部分の長さを用いることで，三角形，平行四辺形，ひし形，台形の面積は計算によって求めることができることを理解している。

　例えば，台形の面積の求め方について考える授業の場合，台形の面積の学習は，三角形と平行四辺形の面積の学習後に位置づけられているので，上述の「評価規準の設定例」を参考に，次の評価規準を設定することが考えられる。

〈評価規準〉
(1)既習の三角形，平行四辺形の面積の求め方に帰着させて，台形の面積を求めようとしている。（算数への関心・意欲・態度）
(2)台形の面積の求め方を考えている。（数学的な考え方）

　評価規準(1)，(2)をもとにすると，本時の目標を次のように設定し，台形の面積の公式については，次時の内容とすることが考えられる。

〈本時の目標〉
既習の三角形，平行四辺形の面積の求め方に帰着させて，台形の面積の求め方を考えることができる。

　ここで大事なことは，本時の目標と評価規準を同時に設定しているというこ

とである。評価規準(1)と(2)は,【おおむね満足できる】状況(B)を示すものである。したがって,上述の評価規準に到達していると判断されれば(B)という評価になる。一方,評価規準に到達していないと判断されれば【努力を要する】状況(C)の評価になる。

【十分に満足できる】状況(A)という評価になるのは,児童の学習状況に質的な高まりや深まりがあると判断される時である。上述の評価規準(2)でいえば,台形の面積の求め方を複数個見出した児童は(A)になる。

日々の授業のなかで児童の学習状況に関する評価情報を蓄積し,学期末や学年末などに観点別学習状況の評価の観点ごとの総括,さらには評定への総括を行うことになる。小学校での評定(第3学年以上)は,次の3段階で表す。

  【十分に満足できる】状況を判断されるもの :3
  【おおむね満足できる】状況と判断されるもの:2
  【努力を要する】状況を判断されるもの   :1

3 新学習指導要領下における観点別学習状況の評価

2016年12月の中央教育審議会答申に対し,新学習指導要領改訂において全教科の教育目標と内容が,「知識及び技能」「思考力,判断力,表現力等」「学びに向かう力,人間性等」の資質・能力の三つの柱で整理された。これを受けて,評価の観点は,各資質・能力に対応した3観点(「知識・技能」「思考・判断・表現」「主体的に学習に取り組む態度」)になった。なお,「学びに向かう力,人間性等」には,「主体的に学習に取り組む態度」として観点別評価を通じて見取ることができる部分と,観点別評価にはなじまず,個人内評価(個人のよ

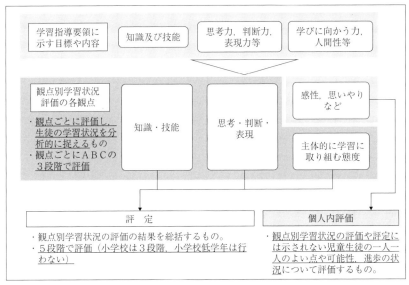

図12-1 各教科の評価の基本構造図
出所:中央教育審議会教育課程部会児童生徒の学習評価に関するワーキンググループ(2018)。

い点や可能性，進歩の状況について評価する）を通じて見取る部分があることを理解しておく必要がある（図12-1）。

4 新学習指導要領における三つの観点の趣旨と評価方法

2018年12月に，中央教育審議会教育課程部会児童生徒の学習評価に関するワーキンググループが，「知識・技能」「思考・判断・表現」「主体的に学習に取り組む態度」の三つの観点の評価について整理した（中央教育審議会教育課程部会児童生徒の学習評価に関するワーキンググループ，2018）。

① 「知識・技能」の評価

「知識・技能」の評価内容は，次のとおりである。

> (1)各教科等における学習の過程を通した知識及び技能の習得状況
> (2)既有の知識及び技能と関連付けたり活用したりする中で，他の学習や生活の場面でも活用できる程度に概念等を理解したり，技能を習得したりしているか

この観点は，事実的な知識や一定の手順に沿って処理する技能だけでなく，次のようなものを含む広範な意味で用いられている。

・生きて働く概念的な知識を含み，さらなる概念形成に向かうもの。
・変化する状況に応じて主体的に活用できる技能やそのような技能の習熟・熟達に向かうもの。

具体的な評価の方法としては，ペーパーテストが典型である。しかし，事実的な知識の習得を問う問題だけでなく，知識の概念的な理解を問うような問題も扱う工夫改善を図ることが大切である。その際には，児童が文章による説明をしたり，観察や実験をしたり，式やグラフで表したりするなど，知識や技能を用いる場面を設定することが考えられる。

② 「思考・判断・表現」の評価

「思考・判断・表現」の評価内容は，次のとおりである。

> (1)各教科等の知識及び技能を活用して課題を解決する等のために必要な思考力，判断力，表現力等を身に付けているかどうか

これは，現行の「思考・判断・表現」の観点で重視してきたことである。具体的な評価方法としては，ペーパーテストだけでなく，論述やレポート作成，プレゼンテーション，グループでの話し合いなどの多様な活動を取り入れたり，それらを集めたポートフォリオを活用したりといった工夫が考えられる。

③ 「主体的に学習に取り組む態度」の評価

「主体的に学習に取り組む態度」の評価内容は，次のとおりである。

> (1)知識及び技能を獲得したり，思考力，判断力，表現力等を身に付けたりすることに向けた粘り強い取組を行おうとする側面
> (2)(1)の粘り強い取組を行う中で，自らの学習を調整しようとする側面

「主体的に学習に取り組む態度」の観点では，知識及び技能を獲得したり，思考力，判断力，表現力等を身につけたりするために，自らの学習状況を把握し，学習の進め方について試行錯誤するなど，自らの学習を調整しながら，学ぼうとしているかどうかという意思的な側面を評価することが重要である。すなわち，(1)と(2)の両側面を合わせて評価することが鍵である。したがって，単に継続的な行動や積極的な発言などを行うなど，性格や行動面の傾向を評価するのではないことを理解しておく必要がある。

具体的な評価の方法として，ノートやレポートなどの記述，授業中の発言，教師による行動観察や，児童による自己評価や相互評価などの状況を材料として用いることが考えられる。その際に，児童の「知識・技能」や「思考・判断・表現」の観点の状況を踏まえたうえで評価を行う必要がある。

3　児童の学習の「質」の評価

1　パフォーマンス評価とその種類

概念の意味理解や知識の総合的な活用力といった高次な認知領域や，関心・意欲・態度などの情意領域を評価するには，パフォーマンス評価を中心としたスタンダード準拠評価を用いることが適切であるといわれている。2016年12月の中央教育審議会答申でも，「ペーパーテストの結果にとどまらない，多面的・多角的な評価」を行うために，パフォーマンス評価を取り入れる必要性が明言されている。

パフォーマンス評価は，「真正の評価」の代表的な評価法である。パフォーマンス評価は，現実的で真実味のある場面を設定して，そこで生み出される学習者の振る舞いや作品（パフォーマンス）を手掛かりに，知識・技能の総合的な「活用力」を評価する方法である。その際に，児童が学びえたことを，さまざまなメディア（文字，図，グラフ，絵，実演（操作））を使って表現させる。

田中（2011）によれば，パフォーマンス評価の代表的なものとして，「自由記述式問題」と「パフォーマンス課題に基づく評価」がある。自由記述式は，自分で解答を考えて記述し，ある基準に基づいてその出来・不出来が判定される形式である。文章による自由記述式の例として「作問法」があげられる。これは，算数でしばしば用いられる。「作問法」は，児童に問題を作らせることによってその児童の理解の様相を探る方法である。例えば，「3×5＝15という計算で答えを出すようなお話をつくりなさい」という課題である。

また，視覚的要素を含んだ記述形式として，「概念マップ（concept map）法」がある。この方法は，キーワードの配置や，キーワードを結びつける線の意味

▷7　スタンダード準拠評価
正答数を数えるような方法では評価できない学習，すなわち，熟達や洗練の程度をレベルとして評価する方法である。一方で，「ドメイン準拠評価」は，一定の学習範囲について，多数の問題を出題して，その正解数を数えて，何題正解したかを基準として評価する方法である。

▷8　真正の評価
ウィギンズ（G. P. Wiggins, 1950～）によって提唱された。「大人が仕事場，市民生活，私生活の場で『試されている』，その文脈を模写したりシュミレートしたりする課題」に取り組ませるなかで，知識・技能を現実世界で総合的に活用する力を評価する考え方である。

とその理由を通じて，事柄や概念間の関係に対する理解を探る方法である。

一方，「パフォーマンス課題に基づく評価」では，真正のパフォーマンスを引き出す「パフォーマンス課題」が用いられる。パフォーマンス課題は，知識・技能が実生活で生かされている場面や，その領域の専門家が知を探究する過程を追体験する場面を設定するものである。例えば，松下（2007）では，以下のような算数科のパフォーマンス課題が紹介されている。

パフォーマンス課題（目黒区菅刈小：小４）

　４年生は体育の時間に２人３きゃくをしました。２人で足なみをそろえて走るのはたいへんでしたが，かけ声をあわせてやるとだんだん速く走れるようになりました。

　そこで，運動会では，３人１組になって，赤白たいこうで３人４きゃくをやることにしました。４年生の人数は全部で42人です。

　足にむすぶひもは，全部で何本用意したらよいでしょうか。

---

2 ルーブリックとその作り方

パフォーマンス課題では，生徒の反応に多様性や幅が生じる。そのためパフォーマンス評価では，評価の信頼性の観点から，教師の主観的な評価にならないように，パフォーマンスの質（熟達度）を評価する指針が必要になる。この評価指針を「ルーブリック（rubric）」と呼ぶ。ルーブリックは，成功の度合いを示す尺度と，各尺度に見られる認識や行為の質的特徴を示した記述語からなる評価基準表のことである。上述の菅刈小のパフォーマンス課題に対するルーブリックは次の表12-1の通りである。

表12-1　ルーブリック

	思考力
観点の説明	＊見通しをもって，筋道立った考え方をしている。 ＊解決に必要な知識・技能を適切に使うことができる。
パフォーマンス評価の観点	＊一組で使うひもの数と組の数から全体のひもの数を筋道立てて考えている。 ＊適切な式や図を活用している。
A	・適切な数式が順序よく立てられており，答えにいたっている。 ・適切な図を用いて全体の人数と一組の人数，一組で使うひもの本数と組の数それぞれについて対応させている。
B	・立式の過程に一部誤りが見られる。 ・全体の人数と一組の人数，一組で使うひもの本数と組の数それぞれについての図の対応に一部の誤りが見られる。

注：不要な記述でも，誤りを含まなければ減点の対象としない。Bに満たないものはCとする。
出所：松下（2007）。

なお，表12-1は，「思考力」のみ抜粋したものであり，本来，「問題理解」（問題が理解できている），「計算・技能」（解法の手続きを正しく実行できている），「表現力」（解決にいたる過程を的確に表現することができている）を加えた４観点

からなる。

　松下（2007）によれば，ルーブリックで大切なことは，パフォーマンスの特徴をきちんと捉えることである。したがって，いつでも，観点とレベルの2次元表の様式である必要はないのである。観点を設定せずにレベルだけのルーブリックもあれば，レベルも4段階ではなく，3段階のものもある。

　上記のようなルーブリックを作成するにあたって，採点に入る前にあらかじめ大まかな素案を作っておく。しかし，ルーブリックの具体的な中身については採点と同時並行で作成が行われる。このように，パフォーマンス評価には，〈ルーブリック作成＝評価基準作り〉というプロセスが含まれている。

　ルーブリックの作成はおおよそ次のような手順で行われる。(1)パフォーマンス課題を実施し，児童のパフォーマンスの事例を集める。(2)その事例について，少なくとも3人が個々に採点する。採点する際は他の採点者にわからないように工夫する。(3)採点終了後に，全員が同じ点数を付けた事例を選んで，その事例にみられる特徴を記述する。この時，各レベルに対応する典型的な事例（「アンカー作品」と呼ばれる）を添付する。(4)一通りの記述語ができた後に，点数が一致しない事例について検討し，それらについて的確に評価できるように記述語を練り直す。

3　ルーブリックによる評価の役割

　ルーブリックは，学習課題に対する児童の認識活動の質的な転換点を規準として段階的に設定される。したがって，ルーブリックは，指導と学習にとって具体的な到達点の確認と次のステップへの指針となる。なお，ルーブリックにおける評価は，その時点での児童の到達点であって，最終の判定を意味するものではないことに留意する必要がある。ルーブリックによる評価をもとに，どのように学習を改善していくかを教師と児童が共通に認識することが期待されている。

　また，ルーブリックは，児童にとって学習活動や自己評価の指針としての役割をもつ。そのため，ルーブリックは児童にわかりやすい表現で「公開」されることが大切である。

4　パフォーマンス評価の視点からの算数授業の改善

1　全国学力・学習状況調査の問題の利用

　全国学力・学習状況調査の「主として『活用』に関する問題」（以下，『活用』問題）では，次のような力にかかわる内容を取り扱うことになっている。

第Ⅲ部　算数科授業の設計と実践研究の課題・方法

・知識・技能等を実生活のさまざまな場面に活用する力など
・さまざまな課題解決のための構想を立て実践し評価・改善する力など

また，『活用』問題では，知識・技能等が活用される状況として，「算数科固有の問題状況」「他教科等の学習の問題状況」「日常生活の問題状況」といった問題状況が取り上げられている。

このように，『活用』問題は，パフォーマンス課題の条件を満たしていると考えられる。例えば，平成29年度調査の算数Ｂ問題2では，日常生活の問題状況が取り上げられた。

> ゆりえさんたちは，交流会に来てくれた地域の方20人に，お礼の手紙と記念品をいっしょに封筒に入れて送ろうとしています。
> 1通送るのにかかる料金は，封筒の大きさと重さによって，次のように決まっています。
>
> **1通送るのにかかる料金**
>
> | 封筒の大きさ | 封筒の重さ | 料金 |
> | --- | --- | --- |
> | 小さい封筒 | 25g 以内 | 82円 |
> | | 50g 以内 | 92円 |
> | 大きい封筒 | 50g 以内 | 120円 |
> | | 100g 以内 | 140円 |
> | | 150g 以内 | 205円 |
>
> 手紙と記念品を小さい封筒に入れると，1通の重さは27gになりました。また，大きい封筒に入れると，1通の重さは36gになりました。ゆりえさんたちは，料金をできるだけ安くするために，小さい封筒に入れて送ることにしました。

▷9　そのうえで次のように問われた。「手紙と記念品を封筒に入れて，20通送るときの料金について考えます。小さい封筒に入れて送る場合は，大きい封筒に入れて送る場合と比べて，何円安くなりますか。求め方を言葉や式を使って書きましょう。また，答も書きましょう」。

2　児童の思考プロセスを表出するための工夫

パフォーマンス課題を用いた授業を毎時間実施することは困難である。しかし，パフォーマンス課題を用いなければ，パフォーマンス評価ができないわけではない。

パフォーマンス評価には，授業中の児童の発言や行動，そして，ノートに残された記述などを手掛かりに，児童の日々の学習活動のプロセスを評価する「表現に基づく評価」という広義の意味もある。日々の授業のなかでパフォーマンス評価を実現するには，「表現に基づく評価」を実施していくことが有効であろう。

「表現に基づく評価」を行うために，授業中に，児童の考えを口述あるいは記述する活動を位置づける必要がある。児童の思考プロセスの表現活動を促すことが大切なので，正答，誤答という結果は問題にならない。たとえ誤答であったとしても，児童はよい着想をもっている場合もあるし，逆に正答していたとしても，着想を明確にもっていない場合もある。この場合，「数学的考え

方」という観点からみれば，誤答の児童の評価のほうが高くならなければならない。こうしたことは，児童が導き出した結果だけからはみえてこないので，児童の思考プロセスに目を向けていく必要性を示している。

児童に思考プロセスを表現してもらうために，「何をしたのか？」「なぜそうしたのか？」だけでなく，「なぜそうしてよいと思ったの？」「なぜそれに気付いたのか？」など，児童の考えの妥当性やその考えに至ったきかっけや背景などを問う工夫が必要である。この種の問を児童へ問えるかどうかは，授業者のスタンスが重要になると考える。なにより授業者が児童の考えに関心をもつ必要がある。そして，授業者には「みんなの考えを知りたい。みんながどう考えたのかわからないから，教えてほしい」という，児童から学ぼうという姿勢が大切である。

そして，表現された児童の思考プロセスを可視化し，さらには保存するために，授業中の児童の発言や行為を板書しておくことが重要である。板書することによって，児童はノートやワークシートに，自分の考えや友だちの考えを書き留める。このような記録が蓄積されることで，教師も児童も，児童の学びや思考の足跡が見て取ることができるので，個人内評価にも活用できる。

教育課程部会の学習評価ワーキンググループ（2018）でも，観点別学習状況の評価にあたっては，児童の学習状況を適切に評価できる授業デザインを無視することができないという。例えば，「主体的に学習に取り組む態度」を評価するためには，児童が自らの理解の状況を振り返ることができるような場面を設定し，児童が自らの考えを記述したり話しあったり，あるいは他者の考えとの比較を通して自らの考えを相対化したりするなどの活動を取り入れることが考えられる。

Exercise

① 次の本時の目標(1)と(2)のそれぞれについて，『評価規準の作成，評価方法等の工夫改善のための参考資料【小学校算数】』を使って，評価基準A，B，Cを設定してみよう。
 (1)「乗数が整数の場合の小数の乗法の筆算で求めることができる」
 (2)「乗数が整数の場合の小数の乗法の計算の仕方を考えることができる」
② 全国学力・学習状況調査のB問題を活用する授業を考えたい。そこで，B問題を一つ選択して，出題の趣旨，解答類型の「正答の条件」をもとに，この授業で育成される思考力および表現力の評価規準をそれぞれ作成し，評価基準A，B，Cを設定してみよう。

📖 次への一冊

田中耕治編『パフォーマンス評価――思考力・判断力・表現力を育む授業づくり』ぎょうせい，2011年。
　パフォーマンス評価の理論をはじめ，小・中学校の各教科の事例が豊富に掲載されている。

根本博『数学教育の挑戦――数学的な洞察と目標準拠評価』東洋館出版社，2004年。
　「評価する」ということの意味，数学教育における学習評価の歴史的変遷をはじめ，目標準拠評価の基本的な考え方・進め方について詳細に書かれている。

西岡加名恵・石井英真・田中耕治編『新しい教育評価入門――人を育てるための評価』有斐閣，2015年。
　教育評価の実践の歴史的変遷をはじめ，教育評価の実践の成果と課題，最新の研究動向について解説している。

長崎栄三・滝井章編『算数の力――数学的な考え方を乗り越えて』東洋館出版社，2007年。
　これからの算数教育で育成するべき四つの「算数の力」（評価規準）と各「算数の力」に対して三つの水準（評価基準）が示されている。また，「算数の力」を育成する授業実践の事例も掲載されている。

参考・引用文献

中央教育審議会「幼稚園，小学校，中学校，高等学校及び特別支援学校の学習指導要領等の改善及び必要な方策等について（答申）」2016年。
中央教育審議会教育課程部会算数・数学ワーキンググループ「算数・数学ワーキンググループにおける審議のとりまとめについて（報告）」2016年。
中央教育審議会教育課程部会児童生徒の学習評価に関するワーキンググループ「児童生徒の学習評価の在り方について（これまでの議論の整理（案））」2018年。
国立教育政策研究所教育課程研究センター『評価規準の作成，評価方法等の工夫改善のための参考資料【小学校算数】』教育出版，2011年。
松下佳代『パフォーマンス評価――子どもの思考と表現を評価する』日本標準，2007年。
無藤隆，月刊『悠⁺』編集部編『速報新しい指導要録とこれからの評価〈平成22年改訂〉』ぎょうせい，2010年。
文部科学省『個に応じた指導に関する指導資料――発展的な学習や補充的な学習の推進（小学校算数編）』教育出版，2002年。
文部科学省『小学校学習指導要領解説算数編』東洋館出版社，2008年。
文部科学省「小学校学習指導要領解説算数編」日本文教出版，2018年。
西岡加名恵・石井英真・田中耕治編『新しい教育評価入門――人を育てるための評価』有斐閣，2015年。
根本博『数学教育の挑戦――数学的な洞察と目標準拠評価』東洋館出版社，2004年。
田中耕治編『パフォーマンス評価――思考力・判断力・表現力を育む授業づくり』ぎょうせい，2011年。

第13章
学力調査に見る算数科教育の課題と展望

〈この章のポイント〉
　近年，学力に関する議論の深まりに伴い，算数科教育を通じて身につけるべき資質や能力がより鮮明に示されるようになってきた。この背景には，国際的な学力調査や，全国学力・学習状況調査などの問題作成枠組みの進化がある。これら学力調査の結果は，わが国の子どもたちの算数・数学にかかわる学力の実態を浮き彫りにしてきた。本章では，これらの分析結果を，今後の算数科教育にどのように生かしうるのかについて検討，解説する。

1　学力とは何か

　学力とは何を意味するのか。この問いに対して，すべての人々が納得する答えを用意することは簡単ではないかもしれない。とはいえ，少なくとも，学力が多岐にわたる諸能力からなる総合体であり，単純なペーパーテストだけで評価しきれないことだけは，多くの同意が得られるだろう。

　このような認識は，近年，わが国の学校教育における学力についての基本的な立場にも明示的に反映されてきた。例えば，すでに本書でも言及したように，学校教育法第30条第2項に示された学力を構成する主要な要素は，新学習指導要領の教科目標の記述に直接的に反映され，各教科の日々の授業を通じて"何ができることを目指すのか"がより明確に示された。加えて，観点別学習状況の評価の観点が，教科目標の記述に対応する三観点，「知識・技能」「思考・判断・表現」「主体的に学習に取り組む態度」に再整理されることも提言されている。学力の根幹に位置づくであろう学校教育の各教科で育成すべき資質・能力が，複数の側面から記述されたことは，学力を成す多岐にわたる諸能力を多面的に捉えることの必要性を，色濃く映し出したものといえる。

　各教科で身につけるべき学力を多面的に捉えるためには，各教科で育成が望まれる資質・能力に即した構造化，具体化が求められる。次節では，小学校算数科にかかわる学力調査にも影響を与えている代表的な学力調査を二つ取り上げ，算数・数学にかかわる学力をどのように捉えようとしているかを紹介する。

▷1　観点別学習状況の評価
各教科では，学習状況を分析的に捉える「観点別学習状況の評価」と，総括的に捉える「評定」とを，学習指導要領に定める目標に準拠した評価として実施することが明確にされている。評価の観点としては，平成30年度現在，学校教育法第30条第2項を踏まえた四観点「知識・理解」「技能」「思考・判断・表現」「関心・意欲・態度」が設定されている。

159

2 算数・数学にかかわる学力を捉える枠組み

1 OECDによるPISAでの数学的リテラシーの枠組み

　OECDによるPISAでは，世界各国の15歳児を対象として，生徒が知識や技能を実生活の場面でどの程度活用できるかを調査しているが，その主要な分野の一つに数学的リテラシーがある。この数学的リテラシーは，「数学的なプロセス」「数学的な内容知識」「文脈」の三つの側面から特徴づけられているが，このうち「数学的なプロセス」は，それを構成する三つのプロセスと，その基盤となる七つの基本的な数学の能力が，表13-1のように関係づけられている。

表13-1　数学的なプロセスと基本的な数学の能力

	数学的に状況を「定式化」する	数学的概念・事実・手順・推論を「活用」する	数学的な結果を「解釈」し，適用し，評価する
コミュニケーション	記述・問い・課題・物体・画像あるいは，動画（コンピュータ使用型調査）を読み，解読し，解釈し，状況の心的モデルを形成する。	解を明確に表し，解に至る作業過程を示す，及び中間結果をまとめ提示する。	問題の文脈に沿って，説明と論証を構成し，伝達する。
数学化	現実世界における問題の中にある数学的変数と構造を見つけ，活用できるように仮定を置く。	問題の文脈を理解した上で，数学的解決のプロセスを主導し，前に進める。例えば，その文脈に応じた適切な精度で作業する。	適用した数学モデルに起因する数学的な解の範囲と限界を理解する。
表現	現実世界からの情報を，数学的に表現する。	問題と相互作用しながら，多様な表現を意味付け，関連付け，用いる。	状況又は活用の観点から様々な形式での数学的な結果を解釈する。 状況に関する二つ以上の表現を比較，あるいは評価する。
推論と論証	現実世界の状況に対する特定の又は作られた表現の正当性を説明，支持，提示する。	数学的な結果又は解を決定するために使ったプロセスや手順の正当性を説明，支持，提示する。数学的な解に至る情報の断片をつなぎ合わせたり，一般化したり，あるいは何段階かある論証を行ったりする。	数学的な解を振り返り，問題の文脈と関連付けて，その解を支持，却下，認めるための説明や論証を行う。
問題解決のための方略の考案	文脈化された問題を数学的に再構成するために，計画や方略を選択したり，考案したりする。	数学的な解，結論又は一般化を導く何段階かの手順を通じ，効果的で持続した制御メカニズムを活性化（activate）する。	数学的な解を問題の文脈に位置付け，解釈し，評価し，検証するために，方略を考案して実行する。
記号的，形式的，専門的な表現や操作の使用	記号／正式用語を使って現実世界の問題を表すために，適切な変数，記号，図表，標準モデル	定義，規則，正式な体系や，アルゴリズムの使用を基に形式的構造を理解して利用する。	問題の文脈と数学的な解の表現の関係を理解する。この理解を使い，文脈の中での解を解釈し，

第13章　学力調査に見る算数科教育の課題と展望

	を使う。		解の実現可能性や有効範囲を評価する。
数学的ツールの使用	数学的な構造を見分ける，あるいは数学的関係を示すために，数学的ツールを使う。	数学的な解を得るためのプロセスと手続を実行するのに役立つ，様々なツールについて知り，適切に使うことができる。	問題の文脈を受け，数学的ツールを使って数学的な解の妥当性，及びその解の限界と制約を確認する。

出所：OECD（2016，100ページ）。

例えば，2012年調査では，長さ32メートルの木材を使って花壇の枠を作成する状況において，与えられた四つのデザイン（図13-1）の花壇の枠をそれぞれ作ることが可能か否かを問う問題が出題された。この問題は，表13-1の類型でいう「数学的概念・事実・手順・推論を『活用』する」能力を主な評価対象とした問題とされた。32メートルという情報と図的表現を結びつけるコミュニケーション能力や，デザインBの周囲が長すぎることを特定するための推論や論証する能力などを評価しようとした問題である。

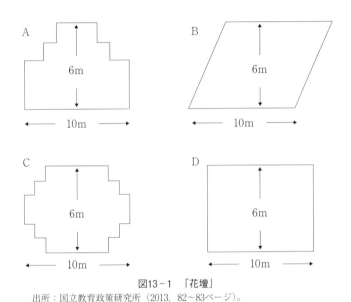

図13-1　「花壇」
出所：国立教育政策研究所（2013，82～83ページ）。

▷2　全国学力・学習状況調査

目的の詳細については，本章第三節を参照のこと。全国の小学校第6学年全員，中学校第3学年全員を対象として，国語，算数・数学については2007（平成19）年より毎年実施，理科については2012（平成24）年より三年に一度程度の実施が予定され，英語についても2019（平成31）年より三年に一度程度の実施が検討されている。なお，2018（平成30）年4月17日に実施された直近の調査では，調査対象となった小学校第6学年（107万7930人）の96.8％（104万3420人）の児童が，中学校第3学年（110万9985人）の90.8％（100万8090人）の生徒が，それぞれ参加した。

2　全国学力・学習状況調査での中学校数学Bの問題作成の枠組み

わが国の中学校第3学年全員を対象として実施されている全国学力・学習状況調査（中学校数学）の「主として『活用』に関する問題」（数学B）の問題は，中学校数学科の指導のねらいからみて，どのような場面で，どのような数学的な知識・技能などが用いられるか，また，それぞれの場面で生徒のどのような力を評価しようとするかを明確にしたうえで出題されている。それらを具体的にまとめたものが表13-2である。

例えば，2012（平成24）年度調査における中学校数学B第3問では，二人の

表13-2 「活用」に関する問題作成の枠組み

活用する力	活用の文脈や状況	主たる評価の観点	活用される数学科の内容（領域）	数学的なプロセス
α：知識・技能などを実生活の様々な場面で活用する力	実生活や身の回りの事象での考察	数学的な見方や考え方	数と式	α1：日常的な事象等を数学化すること 　α1(1)ものごとを数・量・図形等に着目で観察すること 　α1(2)ものごとの特徴を的確に捉えること 　α1(3)理想化，単純化すること α2：情報を活用すること 　α2(1)与えられた情報を分類整理すること 　α2(2)必要な情報を適切に選択し判断すること
			図　形	α3：数学的に解釈することや表現すること 　α3(1)数学的な結果を事象に即して解釈すること 　α3(2)解決の結果を数学的に表現すること
	他教科などの学習	数学的な技能		
β：様々な課題解決のための構想を立て実践し評価・改善する力			関　数	β1：問題解決のための構想を立て実践すること 　β1(1)筋道を立てて考えること 　β1(2)解決の方針を立てること 　β1(3)方針に基づいて解決すること β2：結果を評価し改善すること 　β2(1)結果を振り返って考えること 　β2(2)結果を改善すること 　β2(3)発展的に考えること
	算数・数学の世界での考察	数量や図形などについての知識・理解	資料の活用	
γ：上記α，βの両方に関わる力				γ1：他の事象との関係を捉えること γ2：複数の事象を統合すること γ3：事象を多面的に見ること

出所：国立教育政策研究所（2018, 7ページ）。

スキージャンプ選手の飛距離の記録をまとめたヒストグラム（図13-2）を比較して，次の一回でより遠くに飛びそうな選手を選択する場面で，資料の傾向を的確に捉え，判断の理由を数学的な表現を用いて説明する問題が出題された。この問題は，表13-2に示された数学的プロセスの類型α2「情報を活用すること」を評価しようとした問題である。現実事象を考察する際に必然的に生じる情報過多あるいは情報不足な状況下で，必要な情報を適切に選択したり，目的に応じて資料を収集・整理したりして，判断・説明する活用力の育成を目指した学習指導が必要であるとのメッセージが読み取れる（国立教育政策研究所，2012a，308～312ページ）。

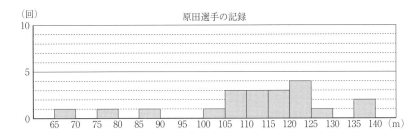

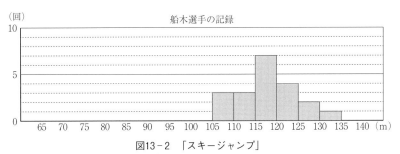

図13-2 「スキージャンプ」
出所:国立教育政策研究所 (2012a)。

3 学力を捉える枠組みの役割

　本節で扱った二つの枠組みは，数学的な知識や技能に関する側面と，数学に特有な思考や操作のプロセスに関する側面を用いて，算数・数学に関する学力を多面的に捉えようとしている。この事実を確認するだけでも，調査での学力を捉える枠組みを明確に設定する理由が，単に，そこで評価しようとする学力を数値化しやすくするためだけにあるのではないことがうかがえよう。

　学力を捉える枠組みの役割として，最も重要な教育的な役割の一つに，子どもたちのどのような資質・能力を育成すべきなのかについて，その内容を具体的にイメージするのを可能にすることがあげられる。例えば，授業担当者の視点に立つと，数学的な思考力，判断力，表現力等の重要性については誰もが認めるところであろうが，具体的にどのような能力を身につければよいのか，どのようなことができるようになればよいのかが明確でなければ，授業実践での評価・改善は非常に困難である。授業担当者が，育成すべき資質・能力を具体的にイメージできていれば，子どもたちや保護者に対して，各単元でどのようなことができるようになればよいかを伝えやすくなるのはもちろん，ある授業時間中の形成的評価をスムーズに行うことや，その日の授業の評価を踏まえた次時の授業実践の質の向上につなげることが容易になるはずである。

3 国が実施する学力調査の目的と特徴

1 特定の課題に関する調査

わが国では現在，さまざまな学力調査が実施されている。そのなかには，IEA が進める TIMSS のような国際比較調査も存在するが，本節では，これまで国が全国的に実施してきた算数科に関わる国内調査について，その目的と特徴を明らかにしておこう。

特定の課題に関する調査は，教育課程実施状況調査や研究指定校による調査の枠組みでは把握が難しい内容の調査を通じて，学習指導要領や指導の改善のための基礎的なデータを得ることを目的に実施された調査である。小学校算数科にかかわる調査は，第 4 学年～第 6 学年の児童からそれぞれ0.25％以下で抽出された児童を対象に，2004（平成16）年度に実施された。この調査でとくに注目されるのは，調査項目として「数学的に考える力」と「計算に関する力」が抽出されたことである。そして「数学的に考える力」を問う問題が，「日常事象の考察に算数・数学を生かすこと」「算数・数学の世界で事象を考察すること」「論理的に考えること」の三観点から作成された。ここには，現在の数学的活動の枠組みとの整合を確認することができる。この調査が，わが国の算数・数学にかかわる学力の議論に関して，先駆的役割を担っていたことをうかがわせる。

2 全国学力・学習状況調査

全国学力・学習状況調査は，義務教育の機会均等とその水準の維持向上の観点から，全国的な児童の学力や学習状況を把握・分析し，教育施策の成果と課題を検証し，その改善を図ること，およびそのような取り組みを通じて，教育に関する継続的な検証改善サイクルを確立し，学校における児童への教育指導の充実や学習状況の改善などに役立てることを目的とする調査である。2007（平成19）年度から毎年度実施されており，2014（平成26）年度以降は，わが国の小学校第 6 学年児童の全員が対象となる悉皆調査として実施されている。この調査では，問題作成の基本理念を明確にしたうえでの出題が継続されている。多岐にわたる諸能力からなる学力の現状を，「知識」と「活用」の側面から捉えようとしている調査である。

3 全国学力・学習状況調査「経年変化分析調査」

全国学力・学習状況調査の本体調査は毎年度実施される悉皆調査であるがゆ

▷3 教育課程実施状況調査
学習指導要領の目標・内容に照らした教育内容全般にわたる全国的な状況の把握を通じて，学習指導要領や指導の改善のための基礎的なデータを得ることに加え，教育内容全般にわたる全国的な状況をより客観的に経年で把握できるようにするため，問題の等化を活用してさまざまな難易度の問題を蓄積するなどの技術的な基盤の構築へ向けて中長期的に検討することを目的とした学力調査である。小学校算数科にかかわる調査は，第 5 学年～第 6 学年の児童からそれぞれ約 8 ％の児童を無作為に抽出して行われていた。算数科の教育内容全般を調査の対象としている点が特徴的である。

えに，年度間の調査問題の等化が困難である，すなわち，学力の経年変化の把握・分析が困難であるとの指摘がある。そこで本体調査とは別に，国全体の学力の状況について，経年の変化を把握・分析し，今後の教育施策の検証・改善に役立てることを目的とした調査が，「経年比較分析調査」として実施されている。この調査は，2013（平成25）年度（「きめ細かい調査」の一部として実施）と2016（平成28）年度に，無作為に抽出された全国の小学校430校の第6学年の児童を対象として実施された。毎回，同一問題を用いた経年比較を目的の一つとしているため，調査問題は原則非公開となっている。

4 学習指導要領実施状況調査

学習指導要領実施状況調査は，学習指導要領の検証のため，学習指導要領の改善事項を中心に，各教科の目標や内容に照らした児童の学習の実現状況について調査研究を行い，次期学習指導要領改訂の検討のためのデータなどを得ることを目的として実施されている調査である。この調査は，教育課程実施状況調査を，他の学力調査との適切な役割分担などを観点として再検討を踏まえて設定されたもので，2012（平成24）年度より実施されている。調査内容は，(1)改訂の基本方針に掲げられている内容，(2)改訂で新設，学年及び学校を越えて移行した事項，(3)従来より課題と指摘される事項や，経変比較等の観点から把握・分析が必要な事項等の三つの視点に基づいており，無作為に抽出された小学校（全体の約4.2％）の第4学年～第6学年の児童に対するペーパーテストおよび，児童，教師，保護者に対する質問紙調査が実施されている。

4 全国学力・学習状況調査（小学校算数）の実際

1 調査の役割

本節では，現在，わが国で実施されている各種学力調査の中心に位置づく全国学力・学習状況調査の詳細をみる。なお，本節で提示する図や表を含むすべての内容は，国立教育政策研究所の「全国学力・学習状況調査」に関するウェブサイトで閲覧あるいは取得できる文書に依拠している。紙幅の都合上，本節での出典の詳細は省略する。

目的についてはすでに第3節で触れたが，ここではとくに，この調査の役割が「教育に関する継続的な検証改善サイクルを確立し，学校における児童への教育指導の充実や学習状況の改善等に役立てること」にある点を強調したい。

全国学力・学習状況調査の結果が公表されると，その得点や順位に特化した主張・意見が飛び交うことが少なくない。しかし，この調査は，その時点で身

▷4 きめ細かい調査
2013（平成25）年度に全国学力・学習状況調査の一部として実施された調査で，「経年変化分析調査」「保護者に対する調査」「教育委員会に対する調査」の三種類が実施された。「保護者に対する調査」は，家庭状況と児童生徒の学力等の関係について分析するための，児童生徒の家庭における状況，保護者の教育に関する考え方等に関する調査であり，無作為に抽出された全国の小学校430校の児童の保護者を対象として実施された。「教育委員会に対する調査」は，国の教育施策の検証や，教育委員会における効果のある教育施策の把握・分析を行うための，各教育委員会に対する教育施策の実施状況等に関する調査で，すべての都道府県・市町村教育委員会を対象としている。

についている学力の特定の一部分をある側面から捉えようとした調査なのであり，入学試験のように，平均正答率等の数値データを用いた単純な比較や序列化をすることが目的ではない。加えて，そのような単純な比較や序列化を目指すのであれば，隔年の抽出調査でも十分にその目的を果たしうるはずであり，毎年度かつ悉皆での調査を実施している意義が半減する。

全国学力・学習状況調査は，指導と評価の一体化を念頭に，個々の児童たちが自分に身についている能力とそうでない能力が何かを知り，その児童たちの指導にかかわる者たちが明日の授業をよりよく改善するヒントを得るための継続的な営みである。この事実をけっして忘れてはならない。

なお，他の副次的な役割として，児童やその保護者，授業担当者が，算数のおもしろさや算数と生活の関連を実感できること，および問題を解く過程が児童にとっての学びの機会となることをあげておく。

２ 調査問題作成の枠組み

この調査では，問題作成の基本理念に沿って，「身に付けておかなければ後の学年等の学習内容に影響を及ぼす内容や，実生活において不可欠であり常に活用できるようになっていることが望ましい知識・技能など」を評価する問題（算数 A）と「知識・技能等を実生活の様々な場面に活用する力や，様々な課題解決のための構想を立て実践し評価・改善する力など」を評価する問題（算数 B）の二種類の問題が出題されている。そして算数 B では，算数科での学びの過程で現れる算数数学に特有な思考や操作のプロセスを分類整理した四つの観点を踏まえた出題がなされている。表13-3は，2018（平成30）年度調査の対応表である。

表13-3　算数 B の問題と四つの観点との対応

	物事を数・量・図形などに着目して観察し的確に捉えること	与えられた情報を分類整理したり必要なものを適切に選択したりすること	筋道を立てて考えたり振り返って考えたりすること		事象を数学的に解釈したり自分の考えを数学的に表現したりすること	
			筋道を立てて考えること	振り返って考えること	事象を数学的に解釈すること	自分の考えを数学的に表現すること
B１　敷き詰め模様	○		○		○	○
B２　玉入れゲーム		○	○	○	○	○
B３　アンケートの結果調べ	○		○		○	○
B４　九九の表	○		○		○	○
B５　輪飾り		○	○		○	○

3 調査問題の実際と反応率

それでは調査問題の実際について、二つの具体例をみてみよう。

2013（平成25）年度調査の算数B第5問設問(2)では、ある図書館の年ごとの貸出冊数の合計とインターネットを利用した貸出冊数をまとめた帯グラフ（図13-3）から、「平成22年」から「平成23年」へのインターネットを利用した貸し出し冊数の合計を求める問題が出題された。この問題は、割合が同じで基準量が増えている時の比較量の大小を判断し、その判断の理由を言葉と数や式を用いて記述できるかどうかをみた問題であった。

この設問では、冒頭、「平成20年」と「平成21年」のインターネットを利用した貸し出し冊数の合計を求めるための解決方法が、「かずやさんの考え」「たまきさんの考え」として二通り例示されたうえで、「平成22年」と「平成23年」を比較する状況が設定されたが、その正答率は44.7％であった。また、比較量を計算する解法Aを解答し、正答した児童の反応率は32.7％であること、さらには、式を根拠に判断する解法Bを解答し、正答した児童の反応率は12.0％であった。そして、誤答として、正しく「1」を選択しているものの、貸出冊数を「36000冊，42000冊」として説明しているものや、貸出冊数の割合が変わっていないことを理由に「3」を選択しているものがみられた（表13-4）。

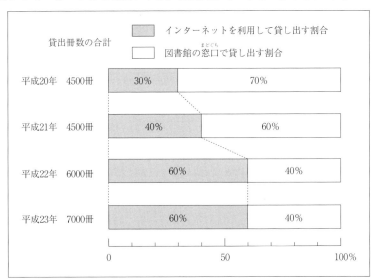

図13-3 「貸出冊数」（2013年度算数B第5問設問(2)）

表13-4 「貸出冊数」⑤（2）解答類型と反応率

問題番号		解答類型	反応率(％)	正答
⑤	(2)	（正答の条件） 番号を1と解答し、次のA①，A②の全て、またはB①，B②，B③の全てを書いている。		

第Ⅲ部　算数科授業の設計と実践研究の課題・方法

A　基準量，割合から比較量を計算して，比較量が大きくなっていることを書いている。 　A①　平成22年，平成23年のインターネットを利用した貸出冊数を求める式 　A②　平成22年，平成23年のインターネットを利用した貸出冊数 B　基準量が大きくなっていて，割合が変わらないことを根拠に比較量が大きくなっていることを書いている。 　B①　平成22年，平成23年のインターネットを利用した貸出冊数を求める式 　B②　割合が同じであることを示す言葉 　B③　基準量が大きくなっていることを示す言葉				

(正答例)
・A
60%を小数で表すと0.6になります。
6000×0.6＝3600なので平成22年は3600冊です。
7000×0.6＝4200なので平成23年は4200冊です。
だから，平成23年のほうが増えています。
・B
60%を小数で表すと0.6になります。
6000×0.6と7000×0.6を比べると，割合は同じで，もとにする量は大きくなっています。だから，平成23年のほうが増えています。

	番号	わけ		
1	1と解答	A①，A②を書いているもの	31.3	◎
2		B①，B②，B③を書いているもの	4.5	◎
3		A②を書いているもの	1.4	○
4		B②，B③を書いているもの	7.5	○
5		B③を書いているもの	4.7	
6		類型1から類型5以外の解答　無解答	17.1	
7	3と解答しているもの		18.4	
8	2と解答しているもの		6.1	
9	上記以外の解答		1.2	
0	無解答		7.8	
		正答率	44.7	

　2017(平成29)年度調査の算数B第1問は，選んだ二枚の数字カードを並べてできる二種類の二桁の整数の差について考察する問題であった。この問題では設問(1)(2)でカードの差に着目して考える方法について尋ねた後，設問(3)において，二つの数量の関係を一般化して捉え，そのきまりを言葉と数を用いて記述できるかどうかをみる問いが設定された(図13-4)。結果，正答率は38.8%であった。注目すべき誤答として，例えば「カードの差が4のとき，2けたのひき算の答えは36になる」など具体例のみを記述したもの(解答類型7)や，「カードの差が2倍，3倍となると，2けたのひき算の答えも2倍，3倍となる」(解答類型9に分類)としたものが報告されている(表13-5)。

第13章 学力調査に見る算数科教育の課題と展望

(3) そうたさんは、カードの差が1, 2, 3の場合の2けたのひき算の答えを下のようにまとめました。

> カードの差が1の場合、2けたのひき算の答えは9です。
> カードの差が2の場合、2けたのひき算の答えは18です。
> カードの差が3の場合、2けたのひき算の答えは27です。
> カードの差がわかれば、2けたのひき算の答えはかけ算で簡単(かんたん)に求めることができます。

そうたさんが言うように、カードの差を使って、2けたのひき算の答えをかけ算で簡単に求めることができるきまりがあります。

このきまりを、言葉と数を使って書きましょう。

そのとき、「カードの差」、「2けたのひき算の答え」の2つの言葉を使いましょう。

図13-4 「数学カード」(2017年度算数B第1問設問(3))

表13-5 「数字カード」①(3) 解答類型と反応率

問題番号		解答類型	反応率(％)	正答
①	(3)	(正答の条件) 次の①、②、③の全てを書き、「カードの差」が与えられたときに「2けたのひき算の答え」が一つに定まるきまりを書いている。 ① 「カードの差」、「2けたのひき算の答え」の言葉 ② 「カードの差」と「2けたのひき算の答え」の例から見いだせる数の「9」 ③ 「カードの差」、「2けたのひき算の答え」、「9」の関係を乗法で表現している言葉や式 (正答例) ・カードや差に9をかけると、2けたのひき算の答えになります。		
	1	①、②、③の全てを書き、「カードの差」が与えられたときに「2けたのひき算の答え」が一つに定まるきまりを書いているもの 例 カードの差に9をかけると、2けたのひき算の答えになります。	25.1	◎
	2	①、②、③の全てを書き、「カードの差」が与えられたときに「2けたのひき算の答え」が一つに定まる具体的な例を書いているもの 例 カードの差が4のとき、9をかけて、2けたのひき算の答えは36になります。	9.3	○
	3	①、②を書き、「カードの差」が与えられたときに「2けたのひき算の答え」が一つに定まるきまりを乗法以外で書いているもの 例 カードの差が1増えるごとに2けたのひき算の答えは9ずつ増えます。	4.4	○
	4	②を書き、「カードの差」と「9」または「2けたのひき算の答え」と「9」の関係を乗法で表現しているもの	1.5	
	5	①、②を書いているが、「カードの差」が与えられたときに「2けたのひき算の答え」が一つに定まらないきまりを書いているもの	4.8	

	6	①，②を書いているが，「カードの差」，「2けたのひき算の答え」，「9」の関係を誤って書いているもの	0.1	
	7	具体的な「カードの差」と「2けたのひき算の答え」の例を書いているもの	16.0	
	8	②を書いているもの	1.8	
	9	上記以外の解答	22.3	
	0	無解答	14.8	
		正答率	38.8	

5　全国学力・学習状況調査に見る算数科教育の課題と展望

1　算数科教育の課題

　全国学力・学習状況調査によって，算数科にかかわる児童の諸能力の実態が明らかになってきた。例えば，「整数，小数，分数の四則計算をすること」「分数の意味と表し方を理解すること」「角の大きさを求めること」「示された図形の面積を求めること」などは，関連する調査問題の正答率がおおむね80％を上回っており一定の成果が認められるが，一方で，「乗法や除法の意味を理解すること」「求積に必要な情報を取り出して面積を求めること」「図形の性質を基に事象を判断すること」「計算の順序についてのきまりなどを理解すること」「割合の意味を理解すること」などは，関連する調査問題の多くの正答率が継続的に70％を下回っており，課題があるとされている（国立教育政策研究所，2012b）。これらを踏まえて，二つの課題を提示する。

①　学習内容の系統へのよりいっそうの配慮

　「割合」に関する問題は毎年度出題されているが，それらの正答率はなかなか改善しない（例えば，第4節で例示した2013（平成25）年度調査算数B第5問など）。この継続的な調査結果からその理由を分析すると，もちろん，基準量，比較量，割合の関係を正しく理解することは必要であるが，そのためには各学年で定着しておくべき関連内容を確実に押さえていく必要がある。このことは「割合」に限ったことではない。何らかの課題があるとされた学年に限定した対応では，根本的な改善は見込めないだろう。それぞれの学年の担当者同士による十分で継続的な連携が必要といえる。

②　問題解決の方法や理由の説明を促す指導の充実

　記述式問題は，言葉や数，式，図，表，グラフなどを用いて筋道を立てて説明したり論理的に考えたりして，自ら納得したり他者を説得したりできる能力を評価するために，算数Bで継続的に出題されている（例えば，第4節で例示した2017（平成29）年度調査算数B第1問(3)など）。これは，算数や数学を通じた学

びの主要な陶冶的価値にかかわっているが，各記述式問題の正答率を平均すると，30％台にとどまっている。何かを説明する場面では，情報過多あるいは情報不足な状況下であっても目的に合った情報を適切に取捨選択し，理由と結論を明確にして，筋道立てて表現する能力が問われる。そして，その説明を振り返って評価改善することで，統合的・発展的な考察を目指す必要がある。さまざまな内容領域の学習指導において，学年段階にふさわしい説明を促す状況を，意図的に設定する必要がある。

２ 算数科教育の展望

各種学力調査を通じて明らかになってきた児童たちの算数科にかかわる諸能力の実態は，新学習指導要領の内容にも大きな影響を与えている。今後は，調査の実施と授業改善のサイクルがよりいっそう活発に展開されることが期待される。そのためには，例えば，現在用いられている算数科における数学的プロセスの枠組み（表13-3）を再点検する必要があるのかも知れない。

いずれにしても，算数科で育成が望まれる資質・能力を，数学的なプロセスを意識した枠組みで捉えようとする傾向は，世界的に広まっている。これは，どの国の子どもたちにも，将来，正解のない問いと向き合いながら，予測不可能な社会を生き抜く力が求められていることと深くかかわる。算数科で学ぶ基礎的な知識をもとに，数式などを含む広い意味での言語を使いこなす能力の育成を，中長期的な視野をもって目指していく必要がある。

Exercise

① 全国学力・学習状況調査の2007（平成19）年度調査における算数Ａ第５問設問(1)，算数Ｂ第５問設問(3)，及び2008（平成20）年度調査における算数Ａ第５問は，どれも平行四辺形の面積に関する問題であった。これらがどのような問題で，どのような結果が得られたのかを調べたうえで，算数科教育のあり方について考察してみよう。

② 全国学力・学習状況調査の結果を踏まえた日々の授業の改善・充実のための参考資料として，「授業アイディア例」が公開されている（http://www.nier.go.jp/jugyourei/index.htm　2019年１月12日閲覧）。ここに例示されている算数科授業と，読者自らが小学生の頃に受けた算数科授業との類似点と相違点について考察してみよう。

📖 次への一冊

文部科学省「全国的な学力調査」。http://www.mext.go.jp/a_menu/shotou/gakuryoku-chousa/

国立教育政策研究所「教育課程研究センター」。http://www.nier.go.jp/04_kenkyu_annai/div08-katei.html

全国学力・学習状況調査の報告書，授業アイディア例等に関する情報。http://www.nier.go.jp/kaihatsu/zenkokugakuryoku.html（以上，2019年1月12日閲覧）

　　上記では，各種学力調査でこれまでに出題された問題や解説，結果報告書など，関連するほぼすべての情報を閲覧・取得することができる。授業改善のためのヒントとなる有益な情報が多数掲載されている。

引用・参考文献

国立教育政策研究所「平成24年度全国学力・学習状況調査報告書——中学校数学」2012年a。http://www.nier.go.jp/12chousakekkahoukoku/04chuu-gaiyou/24_chuu_houkokusyo_ikkatsu_2.pdf（2019年1月12日閲覧）

国立教育政策研究所『全国学力・学習状況調査の4年間の調査結果から今後の取り組みが期待される内容のまとめ——小学校編』教育出版，2012年b。

国立教育政策研究所『生きるための知識と技能5——OECD生徒の学習状況調査（PISA）2012年調査国際結果報告書』明石書店，2013年。

国立教育政策研究所「平成30年度全国学力・学習状況調査解説資料——中学校数学」2018年。http://www.nier.go.jp/18chousa/pdf/18kaisetsu_chuu_suugaku.pdf（2019年1月12日閲覧）

文部科学省全国的な学力調査に関する専門家会議「全国的な学力調査の今後の改善方策について（まとめ）」2017年。http://www.mext.go.jp/a_menu/shotou/gakuryoku-chousa/__icsFiles/afieldfile/2017/03/30/1383338_1.pdf（2019年1月12日閲覧）

OECD『PISA2015年調査 評価の枠組み——OECD生徒の学習到達度調査』明石書店，2016年。

小学校学習指導要領　算数

第1　目　標

　数学的な見方・考え方を働かせ，数学的活動を通して，数学的に考える資質・能力を次のとおり育成することを目指す。
(1) 数量や図形などについての基礎的・基本的な概念や性質などを理解するとともに，日常の事象を数理的に処理する技能を身に付けるようにする。
(2) 日常の事象を数理的に捉え見通しをもち筋道を立てて考察する力，基礎的・基本的な数量や図形の性質などを見いだし統合的・発展的に考察する力，数学的な表現を用いて事象を簡潔・明瞭・的確に表したり目的に応じて柔軟に表したりする力を養う。
(3) 数学的活動の楽しさや数学のよさに気付き，学習を振り返ってよりよく問題解決しようとする態度，算数で学んだことを生活や学習に活用しようとする態度を養う。

第2　各学年の目標及び内容
〔第1学年〕
1　目　標
(1) 数の概念とその表し方及び計算の意味を理解し，量，図形及び数量の関係についての理解の基礎となる経験を重ね，数量や図形についての感覚を豊かにするとともに，加法及び減法の計算をしたり，形を構成したり，身の回りにある量の大きさを比べたり，簡単な絵や図などに表したりすることなどについての技能を身に付けるようにする。
(2) ものの数に着目し，具体物や図などを用いて数の数え方や計算の仕方を考える力，ものの形に着目して特徴を捉えたり，具体的な操作を通して形の構成について考えたりする力，身の回りにあるものの特徴を量に着目して捉え，量の大きさの比べ方を考える力，データの個数に着目して身の回りの事象の特徴を捉える力などを養う。
(3) 数量や図形に親しみ，算数で学んだことのよさや楽しさを感じながら学ぶ態度を養う。
2　内　容
A　数と計算
(1) 数の構成と表し方に関わる数学的活動を通して，次の事項を身に付けることができるよう指導する。

ア　次のような知識及び技能を身に付けること。
　(ｱ) ものとものとを対応させることによって，ものの個数を比べること。
　(ｲ) 個数や順番を正しく数えたり表したりすること。
　(ｳ) 数の大小や順序を考えることによって，数の系列を作ったり，数直線の上に表したりすること。
　(ｴ) 一つの数をほかの数の和や差としてみるなど，ほかの数と関係付けてみること。
　(ｵ) 2位数の表し方について理解すること。
　(ｶ) 簡単な場合について，3位数の表し方を知ること。
　(ｷ) 数を，十を単位としてみること。
　(ｸ) 具体物をまとめて数えたり等分したりして整理し，表すこと。
イ　次のような思考力，判断力，表現力等を身に付けること。
　(ｱ) 数のまとまりに着目し，数の大きさの比べ方や数え方を考え，それらを日常生活に生かすこと。
(2) 加法及び減法に関わる数学的活動を通して，次の事項を身に付けることができるよう指導する。
ア　次のような知識及び技能を身に付けること。
　(ｱ) 加法及び減法の意味について理解し，それらが用いられる場合について知ること。
　(ｲ) 加法及び減法が用いられる場面を式に表したり，式を読み取ったりすること。
　(ｳ) 1位数と1位数との加法及びその逆の減法の計算が確実にできること。
　(ｴ) 簡単な場合について，2位数などについても加法及び減法ができることを知ること。
イ　次のような思考力，判断力，表現力等を身に付けること。
　(ｱ) 数量の関係に着目し，計算の意味や計算の仕方を考えたり，日常生活に生かしたりすること。

B　図形

(1) 身の回りにあるものの形に関わる数学的活動を通して，次の事項を身に付けることができるよう指導する。
　ア　次のような知識及び技能を身に付けること。
　　(ｱ)　ものの形を認め，形の特徴を知ること。
　　(ｲ)　具体物を用いて形を作ったり分解したりすること。
　　(ｳ)　前後，左右，上下など方向や位置についての言葉を用いて，ものの位置を表すこと。
　イ　次のような思考力，判断力，表現力等を身に付けること。
　　(ｱ)　ものの形に着目し，身の回りにあるものの特徴を捉えたり，具体的な操作を通して形の構成について考えたりすること。
C　測定
(1) 身の回りのものの大きさに関わる数学的活動を通して，次の事項を身に付けることができるよう指導する。
　ア　次のような知識及び技能を身に付けること。
　　(ｱ)　長さ，広さ，かさなどの量を，具体的な操作によって直接比べたり，他のものを用いて比べたりすること。
　　(ｲ)　身の回りにあるものの大きさを単位として，その幾つ分かで大きさを比べること。
　イ　次のような思考力，判断力，表現力等を身に付けること。
　　(ｱ)　身の回りのものの特徴に着目し，量の大きさの比べ方を見いだすこと。
(2) 時刻に関わる数学的活動を通して，次の事項を身に付けることができるよう指導する。
　ア　次のような知識及び技能を身に付けること。
　　(ｱ)　日常生活の中で時刻を読むこと。
　イ　次のような思考力，判断力，表現力等を身に付けること。
　　(ｱ)　時刻の読み方を用いて，時刻と日常生活を関連付けること。
D　データの活用
(1) 数量の整理に関わる数学的活動を通して，次の事項を身に付けることができるよう指導する。
　ア　次のような知識及び技能を身に付けること。
　　(ｱ)　ものの個数について，簡単な絵や図などに表したり，それらを読み取ったりすること。
　イ　次のような思考力，判断力，表現力等を身に付けること。
　　(ｱ)　データの個数に着目し，身の回りの事象の特徴を捉えること。
〔数学的活動〕
(1) 内容の「A数と計算」，「B図形」，「C測定」及び「Dデータの活用」に示す学習については，次のような数学的活動に取り組むものとする。
　ア　身の回りの事象を観察したり，具体物を操作したりして，数量や形を見いだす活動
　イ　日常生活の問題を具体物などを用いて解決したり結果を確かめたりする活動
　ウ　算数の問題を具体物などを用いて解決したり結果を確かめたりする活動
　エ　問題解決の過程や結果を，具体物や図などを用いて表現する活動
〔用語・記号〕
　一の位　十の位　＋　－　＝
〔第２学年〕
1　目　標
(1) 数の概念についての理解を深め，計算の意味と性質，基本的な図形の概念，量の概念，簡単な表とグラフなどについて理解し，数量や図形についての感覚を豊かにするとともに，加法，減法及び乗法の計算をしたり，図形を構成したり，長さやかさなどを測定したり，表やグラフに表したりすることなどについての技能を身に付けるようにする。
(2) 数とその表現や数量の関係に着目し，必要に応じて具体物や図などを用いて数の表し方や計算の仕方などを考察する力，平面図形の特徴を図形を構成する要素に着目して捉えたり，身の回りの事象を図形の性質から考察したりする力，身の回りにあるものの特徴を量に着目して捉え，量の単位を用いて的確に表現する力，身の回りの事象をデータの特徴に着目して捉え，簡潔に表現したり考察したりする力などを養う。
(3) 数量や図形に進んで関わり，数学的に表現・処理したことを振り返り，数理的な処理のよさに気付き生活や学習に活用しようとする態度を養う。
2　内　容
A　数と計算
(1) 数の構成と表し方に関わる数学的活動を通して，次の事項を身に付けることができるよう指導する。
　ア　次のような知識及び技能を身に付けること。

(ｱ)　同じ大きさの集まりにまとめて数えたり，分類して数えたりすること。
　　(ｲ)　4位数までについて，十進位取り記数法による数の表し方及び数の大小や順序について理解すること。
　　(ｳ)　数を十や百を単位としてみるなど，数の相対的な大きさについて理解すること。
　　(ｴ)　一つの数をほかの数の積としてみるなど，ほかの数と関係付けてみること。
　　(ｵ)　簡単な事柄を分類整理し，それを数を用いて表すこと。
　　(ｶ)　$\frac{1}{2}$，$\frac{1}{3}$など簡単な分数について知ること。
　イ　次のような思考力，判断力，表現力等を身に付けること。
　　(ｱ)　数のまとまりに着目し，大きな数の大きさの比べ方や数え方を考え，日常生活に生かすこと。
(2)　加法及び減法に関わる数学的活動を通して，次の事項を身に付けることができるよう指導する。
　ア　次のような知識及び技能を身に付けること。
　　(ｱ)　2位数の加法及びその逆の減法の計算が，1位数などについての基本的な計算を基にしてできることを理解し，それらの計算が確実にできること。また，それらの筆算の仕方について理解すること。
　　(ｲ)　簡単な場合について，3位数などの加法及び減法の計算の仕方を知ること。
　　(ｳ)　加法及び減法に関して成り立つ性質について理解すること。
　　(ｴ)　加法と減法との相互関係について理解すること。
　イ　次のような思考力，判断力，表現力等を身に付けること。
　　(ｱ)　数量の関係に着目し，計算の仕方を考えたり計算に関して成り立つ性質を見いだしたりするとともに，その性質を活用して，計算を工夫したり計算の確かめをしたりすること。
(3)　乗法に関わる数学的活動を通して，次の事項を身に付けることができるよう指導する。
　ア　次のような知識及び技能を身に付けること。
　　(ｱ)　乗法の意味について理解し，それが用いられる場合について知ること。
　　(ｲ)　乗法が用いられる場面を式に表したり，式を読み取ったりすること。
　　(ｳ)　乗法に関して成り立つ簡単な性質について理解すること。
　　(ｴ)　乗法九九について知り，1位数と1位数との乗法の計算が確実にできること。
　　(ｵ)　簡単な場合について，2位数と1位数との乗法の計算の仕方を知ること。
　イ　次のような思考力，判断力，表現力等を身に付けること。
　　(ｱ)　数量の関係に着目し，計算の意味や計算の仕方を考えたり計算に関して成り立つ性質を見いだしたりするとともに，その性質を活用して，計算を工夫したり計算の確かめをしたりすること。
　　(ｲ)　数量の関係に着目し，計算を日常生活に生かすこと。
B　図形
(1)　図形に関わる数学的活動を通して，次の事項を身に付けることができるよう指導する。
　ア　次のような知識及び技能を身に付けること。
　　(ｱ)　三角形，四角形について知ること。
　　(ｲ)　正方形，長方形，直角三角形について知ること。
　　(ｳ)　正方形や長方形の面で構成される箱の形をしたものについて理解し，それらを構成したり分解したりすること。
　イ　次のような思考力，判断力，表現力等を身に付けること。
　　(ｱ)　図形を構成する要素に着目し，構成の仕方を考えるとともに，身の回りのものの形を図形として捉えること。
C　測定
(1)　量の単位と測定に関わる数学的活動を通して，次の事項を身に付けることができるよう指導する。
　ア　次のような知識及び技能を身に付けること。
　　(ｱ)　長さの単位（ミリメートル（mm），センチメートル（cm），メートル（m））及びかさの単位（ミリリットル（mL），デシリットル（dL），リットル（L））について知り，測定の意味を理解すること。
　　(ｲ)　長さ及びかさについて，およその見当を付け，単位を適切に選択して測定すること。
　イ　次のような思考力，判断力，表現力等を身に付けること。
　　(ｱ)　身の回りのものの特徴に着目し，目的に応じ

た単位で量の大きさを的確に表現したり，比べたりすること。
　(2) 時刻と時間に関わる数学的活動を通して，次の事項を身に付けることができるよう指導する。
　　ア 次のような知識及び技能を身に付けること。
　　　(ア) 日，時，分について知り，それらの関係を理解すること。
　　イ 次のような思考力，判断力，表現力等を身に付けること。
　　　(ア) 時間の単位に着目し，時刻や時間を日常生活に生かすこと。
　D　データの活用
　(1) データの分析に関わる数学的活動を通して，次の事項を身に付けることができるよう指導する。
　　ア 次のような知識及び技能を身に付けること。
　　　(ア) 身の回りにある数量を分類整理し，簡単な表やグラフを用いて表したり読み取ったりすること。
　　イ 次のような思考力，判断力，表現力等を身に付けること。
　　　(ア) データを整理する観点に着目し，身の回りの事象について表やグラフを用いて考察すること。
〔数学的活動〕
　(1) 内容の「A数と計算」，「B図形」，「C測定」及び「Dデータの活用」に示す学習については，次のような数学的活動に取り組むものとする。
　　ア 身の回りの事象を観察したり，具体物を操作したりして，数量や図形に進んで関わる活動
　　イ 日常の事象から見いだした算数の問題を，具体物，図，数，式などを用いて解決し，結果を確かめる活動
　　ウ 算数の学習場面から見いだした算数の問題を，具体物，図，数，式などを用いて解決し，結果を確かめる活動
　　エ 問題解決の過程や結果を，具体物，図，数，式などを用いて表現し伝え合う活動
〔用語・記号〕
　　直線　直角　頂点　辺　面　単位　×　＞　＜
　3　内容の取扱い
　(1) 内容の「A数と計算」の(1)については，1万についても取り扱うものとする。
　(2) 内容の「A数と計算」の(2)については，必要な場合には，（　）や□などを用いることができる。また，計算の結果の見積りについて配慮するものとする。
　(3) 内容の「A数と計算」の(2)のアの(ウ)については，交換法則や結合法則を取り扱うものとする。
　(4) 内容の「A数と計算」の(3)のアの(ウ)については，主に乗数が1ずつ増えるときの積の増え方や交換法則を取り扱うものとする。
　(5) 内容の「B図形」の(1)のアの(イ)に関連して，正方形，長方形が身の回りで多く使われていることが分かるようにするとともに，敷き詰めるなどの操作的活動を通して，平面の広がりについての基礎となる経験を豊かにするよう配慮するものとする。

〔第3学年〕
1　目　標
(1) 数の表し方，整数の計算の意味と性質，小数及び分数の意味と表し方，基本的な図形の概念，量の概念，棒グラフなどについて理解し，数量や図形についての感覚を豊かにするとともに，整数などの計算をしたり，図形を構成したり，長さや重さなどを測定したり，表やグラフに表したりすることなどについての技能を身に付けるようにする。
(2) 数とその表現や数量の関係に着目し，必要に応じて具体物や図などを用いて数の表し方や計算の仕方などを考察する力，平面図形の特徴を図形を構成する要素に着目して捉えたり，身の回りの事象を図形の性質から考察したりする力，身の回りにあるものの特徴を量に着目して捉え，量の単位を用いて的確に表現する力，身の回りの事象をデータの特徴に着目して捉え，簡潔に表現したり適切に判断したりする力などを養う。
(3) 数量や図形に進んで関わり，数学的に表現・処理したことを振り返り，数理的な処理のよさに気付き生活や学習に活用しようとする態度を養う。
2　内　容
A　数と計算
(1) 整数の表し方に関わる数学的活動を通して，次の事項を身に付けることができるよう指導する。
　ア 次のような知識及び技能を身に付けること。
　　(ア) 万の単位について知ること。
　　(イ) 10倍，100倍，1000倍，$\frac{1}{10}$の大きさの数及びそれらの表し方について知ること。
　　(ウ) 数の相対的な大きさについての理解を深めること。

イ 次のような思考力，判断力，表現力等を身に付けること。
　(ｱ) 数のまとまりに着目し，大きな数の大きさの比べ方や表し方を考え，日常生活に生かすこと。
(2) 加法及び減法に関わる数学的活動を通して，次の事項を身に付けることができるよう指導する。
　ア 次のような知識及び技能を身に付けること。
　　(ｱ) 3位数や4位数の加法及び減法の計算が，2位数などについての基本的な計算を基にしてできることを理解すること。また，それらの筆算の仕方について理解すること。
　　(ｲ) 加法及び減法の計算が確実にでき，それらを適切に用いること。
　イ 次のような思考力，判断力，表現力等を身に付けること。
　　(ｱ) 数量の関係に着目し，計算の仕方を考えたり計算に関して成り立つ性質を見いだしたりするとともに，その性質を活用して，計算を工夫したり計算の確かめをしたりすること。
(3) 乗法に関わる数学的活動を通して，次の事項を身に付けることができるよう指導する。
　ア 次のような知識及び技能を身に付けること。
　　(ｱ) 2位数や3位数に1位数や2位数をかける乗法の計算が，乗法九九などの基本的な計算を基にしてできることを理解すること。また，その筆算の仕方について理解すること。
　　(ｲ) 乗法の計算が確実にでき，それを適切に用いること。
　　(ｳ) 乗法に関して成り立つ性質について理解すること。
　イ 次のような思考力，判断力，表現力等を身に付けること。
　　(ｱ) 数量の関係に着目し，計算の仕方を考えたり計算に関して成り立つ性質を見いだしたりするとともに，その性質を活用して，計算を工夫したり計算の確かめをしたりすること。
(4) 除法に関わる数学的活動を通して，次の事項を身に付けることができるよう指導する。
　ア 次のような知識及び技能を身に付けること。
　　(ｱ) 除法の意味について理解し，それが用いられる場合について知ること。また，余りについて知ること。
　　(ｲ) 除法が用いられる場面を式に表したり，式を読み取ったりすること。
　　(ｳ) 除法と乗法や減法との関係について理解すること。
　　(ｴ) 除数と商が共に1位数である除法の計算が確実にできること。
　　(ｵ) 簡単な場合について，除数が1位数で商が2位数の除法の計算の仕方を知ること。
　イ 次のような思考力，判断力，表現力等を身に付けること。
　　(ｱ) 数量の関係に着目し，計算の意味や計算の仕方を考えたり，計算に関して成り立つ性質を見いだしたりするとともに，その性質を活用して，計算を工夫したり計算の確かめをしたりすること。
　　(ｲ) 数量の関係に着目し，計算を日常生活に生かすこと。
(5) 小数とその表し方に関わる数学的活動を通して，次の事項を身に付けることができるよう指導する。
　ア 次のような知識及び技能を身に付けること。
　　(ｱ) 端数部分の大きさを表すのに小数を用いることを知ること。また，小数の表し方及び$\frac{1}{10}$の位について知ること。
　　(ｲ) $\frac{1}{10}$の位までの小数の加法及び減法の意味について理解し，それらの計算ができることを知ること。
　イ 次のような思考力，判断力，表現力等を身に付けること。
　　(ｱ) 数のまとまりに着目し，小数でも数の大きさを比べたり計算したりできるかどうかを考えるとともに，小数を日常生活に生かすこと。
(6) 分数とその表し方に関わる数学的活動を通して，次の事項を身に付けることができるよう指導する。
　ア 次のような知識及び技能を身に付けること。
　　(ｱ) 等分してできる部分の大きさや端数部分の大きさを表すのに分数を用いることを知ること。また，分数の表し方について知ること。
　　(ｲ) 分数が単位分数の幾つ分かで表すことができることを知ること。
　　(ｳ) 簡単な場合について，分数の加法及び減法の意味について理解し，それらの計算ができることを知ること。
　イ 次のような思考力，判断力，表現力等を身に付

けること。
　　(ア)　数のまとまりに着目し，分数でも数の大きさを比べたり計算したりできるかどうかを考えるとともに，分数を日常生活に生かすこと。
(7)　数量の関係を表す式に関わる数学的活動を通して，次の事項を身に付けることができるよう指導する。
　ア　次のような知識及び技能を身に付けること。
　　(ア)　数量の関係を表す式について理解するとともに，数量を□などを用いて表し，その関係を式に表したり，□などに数を当てはめて調べたりすること。
　イ　次のような思考力，判断力，表現力等を身に付けること。
　　(ア)　数量の関係に着目し，数量の関係を図や式を用いて簡潔に表したり，式と図を関連付けて式を読んだりすること。
(8)　そろばんを用いた数の表し方と計算に関わる数学的活動を通して，次の事項を身に付けることができるよう指導する。
　ア　次のような知識及び技能を身に付けること。
　　(ア)　そろばんによる数の表し方について知ること。
　　(イ)　簡単な加法及び減法の計算の仕方について知り，計算すること。
　イ　次のような思考力，判断力，表現力等を身に付けること。
　　(ア)　そろばんの仕組みに着目し，大きな数や小数の計算の仕方を考えること。
B　図形
(1)　図形に関わる数学的活動を通して，次の事項を身に付けることができるよう指導する。
　ア　次のような知識及び技能を身に付けること。
　　(ア)　二等辺三角形，正三角形などについて知り，作図などを通してそれらの関係に次第に着目すること。
　　(イ)　基本的な図形と関連して角について知ること。
　　(ウ)　円について，中心，半径，直径を知ること。また，円に関連して，球についても直径などを知ること。
　イ　次のような思考力，判断力，表現力等を身に付けること。
　　(ア)　図形を構成する要素に着目し，構成の仕方を考えるとともに，図形の性質を見いだし，身の回りのものの形を図形として捉えること。
C　測定
(1)　量の単位と測定に関わる数学的活動を通して，次の事項を身に付けることができるよう指導する。
　ア　次のような知識及び技能を身に付けること。
　　(ア)　長さの単位（キロメートル（km））及び重さの単位（グラム（g），キログラム（kg））について知り，測定の意味を理解すること。
　　(イ)　長さや重さについて，適切な単位で表したり，およその見当を付け計器を適切に選んで測定したりすること。
　イ　次のような思考力，判断力，表現力等を身に付けること。
　　(ア)　身の回りのものの特徴に着目し，単位の関係を統合的に考察すること。
(2)　時刻と時間に関わる数学的活動を通して，次の事項を身に付けることができるよう指導する。
　ア　次のような知識及び技能を身に付けること。
　　(ア)　秒について知ること。
　　(イ)　日常生活に必要な時刻や時間を求めること。
　イ　次のような思考力，判断力，表現力等を身に付けること。
　　(ア)　時間の単位に着目し，時刻や時間の求め方について考察し，日常生活に生かすこと。
D　データの活用
(1)　データの分析に関わる数学的活動を通して，次の事項を身に付けることができるよう指導する。
　ア　次のような知識及び技能を身に付けること。
　　(ア)　日時の観点や場所の観点などからデータを分類整理し，表に表したり読んだりすること。
　　(イ)　棒グラフの特徴やその用い方を理解すること。
　イ　次のような思考力，判断力，表現力等を身に付けること。
　　(ア)　データを整理する観点に着目し，身の回りの事象について表やグラフを用いて考察して，見いだしたことを表現すること。
〔数学的活動〕
(1)　内容の「A数と計算」，「B図形」，「C測定」及び「Dデータの活用」に示す学習については，次のような数学的活動に取り組むものとする。
　ア　身の回りの事象を観察したり，具体物を操作したりして，数量や図形に進んで関わる活動

イ 日常の事象から見いだした算数の問題を，具体物，図，数，式などを用いて解決し，結果を確かめる活動

ウ 算数の学習場面から見いだした算数の問題を，具体物，図，数，式などを用いて解決し，結果を確かめる活動

エ 問題解決の過程や結果を，具体物，図，数，式などを用いて表現し伝え合う活動

〔用語・記号〕

等号　不等号　小数点　$\frac{1}{10}$の位　数直線　分母　分子　÷

3　内容の取扱い

(1) 内容の「A数と計算」の(1)については，1億についても取り扱うものとする。

(2) 内容の「A数と計算」の(2)及び(3)については，簡単な計算は暗算でできるよう配慮するものとする。また，計算の結果の見積りについても触れるものとする。

(3) 内容の「A数と計算」の(3)については，乗数又は被乗数が0の場合の計算についても取り扱うものとする。

(4) 内容の「A数と計算」の(3)のアの(ウ)については，交換法則，結合法則，分配法則を取り扱うものとする。

(5) 内容の「A数と計算」の(5)及び(6)については，小数の0.1と分数の$\frac{1}{10}$などを数直線を用いて関連付けて取り扱うものとする。

(6) 内容の「B図形」の(1)の基本的な図形については，定規，コンパスなどを用いて，図形をかいたり確かめたりする活動を重視するとともに，三角形や円などを基にして模様をかくなどの具体的な活動を通して，図形のもつ美しさに関心をもたせるよう配慮するものとする。

(7) 内容の「C測定」の(1)については，重さの単位のトン（t）について触れるとともに，接頭語（キロ（k）やミリ（m））についても触れるものとする。

(8) 内容の「Dデータの活用」の(1)のアの(イ)については，最小目盛りが2，5又は20,50などの棒グラフや，複数の棒グラフを組み合わせたグラフなどにも触れるものとする。

〔第4学年〕

1　目　標

(1) 小数及び分数の意味と表し方，四則の関係，平面図形と立体図形，面積，角の大きさ，折れ線グラフなどについて理解するとともに，整数，小数及び分数の計算をしたり，図形を構成したり，図形の面積や角の大きさを求めたり，表やグラフに表したりすることなどについての技能を身に付けるようにする。

(2) 数とその表現や数量の関係に着目し，目的に合った表現方法を用いて計算の仕方などを考察する力，図形を構成する要素及びそれらの位置関係に着目し，図形の性質や図形の計量について考察する力，伴って変わる二つの数量やそれらの関係に着目し，変化や対応の特徴を見いだして，二つの数量の関係を表や式を用いて考察する力，目的に応じてデータを収集し，データの特徴や傾向に着目して表やグラフに的確に表現し，それらを用いて問題解決したり，解決の過程や結果を多面的に捉え考察したりする力などを養う。

(3) 数学的に表現・処理したことを振り返り，多面的に捉え検討してよりよいものを求めて粘り強く考える態度，数学のよさに気付き学習したことを生活や学習に活用しようとする態度を養う。

2　内　容

A　数と計算

(1) 整数の表し方に関わる数学的活動を通して，次の事項を身に付けることができるよう指導する。

ア　次のような知識及び技能を身に付けること。

(ア) 億,兆の単位について知り，十進位取り記数法についての理解を深めること。

イ　次のような思考力，判断力，表現力等を身に付けること。

(ア) 数のまとまりに着目し，大きな数の大きさの比べ方や表し方を統合的に捉えるとともに，それらを日常生活に生かすこと。

(2) 概数に関わる数学的活動を通して，次の事項を身に付けることができるよう指導する。

ア　次のような知識及び技能を身に付けること。

(ア) 概数が用いられる場合について知ること。

(イ) 四捨五入について知ること。

(ウ) 目的に応じて四則計算の結果の見積りをすること。

イ　次のような思考力，判断力，表現力等を身に付けること。

(ア) 日常の事象における場面に着目し，目的に合った数の処理の仕方を考えるとともに，そ

れを日常生活に生かすこと。
(3) 整数の除法に関わる数学的活動を通して，次の事項を身に付けることができるよう指導する。
　ア　次のような知識及び技能を身に付けること。
　　(ア)　除数が１位数や２位数で被除数が２位数や３位数の場合の計算が，基本的な計算を基にしてできることを理解すること。また，その筆算の仕方について理解すること。
　　(イ)　除法の計算が確実にでき，それを適切に用いること。
　　(ウ)　除法について，次の関係を理解すること。
　　　　（被除数）＝（除数）×（商）＋（余り）
　　(エ)　除法に関して成り立つ性質について理解すること。
　イ　次のような思考力，判断力，表現力等を身に付けること。
　　(ア)　数量の関係に着目し，計算の仕方を考えたり計算に関して成り立つ性質を見いだしたりするとともに，その性質を活用して，計算を工夫したり計算の確かめをしたりすること。
(4) 小数とその計算に関わる数学的活動を通して，次の事項を身に付けることができるよう指導する。
　ア　次のような知識及び技能を身に付けること。
　　(ア)　ある量の何倍かを表すのに小数を用いることを知ること。
　　(イ)　小数が整数と同じ仕組みで表されていることを知るとともに，数の相対的な大きさについての理解を深めること。
　　(ウ)　小数の加法及び減法の計算ができること。
　　(エ)　乗数や除数が整数である場合の小数の乗法及び除法の計算ができること。
　イ　次のような思考力，判断力，表現力等を身に付けること。
　　(ア)　数の表し方の仕組みや数を構成する単位に着目し，計算の仕方を考えるとともに，それを日常生活に生かすこと。
(5) 分数とその加法及び減法に関わる数学的活動を通して，次の事項を身に付けることができるよう指導する。
　ア　次のような知識及び技能を身に付けること。
　　(ア)　簡単な場合について，大きさの等しい分数があることを知ること。
　　(イ)　同分母の分数の加法及び減法の計算ができること。
　イ　次のような思考力，判断力，表現力等を身に付けること。
　　(ア)　数を構成する単位に着目し，大きさの等しい分数を探したり，計算の仕方を考えたりするとともに，それを日常生活に生かすこと。
(6) 数量の関係を表す式に関わる数学的活動を通して，次の事項を身に付けることができるよう指導する。
　ア　次のような知識及び技能を身に付けること。
　　(ア)　四則の混合した式や（　）を用いた式について理解し，正しく計算すること。
　　(イ)　公式についての考え方を理解し，公式を用いること。
　　(ウ)　数量を□，△などを用いて表し，その関係を式に表したり，□，△などに数を当てはめて調べたりすること。
　イ　次のような思考力，判断力，表現力等を身に付けること。
　　(ア)　問題場面の数量の関係に着目し，数量の関係を簡潔に，また一般的に表現したり，式の意味を読み取ったりすること。
(7) 計算に関して成り立つ性質に関わる数学的活動を通して，次の事項を身に付けることができるよう指導する。
　ア　次のような知識及び技能を身に付けること。
　　(ア)　四則に関して成り立つ性質についての理解を深めること。
　イ　次のような思考力，判断力，表現力等を身に付けること。
　　(ア)　数量の関係に着目し，計算に関して成り立つ性質を用いて計算の仕方を考えること。
(8) そろばんを用いた数の表し方と計算に関わる数学的活動を通して，次の事項を身に付けることができるよう指導する。
　ア　次のような知識及び技能を身に付けること。
　　(ア)　加法及び減法の計算をすること。
　イ　次のような思考力，判断力，表現力等を身に付けること。
　　(ア)　そろばんの仕組みに着目し，大きな数や小数の計算の仕方を考えること。
B　図形
(1) 平面図形に関わる数学的活動を通して，次の事項を身に付けることができるよう指導する。
　ア　次のような知識及び技能を身に付けること。

(ｱ) 直線の平行や垂直の関係について理解すること。
(ｲ) 平行四辺形，ひし形，台形について知ること。
イ 次のような思考力，判断力，表現力等を身に付けること。
(ｱ) 図形を構成する要素及びそれらの位置関係に着目し，構成の仕方を考察し図形の性質を見いだすとともに，その性質を基に既習の図形を捉え直すこと。
(2) 立体図形に関わる数学的活動を通して，次の事項を身に付けることができるよう指導する。
ア 次のような知識及び技能を身に付けること。
(ｱ) 立方体，直方体について知ること。
(ｲ) 直方体に関連して，直線や平面の平行や垂直の関係について理解すること。
(ｳ) 見取図，展開図について知ること。
イ 次のような思考力，判断力，表現力等を身に付けること。
(ｱ) 図形を構成する要素及びそれらの位置関係に着目し，立体図形の平面上での表現や構成の仕方を考察し図形の性質を見いだすとともに，日常の事象を図形の性質から捉え直すこと。
(3) ものの位置に関わる数学的活動を通して，次の事項を身に付けることができるよう指導する。
ア 次のような知識及び技能を身に付けること。
(ｱ) ものの位置の表し方について理解すること。
イ 次のような思考力，判断力，表現力等を身に付けること。
(ｱ) 平面や空間における位置を決める要素に着目し，その位置を数を用いて表現する方法を考察すること。
(4) 平面図形の面積に関わる数学的活動を通して，次の事項を身に付けることができるよう指導する。
ア 次のような知識及び技能を身に付けること。
(ｱ) 面積の単位（平方センチメートル（cm^2），平方メートル（m^2），平方キロメートル（km^2））について知ること。
(ｲ) 正方形及び長方形の面積の計算による求め方について理解すること。
イ 次のような思考力，判断力，表現力等を身に付けること。
(ｱ) 面積の単位や図形を構成する要素に着目し，図形の面積の求め方を考えるとともに，面積の単位とこれまでに学習した単位との関係を考察すること。
(5) 角の大きさに関わる数学的活動を通して，次の事項を身に付けることができるよう指導する。
ア 次のような知識及び技能を身に付けること。
(ｱ) 角の大きさを回転の大きさとして捉えること。
(ｲ) 角の大きさの単位（度（°））について知り，角の大きさを測定すること。
イ 次のような思考力，判断力，表現力等を身に付けること。
(ｱ) 図形の角の大きさに着目し，角の大きさを柔軟に表現したり，図形の考察に生かしたりすること。
C 変化と関係
(1) 伴って変わる二つの数量に関わる数学的活動を通して，次の事項を身に付けることができるよう指導する。
ア 次のような知識及び技能を身に付けること。
(ｱ) 変化の様子を表や式，折れ線グラフを用いて表したり，変化の特徴を読み取ったりすること。
イ 次のような思考力，判断力，表現力等を身に付けること。
(ｱ) 伴って変わる二つの数量を見いだして，それらの関係に着目し，表や式を用いて変化や対応の特徴を考察すること。
(2) 二つの数量の関係に関わる数学的活動を通して，次の事項を身に付けることができるよう指導する。
ア 次のような知識及び技能を身に付けること。
(ｱ) 簡単な場合について，ある二つの数量の関係と別の二つの数量の関係とを比べる場合に割合を用いる場合があることを知ること。
イ 次のような思考力，判断力，表現力等を身に付けること。
(ｱ) 日常の事象における数量の関係に着目し，図や式などを用いて，ある二つの数量の関係と別の二つの数量の関係との比べ方を考察すること。
D データの活用
(1) データの収集とその分析に関わる数学的活動を通して，次の事項を身に付けることができるよう指

導する。
　ア　次のような知識及び技能を身に付けること。
　　(ア)　データを二つの観点から分類整理する方法を知ること。
　　(イ)　折れ線グラフの特徴とその用い方を理解すること。
　イ　次のような思考力，判断力，表現力等を身に付けること。
　　(ア)　目的に応じてデータを集めて分類整理し，データの特徴や傾向に着目し，問題を解決するために適切なグラフを選択して判断し，その結論について考察すること。
〔数学的活動〕
(1)　内容の「A数と計算」，「B図形」，「C変化と関係」及び「Dデータの活用」に示す学習については，次のような数学的活動に取り組むものとする。
　ア　日常の事象から算数の問題を見いだして解決し，結果を確かめたり，日常生活等に生かしたりする活動
　イ　算数の学習場面から算数の問題を見いだして解決し，結果を確かめたり，発展的に考察したりする活動
　ウ　問題解決の過程や結果を，図や式などを用いて数学的に表現し伝え合う活動
〔用語・記号〕
　　和　差　積　商　以上　以下　未満　真分数　仮分数　帯分数　平行　垂直　対角線　平面
　3　内容の取扱い
(1)　内容の「A数と計算」の(1)については，大きな数を表す際に，3桁ごとに区切りを用いる場合があることに触れるものとする。
(2)　内容の「A数と計算」の(2)のアの(ウ)及び(3)については，簡単な計算は暗算でできるよう配慮するものとする。また，暗算を筆算や見積りに生かすよう配慮するものとする。
(3)　内容の「A数と計算」の(3)については，第1学年から第4学年までに示す整数の計算の能力を定着させ，それを用いる能力を伸ばすことに配慮するものとする。
(4)　内容の「A数と計算」の(3)のアの(エ)については，除数及び被除数に同じ数をかけても，同じ数で割っても商は変わらないという性質などを取り扱うものとする。

(5)　内容の「A数と計算」の(4)のアの(エ)については，整数を整数で割って商が小数になる場合も含めるものとする。
(6)　内容の「A数と計算」の(7)のアの(ア)については，交換法則，結合法則，分配法則を扱うものとする。
(7)　内容の「B図形」の(1)については，平行四辺形，ひし形，台形で平面を敷き詰めるなどの操作的な活動を重視するよう配慮するものとする。
(8)　内容の「B図形」の(4)のアの(ア)については，アール（a），ヘクタール（ha）の単位についても触れるものとする。
(9)　内容の「Dデータの活用」の(1)のアの(ア)については，資料を調べるときに，落ちや重なりがないようにすることを取り扱うものとする。
(10)　内容の「Dデータの活用」の(1)のアの(イ)については，複数系列のグラフや組み合わせたグラフにも触れるものとする。

〔第5学年〕
1　目　標
(1)　整数の性質，分数の意味，小数と分数の計算の意味，面積の公式，図形の意味と性質，図形の体積，速さ，割合，帯グラフなどについて理解するとともに，小数や分数の計算をしたり，図形の性質を調べたり，図形の面積や体積を求めたり，表やグラフに表したりすることなどについての技能を身に付けるようにする。
(2)　数とその表現や計算の意味に着目し，目的に合った表現方法を用いて数の性質や計算の仕方などを考察する力，図形を構成する要素や図形間の関係などに着目し，図形の性質や図形の計量について考察する力，伴って変わる二つの数量やそれらの関係に着目し，変化や対応の特徴を見いだして，二つの数量の関係を表や式を用いて考察する力，目的に応じてデータを収集し，データの特徴や傾向に着目して表やグラフに的確に表現し，それらを用いて問題解決したり，解決の過程や結果を多面的に捉え考察したりする力などを養う。
(3)　数学的に表現・処理したことを振り返り，多面的に捉え検討してよりよいものを求めて粘り強く考える態度，数学のよさに気付き学習したことを生活や学習に活用しようとする態度を養う。
2　内　容
A　数と計算

(1) 整数の性質及び整数の構成に関わる数学的活動を通して，次の事項を身に付けることができるよう指導する。
　ア　次のような知識及び技能を身に付けること。
　　(ｱ)　整数は，観点を決めると偶数と奇数に類別されることを知ること。
　　(ｲ)　約数，倍数について知ること。
　イ　次のような思考力，判断力，表現力等を身に付けること。
　　(ｱ)　乗法及び除法に着目し，観点を決めて整数を類別する仕方を考えたり，数の構成について考察したりするとともに，日常生活に生かすこと。
(2) 整数及び小数の表し方に関わる数学的活動を通して，次の事項を身に付けることができるよう指導する。
　ア　次のような知識及び技能を身に付けること。
　　(ｱ)　ある数の10倍，100倍，1000倍，$\frac{1}{10}$，$\frac{1}{100}$などの大きさの数を，小数点の位置を移してつくること。
　イ　次のような思考力，判断力，表現力等を身に付けること。
　　(ｱ)　数の表し方の仕組みに着目し，数の相対的な大きさを考察し，計算などに有効に生かすこと。
(3) 小数の乗法及び除法に関わる数学的活動を通して，次の事項を身に付けることができるよう指導する。
　ア　次のような知識及び技能を身に付けること。
　　(ｱ)　乗数や除数が小数である場合の小数の乗法及び除法の意味について理解すること。
　　(ｲ)　小数の乗法及び除法の計算ができること。また，余りの大きさについて理解すること。
　　(ｳ)　小数の乗法及び除法についても整数の場合と同じ関係や法則が成り立つことを理解すること。
　イ　次のような思考力，判断力，表現力等を身に付けること。
　　(ｱ)　乗法及び除法の意味に着目し，乗数や除数が小数である場合まで数の範囲を広げて乗法及び除法の意味を捉え直すとともに，それらの計算の仕方を考えたり，それらを日常生活に生かしたりすること。
(4) 分数に関わる数学的活動を通して，次の事項を身に付けることができるよう指導する。
　ア　次のような知識及び技能を身に付けること。
　　(ｱ)　整数及び小数を分数の形に直したり，分数を小数で表したりすること。
　　(ｲ)　整数の除法の結果は，分数を用いると常に一つの数として表すことができることを理解すること。
　　(ｳ)　一つの分数の分子及び分母に同じ数を乗除してできる分数は，元の分数と同じ大きさを表すことを理解すること。
　　(ｴ)　分数の相等及び大小について知り，大小を比べること。
　イ　次のような思考力，判断力，表現力等を身に付けること。
　　(ｱ)　数を構成する単位に着目し，数の相等及び大小関係について考察すること。
　　(ｲ)　分数の表現に着目し，除法の結果の表し方を振り返り，分数の意味をまとめること。
(5) 分数の加法及び減法に関わる数学的活動を通して，次の事項を身に付けることができるよう指導する。
　ア　次のような知識及び技能を身に付けること。
　　(ｱ)　異分母の分数の加法及び減法の計算ができること。
　イ　次のような思考力，判断力，表現力等を身に付けること。
　　(ｱ)　分数の意味や表現に着目し，計算の仕方を考えること。
(6) 数量の関係を表す式に関わる数学的活動を通して，次の事項を身に付けることができるよう指導する。
　ア　次のような知識及び技能を身に付けること。
　　(ｱ)　数量の関係を表す式についての理解を深めること。
　イ　次のような思考力，判断力，表現力等を身に付けること。
　　(ｱ)　二つの数量の対応や変わり方に着目し，簡単な式で表されている関係について考察すること。
B　図形
(1) 平面図形に関わる数学的活動を通して，次の事項を身に付けることができるよう指導する。
　ア　次のような知識及び技能を身に付けること。
　　(ｱ)　図形の形や大きさが決まる要素について理解

するとともに，図形の合同について理解すること。
　(ｲ) 三角形や四角形など多角形についての簡単な性質を理解すること。
　(ｳ) 円と関連させて正多角形の基本的な性質を知ること。
　(ｴ) 円周率の意味について理解し，それを用いること。
　イ　次のような思考力，判断力，表現力等を身に付けること。
　(ｱ) 図形を構成する要素及び図形間の関係に着目し，構成の仕方を考察したり，図形の性質を見いだし，その性質を筋道を立てて考え説明したりすること。
(2) 立体図形に関わる数学的活動を通して，次の事項を身に付けることができるよう指導する。
　ア　次のような知識及び技能を身に付けること。
　(ｱ) 基本的な角柱や円柱について知ること。
　イ　次のような思考力，判断力，表現力等を身に付けること。
　(ｱ) 図形を構成する要素に着目し，図形の性質を見いだすとともに，その性質を基に既習の図形を捉え直すこと。
(3) 平面図形の面積に関わる数学的活動を通して，次の事項を身に付けることができるよう指導する。
　ア　次のような知識及び技能を身に付けること。
　(ｱ) 三角形，平行四辺形，ひし形，台形の面積の計算による求め方について理解すること。
　イ　次のような思考力，判断力，表現力等を身に付けること。
　(ｱ) 図形を構成する要素などに着目して，基本図形の面積の求め方を見いだすとともに，その表現を振り返り，簡潔かつ的確な表現に高め，公式として導くこと。
(4) 立体図形の体積に関わる数学的活動を通して，次の事項を身に付けることができるよう指導する。
　ア　次のような知識及び技能を身に付けること。
　(ｱ) 体積の単位（立方センチメートル（cm^3），立方メートル（m^3））について知ること。
　(ｲ) 立方体及び直方体の体積の計算による求め方について理解すること。
　イ　次のような思考力，判断力，表現力等を身に付けること。
　(ｱ) 体積の単位や図形を構成する要素に着目し，図形の体積の求め方を考えるとともに，体積の単位とこれまでに学習した単位との関係を考察すること。

C　変化と関係
(1) 伴って変わる二つの数量に関わる数学的活動を通して，次の事項を身に付けることができるよう指導する。
　ア　次のような知識及び技能を身に付けること。
　(ｱ) 簡単な場合について，比例の関係があることを知ること。
　イ　次のような思考力，判断力，表現力等を身に付けること。
　(ｱ) 伴って変わる二つの数量を見いだして，それらの関係に着目し，表や式を用いて変化や対応の特徴を考察すること。
(2) 異種の二つの量の割合として捉えられる数量に関わる数学的活動を通して，次の事項を身に付けることができるよう指導する。
　ア　次のような知識及び技能を身に付けること。
　(ｱ) 速さなど単位量当たりの大きさの意味及び表し方について理解し，それを求めること。
　イ　次のような思考力，判断力，表現力等を身に付けること。
　(ｱ) 異種の二つの量の割合として捉えられる数量の関係に着目し，目的に応じて大きさを比べたり表現したりする方法を考察し，それらを日常生活に生かすこと。
(3) 二つの数量の関係に関わる数学的活動を通して，次の事項を身に付けることができるよう指導する。
　ア　次のような知識及び技能を身に付けること。
　(ｱ) ある二つの数量の関係と別の二つの数量の関係とを比べる場合に割合を用いる場合があることを理解すること。
　(ｲ) 百分率を用いた表し方を理解し，割合などを求めること。
　イ　次のような思考力，判断力，表現力等を身に付けること。
　(ｱ) 日常の事象における数量の関係に着目し，図や式などを用いて，ある二つの数量の関係と別の二つの数量の関係との比べ方を考察し，それを日常生活に生かすこと。

D　データの活用
(1) データの収集とその分析に関わる数学的活動を通

して，次の事項を身に付けることができるよう指導する。
　ア　次のような知識及び技能を身に付けること。
　　(ア)　円グラフや帯グラフの特徴とそれらの用い方を理解すること。
　　(イ)　データの収集や適切な手法の選択など統計的な問題解決の方法を知ること。
　イ　次のような思考力，判断力，表現力等を身に付けること。
　　(ア)　目的に応じてデータを集めて分類整理し，データの特徴や傾向に着目し，問題を解決するために適切なグラフを選択して判断し，その結論について多面的に捉え考察すること。
(2)　測定した結果を平均する方法に関わる数学的活動を通して，次の事項を身に付けることができるよう指導する。
　ア　次のような知識及び技能を身に付けること。
　　(ア)　平均の意味について理解すること。
　イ　次のような思考力，判断力，表現力等を身に付けること。
　　(ア)　概括的に捉えることに着目し，測定した結果を平均する方法について考察し，それを学習や日常生活に生かすこと。
〔数学的活動〕
(1)　内容の「A数と計算」，「B図形」，「C変化と関係」及び「Dデータの活用」に示す学習については，次のような数学的活動に取り組むものとする。
　ア　日常の事象から算数の問題を見いだして解決し，結果を確かめたり，日常生活等に生かしたりする活動
　イ　算数の学習場面から算数の問題を見いだして解決し，結果を確かめたり，発展的に考察したりする活動
　ウ　問題解決の過程や結果を，図や式などを用いて数学的に表現し伝え合う活動
〔用語・記号〕
　　最大公約数　最小公倍数　通分　約分　底面　側面　比例　％
3　内容の取扱い
(1)　内容の「A数と計算」の(1)のアの(イ)については，最大公約数や最小公倍数を形式的に求めることに偏ることなく，具体的な場面に即して取り扱うものとする。

(2)　内容の「B図形」の(1)については，平面を合同な図形で敷き詰めるなどの操作的な活動を重視するよう配慮するものとする。
(3)　内容の「B図形」の(1)のアの(エ)については，円周率は3.14を用いるものとする。
(4)　内容の「C変化と関係」の(3)のアの(イ)については，歩合の表し方について触れるものとする。
(5)　内容の「Dデータの活用」の(1)については，複数の帯グラフを比べることにも触れるものとする。

〔第6学年〕
1　目　標
(1)　分数の計算の意味，文字を用いた式，図形の意味，図形の体積，比例，度数分布を表す表などについて理解するとともに，分数の計算をしたり，図形を構成したり，図形の面積や体積を求めたり，表やグラフに表したりすることなどについての技能を身に付けるようにする。
(2)　数とその表現や計算の意味に着目し，発展的に考察して問題を見いだすとともに，目的に応じて多様な表現方法を用いながら数の表し方や計算の仕方などを考察する力，図形を構成する要素や図形間の関係などに着目し，図形の性質や図形の計量について考察する力，伴って変わる二つの数量やそれらの関係に着目し，変化や対応の特徴を見いだして，二つの数量の関係を表や式，グラフを用いて考察する力，身の回りの事象から設定した問題について，目的に応じてデータを収集し，データの特徴や傾向に着目して適切な手法を選択して分析を行い，それらを用いて問題解決したり，解決の過程や結果を批判的に考察したりする力などを養う。
(3)　数学的に表現・処理したことを振り返り，多面的に捉え検討してよりよいものを求めて粘り強く考える態度，数学のよさに気付き学習したことを生活や学習に活用しようとする態度を養う。
2　内　容
A　数と計算
(1)　分数の乗法及び除法に関わる数学的活動を通して，次の事項を身に付けることができるよう指導する。
　ア　次のような知識及び技能を身に付けること。
　　(ア)　乗数や除数が整数や分数である場合も含めて，分数の乗法及び除法の意味について理解すること。

(イ)　分数の乗法及び除法の計算ができること。
　　　(ウ)　分数の乗法及び除法についても，整数の場合と同じ関係や法則が成り立つことを理解すること。
　　イ　次のような思考力，判断力，表現力等を身に付けること。
　　　(ア)　数の意味と表現，計算について成り立つ性質に着目し，計算の仕方を多面的に捉え考えること。
(2)　数量の関係を表す式に関わる数学的活動を通して，次の事項を身に付けることができるよう指導する。
　　ア　次のような知識及び技能を身に付けること。
　　　(ア)　数量を表す言葉や□，△などの代わりに，a, x などの文字を用いて式に表したり，文字に数を当てはめて調べたりすること。
　　イ　次のような思考力，判断力，表現力等を身に付けること。
　　　(ア)　問題場面の数量の関係に着目し，数量の関係を簡潔かつ一般的に表現したり，式の意味を読み取ったりすること。
B　図形
(1)　平面図形に関わる数学的活動を通して，次の事項を身に付けることができるよう指導する。
　　ア　次のような知識及び技能を身に付けること。
　　　(ア)　縮図や拡大図について理解すること。
　　　(イ)　対称な図形について理解すること。
　　イ　次のような思考力，判断力，表現力等を身に付けること。
　　　(ア)　図形を構成する要素及び図形間の関係に着目し，構成の仕方を考察したり図形の性質を見いだしたりするとともに，その性質を基に既習の図形を捉え直したり日常生活に生かしたりすること。
(2)　身の回りにある形の概形やおよその面積などに関わる数学的活動を通して，次の事項を身に付けることができるよう指導する。
　　ア　次のような知識及び技能を身に付けること。
　　　(ア)　身の回りにある形について，その概形を捉え，およその面積などを求めること。
　　イ　次のような思考力，判断力，表現力等を身に付けること。
　　　(ア)　図形を構成する要素や性質に着目し，筋道を立てて面積などの求め方を考え，それを日常生活に生かすこと。
(3)　平面図形の面積に関わる数学的活動を通して，次の事項を身に付けることができるよう指導する。
　　ア　次のような知識及び技能を身に付けること。
　　　(ア)　円の面積の計算による求め方について理解すること。
　　イ　次のような思考力，判断力，表現力等を身に付けること。
　　　(ア)　図形を構成する要素などに着目し，基本図形の面積の求め方を見いだすとともに，その表現を振り返り，簡潔かつ的確な表現に高め，公式として導くこと。
(4)　立体図形の体積に関わる数学的活動を通して，次の事項を身に付けることができるよう指導する。
　　ア　次のような知識及び技能を身に付けること。
　　　(ア)　基本的な角柱及び円柱の体積の計算による求め方について理解すること。
　　イ　次のような思考力，判断力，表現力等を身に付けること。
　　　(ア)　図形を構成する要素に着目し，基本図形の体積の求め方を見いだすとともに，その表現を振り返り，簡潔かつ的確な表現に高め，公式として導くこと。
C　変化と関係
(1)　伴って変わる二つの数量に関わる数学的活動を通して，次の事項を身に付けることができるよう指導する。
　　ア　次のような知識及び技能を身に付けること。
　　　(ア)　比例の関係の意味や性質を理解すること。
　　　(イ)　比例の関係を用いた問題解決の方法について知ること。
　　　(ウ)　反比例の関係について知ること。
　　イ　次のような思考力，判断力，表現力等を身に付けること。
　　　(ア)　伴って変わる二つの数量を見いだして，それらの関係に着目し，目的に応じて表や式，グラフを用いてそれらの関係を表現して，変化や対応の特徴を見いだすとともに，それらを日常生活に生かすこと。
(2)　二つの数量の関係に関わる数学的活動を通して，次の事項を身に付けることができるよう指導する。
　　ア　次のような知識及び技能を身に付けること。
　　　(ア)　比の意味や表し方を理解し，数量の関係を比

で表したり，等しい比をつくったりすること。
　　イ　次のような思考力，判断力，表現力等を身に付けること。
　　　(ｱ)　日常の事象における数量の関係に着目し，図や式などを用いて数量の関係の比べ方を考察し，それを日常生活に生かすこと。
　D　データの活用
(1)　データの収集とその分析に関わる数学的活動を通して，次の事項を身に付けることができるよう指導する。
　　ア　次のような知識及び技能を身に付けること。
　　　(ｱ)　代表値の意味や求め方を理解すること。
　　　(ｲ)　度数分布を表す表やグラフの特徴及びそれらの用い方を理解すること。
　　　(ｳ)　目的に応じてデータを収集したり適切な手法を選択したりするなど，統計的な問題解決の方法を知ること。
　　イ　次のような思考力，判断力，表現力等を身に付けること。
　　　(ｱ)　目的に応じてデータを集めて分類整理し，データの特徴や傾向に着目し，代表値などを用いて問題の結論について判断するとともに，その妥当性について批判的に考察すること。
(2)　起こり得る場合に関わる数学的活動を通して，次の事項を身に付けることができるよう指導する。
　　ア　次のような知識及び技能を身に付けること。
　　　(ｱ)　起こり得る場合を順序よく整理するための図や表などの用い方を知ること。
　　イ　次のような思考力，判断力，表現力等を身に付けること。
　　　(ｱ)　事象の特徴に着目し，順序よく整理する観点を決めて，落ちや重なりなく調べる方法を考察すること。
〔数学的活動〕
(1)　内容の「A数と計算」，「B図形」，「C変化と関係」及び「Dデータの活用」に示す学習については，次のような数学的活動に取り組むものとする。
　　ア　日常の事象を数理的に捉え問題を見いだして解決し，解決過程を振り返り，結果や方法を改善したり，日常生活等に生かしたりする活動
　　イ　算数の学習場面から算数の問題を見いだして解決し，解決過程を振り返り統合的・発展的に考察する活動
　　ウ　問題解決の過程や結果を，目的に応じて図や式などを用いて数学的に表現し伝え合う活動
〔用語・記号〕
　　線対称　点対称　対称の軸　対称の中心　比の値
　　ドットプロット　平均値　中央値　最頻値　階級　：
3　内容の取扱い
(1)　内容の「A数と計算」の(1)については，逆数を用いて除法を乗法の計算としてみることや，整数や小数の乗法や除法を分数の場合の計算にまとめることも取り扱うものとする。
(2)　内容の「A数と計算」の(1)については，第3学年から第6学年までに示す小数や分数の計算の能力を定着させ，それらを用いる能力を伸ばすことに配慮するものとする。
(3)　内容の「B図形」の(3)のアの(ｱ)については，円周率は3.14を用いるものとする。

第3　指導計画の作成と内容の取扱い
1　指導計画の作成に当たっては，次の事項に配慮するものとする。
(1)　単元など内容や時間のまとまりを見通して，その中で育む資質・能力の育成に向けて，数学的活動を通して，児童の主体的・対話的で深い学びの実現を図るようにすること。その際，数学的な見方・考え方を働かせながら，日常の事象を数理的に捉え，算数の問題を見いだし，問題を自立的，協働的に解決し，学習の過程を振り返り，概念を形成するなどの学習の充実を図ること。
(2)　第2の各学年の内容は，次の学年以降においても必要に応じて継続して指導すること。数量や図形についての基礎的な能力の習熟や維持を図るため，適宜練習の機会を設けて計画的に指導すること。なお，その際，第1章総則の第2の3の(2)のウの(ｲ)に掲げる指導を行う場合には，当該指導のねらいを明確にするとともに，単元など内容や時間のまとまりを見通して資質・能力が偏りなく育成されるよう計画的に指導すること。また，学年間の指導内容を円滑に接続させるため，適切な反復による学習指導を進めるようにすること。
(3)　第2の各学年の内容の「A数と計算」，「B図形」，「C測定」，「C変化と関係」及び「Dデータの活用」の間の指導の関連を図ること。
(4)　低学年においては，第1章総則の第2の4の(1)を

踏まえ，他教科等との関連を積極的に図り，指導の効果を高めるようにするとともに，幼稚園教育要領等に示す幼児期の終わりまでに育ってほしい姿との関連を考慮すること。特に，小学校入学当初においては，生活科を中心とした合科的・関連的な指導や，弾力的な時間割の設定を行うなどの工夫をすること。
(5) 障害のある児童などについては，学習活動を行う場合に生じる困難さに応じた指導内容や指導方法の工夫を計画的，組織的に行うこと。
(6) 第1章総則の第1の2の(2)に示す道徳教育の目標に基づき，道徳科などとの関連を考慮しながら，第3章特別の教科道徳の第2に示す内容について，算数科の特質に応じて適切な指導をすること。
2 第2の内容の取扱いについては，次の事項に配慮するものとする。
(1) 思考力，判断力，表現力等を育成するため，各学年の内容の指導に当たっては，具体物，図，言葉，数，式，表，グラフなどを用いて考えたり，説明したり，互いに自分の考えを表現し伝え合ったり，学び合ったり，高め合ったりするなどの学習活動を積極的に取り入れるようにすること。
(2) 数量や図形についての感覚を豊かにしたり，表やグラフを用いて表現する力を高めたりするなどのため，必要な場面においてコンピュータなどを適切に活用すること。また，第1章総則の第3の1の(3)のイに掲げるプログラミングを体験しながら論理的思考力を身に付けるための学習活動を行う場合には，児童の負担に配慮しつつ，例えば第2の各学年の内容の〔第5学年〕の「B図形」の(1)における正多角形の作図を行う学習に関連して，正確な繰り返し作業を行う必要があり，更に一部を変えることでいろいろな正多角形を同様に考えることができる場面などで取り扱うこと。
(3) 各領域の指導に当たっては，具体物を操作したり，日常の事象を観察したり，児童にとって身近な算数の問題を解決したりするなどの具体的な体験を伴う学習を通して，数量や図形について実感を伴った理解をしたり，算数を学ぶ意義を実感したりする機会を設けること。
(4) 第2の各学年の内容に示す〔用語・記号〕は，当該学年で取り上げる内容の程度や範囲を明確にするために示したものであり，その指導に当たっては，各学年の内容と密接に関連させて取り上げるようにし，それらを用いて表したり考えたりすることのよさが分かるようにすること。
(5) 数量や図形についての豊かな感覚を育てるとともに，およその大きさや形を捉え，それらに基づいて適切に判断したり，能率的な処理の仕方を考え出したりすることができるようにすること。
(6) 筆算による計算の技能を確実に身に付けることを重視するとともに，目的に応じて計算の結果の見積りをして，計算の仕方や結果について適切に判断できるようにすること。また，低学年の「A数と計算」の指導に当たっては，そろばんや具体物などの教具を適宜用いて，数と計算についての意味の理解を深めるよう留意すること。
3 数学的活動の取組においては，次の事項に配慮するものとする。
(1) 数学的活動は，基礎的・基本的な知識及び技能を確実に身に付けたり，思考力，判断力，表現力等を高めたり，算数を学ぶことの楽しさや意義を実感したりするために，重要な役割を果たすものであることから，各学年の内容の「A数と計算」，「B図形」，「C測定」，「C変化と関係」及び「Dデータの活用」に示す事項については，数学的活動を通して指導するようにすること。
(2) 数学的活動を楽しめるようにする機会を設けること。
(3) 算数の問題を解決する方法を理解するとともに，自ら問題を見いだし，解決するための構想を立て，実践し，その結果を評価・改善する機会を設けること。
(4) 具体物，図，数，式，表，グラフ相互の関連を図る機会を設けること。
(5) 友達と考えを伝え合うことで学び合ったり，学習の過程と成果を振り返り，よりよく問題解決できたことを実感したりする機会を設けること。

索　引

あ行

生きる力　11, 22, 30
育成を目指す資質・能力　24, 36, 73, 74, 85, 114, 135, 139
意味の拡張　141
美しさ　58, 66
絵グラフ　97, 101
演繹的に考える　62
円グラフ　100, 101
落ちこぼれ　19
帯グラフ　100, 101
重さ　78
折れ線グラフ　83, 99, 101

か行

外延　59
外延量　73
概念形成　60
概念マップ　153
科学的な精神　84
学習指導要領算数科数学科編（試案）　16
学習指導要領実施状況調査　165
学習評価　145
拡大図　67, 132
角の大きさ　64
確率　103
学力　159, 163
学力調査　159
学力の3要素　148
かさ　75-77
加数分解　52
「数と計算」　18, 43, 44, 127, 133
学校教育法　15, 30, 58, 159
学校教育法施行規則　15
学校週5日制　22
合併　47, 49, 141
加法　47, 49, 51, 54, 139
加法性　70, 71
関係概念　59
関係的理解　8
「関数」　82
関数の考え　81, 83-86, 88, 113
間接比較　73, 74, 76
簡単なグラフ　98
簡単な場合についての割合　86
簡単な比例　82
観点別学習状況　148, 149

観点別学習状況の評価　151, 157, 159
キー・コンピテンシー　36-38
記述統計　95
基準量　86, 87, 100, 170
キズネール棒　128, 129
基礎・基本　19, 20, 31
帰納的に考える　62
求差　48
求残　48
求小　48
求大　47
教育課程企画特別部会　24
教育課程実施状況調査　23, 164
教育課程審議会　17, 18, 21, 22
教育基本法　11, 15, 23
教科書検定制度　16
教具　128
教材研究　119, 122, 125-128
キロメートル　75
九九　52
具体物　128
繰り上がり　51
繰り下がり　51, 147
グローバル化社会　36
計器　75, 78
形成的評価　146, 147
系統学習　17
経年変化　165
減加法　52
減々法　52
検定教科書　16
減法　48, 49, 51, 54, 139
合同　62
国際算数数学授業研究プロジェクト　139
国民学校尋常科　15
混み具合　86
根元事象　103

さ行

最頻値　102
作問法　153
『算数数学科指導内容一覧表』　16
算数・数学の問題発見・解決の過程　35, 88, 109
算数・数学ワーキンググループ　149

算数的活動　10, 22, 24, 26, 29, 35, 105, 106, 133
敷き詰め　58, 66
試行　103
思考の習慣　11
思考力, 判断力, 表現力等　25, 30, 31, 37, 58, 81, 95, 106, 114, 127, 131, 148, 151
時刻　75-77
時刻と時間　78
事象　103
実験・実測　22
実用性　58
実用的価値　3, 5
縮図　57, 67, 132
主体的・対話的で深い学び　10, 34, 35, 131, 134, 137
主体的に学習に取り組む態度　58, 148
十進位取り記数法　45, 46, 121
小数　45-47, 49, 53, 170
商分数　46
乗法　48, 49
乗法の意味の拡張　21, 50
助数詞　49
除法　48, 50
尋常小学算術　84
真正の評価　153
診断的評価　146
進歩主義教育　17
推移律　70, 74
推測統計　96
数学教育改良運動　83
数学教育(の)現代化　18, 31, 84
数学的確率　103
数学的活動　10, 24, 26, 29, 32-35, 67, 73, 105-108, 110, 112, 114, 115, 119, 120, 122, 123, 128, 131, 133, 134
数学的な考え方　18, 20, 21, 108
数学的な考え方や処理の仕方　19
数学的な見方・考え方　10, 25, 29, 31, 32, 34, 62, 72, 73, 75, 76, 78, 79, 83, 95, 105, 106, 108, 110, 112, 113, 115, 119, 127, 128, 131, 132, 135-137
数学的に考える資質・能力　29-32,

189

105, 106, 110, 120, 123, 131
数学的モデリング　35, 67
数学的リテラシー　8, 82, 160
数直線　91
「数量関係」　5, 18, 21, 23, 43, 81, 93
「図形」　18, 57, 65, 132
図形の包摂関係　20, 62
スケンプ，R.　8
スタンダード準拠評価　153
スチュアート，I.　83
整数　44-46, 49, 170
全国学力・学習状況調査　9, 23, 112, 147, 155, 159, 161, 164, 165, 170
線対称　61, 132
センチメートル　75
増加　47, 141
総括的評価　146, 147
「測定」　69, 70, 72, 73
測定指導の4段階　64, 73, 75
測定性　70, 71

た行

対象概念　59
対称律　70
体積　64
台秤　78
確かな学力　23
多様な考え　124, 125
単位　72-74
単位分数　54
単位量あたりの大きさ　81, 82, 90, 91
単元　88, 135
単元学習　16
知識及び技能　25, 30, 31, 37, 58, 81, 95, 96, 106, 122, 131, 148, 151
中央教育審議会　23-25, 30, 35, 36, 111, 145, 151
中央値　102
柱状グラフ　100-102
直接比較　73, 74, 76
「データの活用」　5, 93, 95, 129
点対称　61, 132
天秤　78
道具的理解　8
統計的確率　103
統計的な問題解決　93, 96
統合的・発展的　19, 25, 29, 32, 35, 43, 44, 49, 51, 58, 76, 78, 79, 95, 109, 127, 132, 149, 171
同数累加　48-50, 52

等分除　48, 50, 141
陶冶性　58
陶冶的価値　3, 4
特定の課題に関する調査　164
度数分布表　100, 101
ドットプロット　100, 101

な行

内包　59
内包量　71
長さ　75-77
中島健三　20, 84, 108
二次元表　99, 101
21世紀型学力　36
日本数学教育学会　7
任意単位による測定　73, 74, 76

は行

場合の数　102
箱の形　63
ばねばかり　78
パフォーマンス課題　153, 154, 156
パフォーマンス評価　153, 155, 156
速さ　86
反射律　70
反比例　82
ピアジェ，J.　70
比較可能性　70
比較量　86, 87, 100, 170
被加数分解　52
ヒストグラム　101, 102
筆算　52
比の三用法　21, 87
批判的に考察する力　94
評価基準　149, 155
評価規準　150, 151
比例　82, 114
比例数直線図　49
広さ　75, 76
普遍単位　77
普遍単位による測定　73, 75
文化性　58
分割分数　46
文化的価値　3
分数　46, 47, 51, 54, 170
分離量　71
平均値　102
「変化と関係」　69, 71, 81, 82, 85-87, 114
包含除　48, 50, 53, 141
棒グラフ　98, 101
方法　6, 11, 31, 97
ポートフォリオ　152

母集団　96
保存性　70, 71, 74, 76
ポリア，G.　110, 111, 137

ま行

まとめ　131, 136-138
学びに向かう力，人間性等　25, 30, 31, 33, 35, 37, 38, 81, 95, 106, 114, 131, 151
三つの柱　24, 30, 81, 123, 131, 151
ミリメートル　75
無理数　46
メートル法　75
メジアン　102
メタ認知　34, 37
面積　64
目標に準拠した評価（目標準拠評価）　145, 149
問題解決型（の）授業　20, 136
問題解決ストラテジー　111

や行

ヤング，J.W.A.　3
有理数　46
ゆとり　22, 23
よさ　11, 22, 30, 33, 34, 57, 58, 67, 85, 114, 142, 149

ら行

理数科　15
理数科算数　15
理想化・単純化　12, 67
立体図形　63
量　69
「量と測定」　18, 65, 69, 72
量分数　46
ルーブリック　154, 155
連続性　70, 71
連続量　71

わ行

割合　81, 82, 87, 100, 170
割合の見方　50
割合分数　46

欧文

AI　11, 12
GeoGebra　129
ICT　122, 129
IoT　11
PDCA（サイクル）　23, 126, 146, 147
PISA　8, 36, 37, 81, 82, 94, 160
PPDACサイクル　96
TIMSS　8, 136, 164
TIMSS 1995ビデオ研究　136

《監修者紹介》
吉田武男（筑波大学名誉教授）

《執筆者紹介》（所属，分担，執筆順，＊は編著者）

＊清水美憲（編著者紹介参照：はじめに・第1章）

蒔苗直道（筑波大学人間系准教授：第2章）

髙橋　等（上越教育大学学校教育研究科教授：第3章）

渡会陽平（元 北海道教育大学教育学部札幌校特任講師：第4章）

小松孝太郎（筑波大学人間系准教授：第5章）

増田有紀（東京成徳大学子ども学部准教授：第6章）

榎本哲士（北海道教育大学教育学部札幌校講師：第7章）

平林真伊（山形大学地域教育文化学部准教授：第8章）

辻山洋介（千葉大学教育学部准教授：第9章）

花園隼人（宮城教育大学教員養成学系准教授：第10章）

舟橋友香（奈良教育大学数学教育講座准教授：第11章）

牧野智彦（宇都宮大学学術院准教授：第12章）

髙橋　聡（文部科学省初等中等教育局教科書調査官：第13章）

《編著者紹介》

清水美憲（しみず・よしのり／1961年生まれ）
　筑波大学大学院教育研究科長・人間系教授
　『Mathematics Classrooms in Twelve Countries: The Insider's Perspective』（共編著，Sense，2006年）
　『算数・数学教育における思考指導の方法』（東洋館出版社，2007年）
　『授業を科学する――数学の授業への新しいアプローチ』（共編著，学文社，2010年）
　『Mathematical Tasks in Classrooms around the World』（共編著，Sense，2010年）
　『算数の本質に迫るアクティブ・ラーニング』（共著，東洋館出版社，2016年）
　『What Matters? Research Trends in International Comparative Studies in Mathematics Education』（共著，Springer，2017年）

MINERVA はじめて学ぶ教科教育②
初等算数科教育

2019年3月31日　初版第1刷発行　　〈検印省略〉
2023年2月10日　初版第2刷発行

定価はカバーに表示しています

編著者　　清　水　美　憲
発行者　　杉　田　啓　三
印刷者　　藤　森　英　夫

発行所　株式会社　ミネルヴァ書房
607-8494　京都市山科区日ノ岡堤谷町1
電話代表　（075）581-5191
振替口座　01020-0-8076

©清水美憲ほか，2019　　　　　　亜細亜印刷
ISBN978-4-623-08602-3
Printed in Japan

MINERVA はじめて学ぶ教科教育

監修　吉田武男

新学習指導要領［平成29年改訂］に準拠　　全10巻＋別巻1

◆　B5判／美装カバー／各巻190〜260頁／各巻予価2200円（税別）　◆

① **初等国語科教育**
塚田泰彦・甲斐雄一郎・長田友紀 編著

② **初等算数科教育**
清水美憲 編著

③ **初等社会科教育**
井田仁康・唐木清志 編著

④ **初等理科教育**
大髙 泉 編著

⑤ **初等外国語教育**
卯城祐司 編著

⑥ **初等図画工作科教育**
石﨑和宏・直江俊雄 編著

⑦ **初等音楽科教育**
笹野恵理子 編著

⑧ **初等家庭科教育**
河村美穂 編著

⑨ **初等体育科教育**
岡出美則 編著

⑩ **初等生活科教育**
片平克弘・唐木清志 編著

別 **現代の学力観と評価**
樋口直宏・根津朋実・吉田武男 編著

【姉妹編】
MINERVA はじめて学ぶ教職　全20巻＋別巻1

監修 吉田武男　B5判／美装カバー／各巻予価2200円（税別）〜

① 教育学原論　　　　　　　　滝沢和彦 編著
② 教職論　　　　　　　　　　吉田武男 編著
③ 西洋教育史　　　　　　　　尾上雅信 編著
④ 日本教育史　　　　　　　　平田諭治 編著
⑤ 教育心理学　　　　　　　　濱口佳和 編著
⑥ 教育社会学　　　　飯田浩之・岡本智周 編著
⑦ 社会教育・生涯学習　手打明敏・上田孝典 編著
⑧ 教育の法と制度　　　　　　藤井穂高 編著
⑨ 学校経営　　　　　　　　　浜田博文 編著
⑩ 教育課程　　　　　　　　　根津朋実 編著
⑪ 教育の方法と技術　　　　　樋口直宏 編著
⑫ 道徳教育　　　　　　　　　田中マリア 編著
⑬ 総合的な学習の時間
　　　　　　佐藤 真・安藤福光・緩利 誠 編著
⑭ 特別活動　　　　　吉田武男・京免徹雄 編著
⑮ 生徒指導　　　　　花屋哲郎・吉田武男 編著
⑯ 教育相談
　　高柳真人・前田基成・服部 環・吉田武男 編著
⑰ 教育実習　　　　　三田部勇・吉田武男 編著
⑱ 特別支援教育
　　　　　　小林秀之・米田宏樹・安藤隆男 編著
⑲ キャリア教育　　　　　　　藤田晃之 編著
⑳ 幼児教育　　　　　　　　　小玉亮子 編著
別 現代の教育改革　　　　　　徳永 保 編著

ミネルヴァ書房
https://www.minervashobo.co.jp/